JN273934

現代日本の
企業組織再編と
労働組合の課題

坂 幸夫 編著

学文社

執 筆 者

*坂　　幸夫	富山大学教授（第1・2・3・4・5章）
北方　龍二	前 JAM 書記（第4章）
大谷　直子	JAM 書記（第4章）
高橋　友雄	元 JAM 書記（第4章，補）

（*は編者，執筆順）

はじめに

　本書は，企業組織再編と労働組合の関係を述べたものである。

　企業組織再編は，戦前からあったものであるが，それが盛んになったのは，1960年代後半に入ってからである。当時は石油化学産業が勃興し，コンビナートが形成された。そしてそれとともに各企業に作られていた労働組合は，それぞれの所属企業の企業組織再編に対応し，時には抵抗を始めていた。

　これを第一次企業組織再編期とすれば，2度目は1900年代後半から2000年代に起こった企業組織再編である。本書で主に対象とするのは，この2度目の企業組織再編である。この時の企業組織再編は，企業と労働組合にとっては自らの存亡をかけた闘いであるとともに，「新たな成長」の始まりでもあった。

　第3章でもみるように，JAM（ものづくり産業労働組合）と電機連合は企業組織再編に対して異なった対応を取った。JAMは労使協調の中で，地方組合主導で政策を進めた。それに対して電機連合は企業組織再編の中，企業別労働組合の電機連合脱退が相次ぐ下で，組合加盟方式の変更で対応した。これはグループ労働組合に入っている企業別組合はその親組合が加盟する産業別労働組合，つまり電機連合に加盟するということである。そうすると他の産業別労働組合に加盟していた企業別組合はそこをやめざるを得なくなる。ここではこの程度にとどめるが，それがその後の組合の方向を変化させた。

　企業組織再編は今日さらに進んだ。電機連合は，グループ労連傘下の企業別組合を自らの傘下に納め，再び組合員を増加させ，財政的にも豊かになった。JAMはその後，組合員の増減を繰り返し，労使協調と対抗的労使関係を織り交ぜながら今日に至っている。

　企業組織再編はさらに拡大し，国際的にも日本の企業は東南アジアをはじめ，欧米にも広く相手を求めている。その中で組合は国際的な関係を求められている。たとえば全トヨタ労働組合連合会は世界的な規模での会議を隔年で開き，情報の収集につとめている。組合は国内的な対応とともに，世界的なレベルで

の対応を求められているのである。

　ここで簡単に各章の内容を紹介しよう。第1章は企業組織再編の状況をまとめ，それが組合活動にどのような影響を与えたのか，特に組合の系列化，非系列化が企業組織再編とどのような関係にあるのかを示した。第2章は企業組織再編と労働組合の系列と非系列の関係をまとめているが，特にいくつかの事例を示し，組合の系列と非系列には今日多くの課題があることを示した。第3章は企業組織再編が労働組合に与える影響と，労働組合としてはどのような対応があるか，その中で産業別組合として，JAMと電機連合を取り上げ，2つの組合での影響の出かたが違うこと，そして両者の対応に異なる部分があることをまとめた。次いで第4章では，JAMにおいて行ってきた2つの調査の結果を報告した。その中では一例としてファンドがJAMのような製造業中心の組合の間にもかなりの程度浸透していることを示した。そして最後の第5章では，企業組織再編が労働組合に与える影響と今後の課題が，どこにあるのかをまとめた。

　本書が，組合活動にたずさわる人びとの役に立てば幸いである。

2015年3月

坂　幸夫

目　次

はじめに　　　*i*

第1章　現代の企業組織再編と労働組合 ──── *1*
1．企業組織再編の動向　*2*
2．60年代〜80年代における労働組合組織再編の動向　*10*
3．90年代後半以降における労働組合組織　*15*

第2章　企業別労働組合における系列と非系列
　　　　　─企業組織再編との関連で─ ──── *29*
1．組合「系列」研究の系譜　*31*
2．企業「系列」と組合「系列」の概念と動向　*38*
3．企業グループと組合「系列」の重なり
　　─三菱自動車工業と三菱自動車労連を事例に─　*48*
4．組合「系列」化のパターン
　　─企業別組合の「系列」化と産業別組合の「系列」化─　*54*
5．産業別組合における「非系列」労働組合の動向　*59*
6．「非系列」労働組合の事例研究　*66*
7．組合「系列」を取り上げる今日的意味　*77*

第3章　企業組織再編が労働組合に与える影響と今後の課題
　　　　　─電機連合とJAM両産別労組傘下企業の調査事例から─ ──── *93*
1．調査結果にみる企業組織再編が組合活動や組合に与える影響　*94*
2．企業組織再編が組合活動に与える影響はなぜ差が生じているのか　*96*
3．電機連合における企業組織再編への対応　*99*

4．JAMにおける企業組織再編への対応　　*105*

第4章　企業組織再編調査結果から ──────── *123*
　1．増加する組織再編とファンド・外資の株所有　*124*
　2．情報取得が重要な企業組織再編への対応　*124*
　3．投資ファンドの利用と注意　*125*
　　　企業組織再編調査（第1次）の集計結果報告　*127*
　　　企業組織再編調査（第2次）の集計結果報告　*145*
　　　事例その1　一般機械製造，純粋持ち株会社設立による経営統合と合併　*174*
　　　事例その2　金属製品製造，会社分割と合併　*179*
　　　事例その3　輸送用機械製造，事業譲渡　*184*
　　　事例その4　電気機械製造，経営陣と従業員による買収，企業グループからの独立　*189*
　　　事例その5　金属製品製造，外資ファンドによる企業買収と企業再建　*193*

第5章　企業組織再編が労働組合に与える影響と今後の課題 ──── *205*

補　企業組織再編調査報告
　　―企業買収と投資ファンド―ドイツにおける最近の2事例― ── *213*
　1．シェフラー・グループによるコンチネンタル・コンツェルンの買収　*213*
　2．投資ファンド・OEPに買収されたVACの労働協約逃避　*215*

あとがき　*217*
索　引　*219*

第1章 現代の企業組織再編と労働組合

　昨今，企業間のM&A，すなわち合併・買収は日常茶飯事であり，それは日本の企業社会をみる上で，ひとつのエポックメーキングの様相を呈しているように思える。しかし，こうした企業組織の再編は，戦後日本の歴史をひもとけば，高度経済成長以来，多少の数量の増減と多少の中身の違いはあるものの，ほぼ一貫して続いてきたものであり，それ自体はそれほど目新しいものではない。

　後に詳しくふれるが，日本の企業はいわゆる系列を構成して企業活動を行っていることが一般的であるが[1]，この企業系列もそうした組織再編を契機に形成されている場合が少なくない。しかも企業系列は，企業間の上下関係を内包してることが多いが，そうした企業間関係のあり方自体はきわめて日本的であり[2]，それゆえに企業の系列化によって生じるさまざまな現象は日本に固有のものとなりがちである。たとえば系列企業の間における出向・転籍慣行はそのひとつの側面である。

　いずれにせよ，そうした活発な企業組織再編を繰り返すことによって，日本の企業は組織そのものを拡大し，先の企業系列とあわせてその基盤を確立してきた。

　他方，日本の民間労働組合は，その多くがそれぞれの企業ごとにつくられている。つまり企業別労働組合である。したがって日本の企業別労働組合は，企業組織の再編に大きく影響されざるをえない。

　本章では，この労働組合組織が企業組織の再編に伴って，どのような影響をうけ，いかなる変容をとげつつあるかを検討する。

　そうした企業組織再編が，今日の企業社会をみる上で極めて重要な側面となっているのは，いわゆる失われた10年以降企業組織の再編が，とりわけいち

じるしく進んだからであるが，そのもとで生じる出向・転籍は，従業員の職場生活に限らず，その家族を含めた生活全般に深刻な影響を与えること，また組合組織の変容が，後にみるように従業員の労働条件の決定のあり方や労働条件そのものに深く影響することはいうまでもない。企業組織の再編は，そこに働く労働者の生活に色濃く影をおとさざるをえない。

1. 企業組織再編の動向

企業の系列化など企業組織の再編は，今日ではいわゆるM&Aとしてよく知られている。しかしM&A，すなわち企業組織の合併・買収は，歴史的にみれば，戦後2回の大きな波を経ており，今日のそれは2回目の波の延長線上にある。以下，その動きを少しくわしくみてみよう。

(1) 企業合併数の推移

図表1－1は，公正取引委員会(以下公取委)企業合併数の推移をみたものである。いうまでもなく公取委は，企業の合併によって，市場が特定の企業によ

図表1－1 企業合併件数の推移

出所）各年「公正取引委員会年次報告」

って独占されることを防ぐことがその役目であり，そのために企業の合併については報告を義務づけた。この目的のためのデータであるがゆえに，企業組織再編のいまひとつの側面である分割・分社化については把握が十分ではない。しかし合併をみることによって，企業組織再編の一定の動きは把握可能である。

図表1－1によれば，企業の合併の動きは1960年代前半から70年代前半にかけてひとつのピークを迎え，その後80年代後半から再び増大傾向を示し，90年から96年にかけて2回目のピークを形成している。その後合併件数は若干減少傾向をみせているが，98年以降は法規制の緩和のもとで届出が一定規模以上に限定されたため，全体の動向を知ることは困難である。ただ近年のかなり大規模な合併に関すれば，図表1－2のように2001年，2002年と減少を続け，99年，2000年と比べて一息ついている観がある。

また図表1－3は，2001年度に総務省が実施した「事業所・企業統計調査」の結果から，企業の合併と分社・分割の状況をみたものである。合併は年々増加する傾向にあるが，とくに2000年前後から顕著に増加している[3]。先の大規模合併が減少する一方で，全体として増大傾向にあることを勘案すると，合併は中小規模の企業に拡大しているように思える。

他方，先に指摘したように分割・分社化の動きについてのデータは十分では

図表1－2　企業合併・分割・営業譲渡の動向

(1)合併届出受理件数

年度	件数	摘要
1999	151	
2000	170	
2001	127	すべて吸収合併
2002	112	すべて吸収合併

(3)営業譲渡受理件数

年度	件数
1999	179
2000	213
2001	195
2002	197

(2)分割

年度	共同新設分割	吸収分割	計
2001	5	15	20
2002	5	16	21

注）届出対象企業の規模は，(1)から(3)とも100億円超と10億円超の場合。
出所）いずれも各年「公正取引委員会年次報告」

図表1－3　会社の合併・分割の状況

	新設合併	吸収合併	計	分社・分割
96～97年	128	1565	1693	874
98～99年	310	4602	4412	1974
2000年～	330	6073	6403	1982

出所）総務省(2002)「事業所・企業統計調査」

ない。ただ公取委では先の法改正に伴って，大規模なものに関してのみ98年以降届出がなされており，それによれば分割の件数は，合併や営業譲渡に比べれば大幅に少ないことがわかる。また先の図表1－3にあるように，総務省のデータでは分社・分割数は，やはり合併数に比べれば大幅に少ないが，2000年前後から急増していることもわかる。

(2) 企業再編の背景

ではこうした企業組織の再編は，どのような社会的背景のもとで行われたのであろうか。まず1960年代のそれであるが，この時期は戦後の日本経済復興の動きのなかで，重工業化の進展が顕著であった。その核となったのが日本の主要な工業地域におけるコンビナート形成であり，その過程で生じたのが企業組織の再編であった。その多くはいくつかの中核的企業による中小企業の合併，ないしは中小企業どうしの合併であり，さらには大企業による中小企業への資本参加・買収による下請け化なども進められた。すなわち合併による企業基盤の確立，そして企業間関係の強化，下請け化によるグループ経営の強化が主要な目的であった。

他方1990年代後半からの企業組織の再編は，60年代のそれとは様相が大きく異なる。周知のように90年代初頭には日本経済は，いわゆるバブルの崩壊を経験し，以降10年以上の長きにわたる経済の停滞のもとにあった。そのなかで企業は，組織と労働力の再編，そして企業活動そのものの再編，すなわちリストラクチャリングとリエンジニアリングを進めた。それを一言でいえば「選

択と集中」の過程であり，そのもとで企業組織の分離(分社)と統合(合併)が急速に進んだ。またそうした経済状況のもとで，合併や資本参加にかかわる法整備も急速に進められ，それが企業組織再編の促進要因となったことも無視できない。[4]

ゆえに，この2回目の企業再編の波と最初のそれとを比べると，その違いは大きい。すなわち最初の波は企業組織の拡大を通じて，企業基盤を固めることが目指されたゆえに，再編の中身は企業組織の合併や資本参加，買収であった。それに対し，90年代以降の再編は，前述のように分割・分社化と合併の同時進行であり，しかもそれが別個に行われる場合もあれば，むしろ両者の組み合わせによって再編がなされることも少なくなかった。

(3) 90年代企業組織再編の動向①―電機連合調査から―

こうして60年代の企業組織の再編は，もっぱら組織拡大を目指すものであり，それがもたらすのは個別企業の組織拡大と企業のグループ化であった。そして後者のグループ化は，グループ内企業の関係が，多くの場合一定の序列構造を伴っていることによって，企業系列の形成を意味していた。

しかし90年代後半以降の企業組織再編は，60年代後半のそれと比べればはるかに複雑な様相を呈し，企業組織間の系列化を含みながら，一方では系列からの分離，離脱も含むものであった。

ここではこうした90年代後半以降の企業組織再編について，電機産業を事例にその中身をもう少し詳しくみてみよう。取り上げるのは電機産業の労働組合の集合体である電機連合が2003年に行った調査の報告(久本憲夫・電機総研編『企業が割れる！電機産業に何がおこったか』日本評論社，2005年)である。ここで電機産業を取り上げるのは，同産業がこの時期において他のどの産業よりもドラスティックに組織再編を経験したからであり，その結果「電機産業で働く労働者はわずか1年半のうちに約15％も減少し」[5]，それに合わせて電機産業の労働組合員数も2000年代前半の数年で約20万人減少している。[6]

調査は，企業と労働組合の両者に行われている(回答数は企業が262件，組合

が292件)。それによると，ここ5年間で何らかの再編があったという回答は，会社回答で50.0％，組合回答で61.3％であるが，組合規模で3,000人以上に限定すると，会社回答で84.2％，組合回答で90.9％にも及んでいる。

再編の内容については，次のように述べている。「企業グループ外他社との事業統合，事業売却，買収は会社回答で136件，組合回答で164件実施されたとされる一方，グループ内再編は会社回答で447件，組合回答でも528件行われている」。当然のことながらグループ内再編を中心としながらも，グループ外企業との再編も少なくないことが指摘されている。さらに「グループ内再編の内訳をみると，なんらかのかたちで親会社が関連する事業再編が会社回答で232件，組合回答で315件存在し，5割以上を占めている」こと，「関連会社同士の統合は会社回答で126件，組合回答で136件存在し，グループ内再編でいちばん多いのがこの類型である」としている。そしてグループ外他社との事業統合，事業売却，買収では「売却件数の方が(買収より)多く，電機産業の事業参集はどちらかといえば事業再編の色彩が濃かったことが示唆される」と述べている。

こうしてこの間の電機産業の企業組織再編が，グループに囚われない「ドラスティックなものであった」こと，さらに合併と分社・分割の同時進行だけではなく，それらが相互に複雑に組み合わされているということが示されている。[7]

(4) 90年代企業組織再編の動向②—連合総研調査から—

もちろんこうした企業組織の再編は，電機産業だけのものではない。たとえば連合総研(連合総合生活開発研究所)は，2002年に企業調査(「企業組織と職場の変化に関する調査研究報告書」2003年)を行い，企業組織再編の実態とそれに対する組合の対応を明らかにしている。

それによれば，過去3年間で組織改革を「何もしてない」という回答は製造業でわずか4.0％，非製造業でも7.5％に過ぎず，この間の企業組織の再編が製造業，非製造業を問わない広範なものであったことがわかる。[8] そしてその中身としては「本社部内のスリム化がもっとも多く(実施企業比率60.3％)，それに

事業部・事業所の整理統合(56.2%)，組織のフラット化(47.1%)，関連企業・子会社の整理・統合(43.0%)，子会社の設立(32.2%)が続いている。また営業譲渡(17.4%)や会社分割(12.4%)，合併(11.6%)も少なくなく，社内カンパニー制(9.1%)の実施率を上回っている」と述べている。

以上のなかで組合調査の結果では「従業員の雇用・処遇面でもっとも苦労した組織改革は，事業部・事業所の整理統合(25.4%)であり，関連企業・子会社の整理・統合(9.6%)，組織のフラット化(9.6%)がそれに続いている」[9]としている。

先の電機連合の結果と比べると，多くの業種をカバーした連合調査では企業の内部組織の再編が中心であることがわかる。しかし「雇用・処遇面で苦労した組織改革」は企業の外部組織にかかわるものが多く，その意味で電機産業の再編は，より「苦労」が多いものであったことが感じられる。

(5) 企業組織再編の組合及び組合員への影響

では90年代の企業組織再編は，組合や組合員へどのような影響を，どの程度与えたのであろうか。この点については，2004年に(独立行政法人)労働政策研究・研修機構が労使を対象に詳細な調査(労働政策研究・研修機構『Business Labor Trend』2006年2月号)をしている。

それによると，企業調査結果から再編の中身をみると，「合併」が12.1％でもっとも多く，ついで「会社分割」が3.4％，「営業譲渡」が3.2％である。この調査では組織再編の中身をこの3つに限定しているため，企業の内部組織の再編をも含めている，連合総研調査や電機連合調査に比べると再編の比率そのものはあまり高くない。

次に組合調査結果から企業組織再編の組合活動や組織への影響についてみると，「『営業譲渡』についてはマイナスの影響，『会社分割』では『影響なし』，『合併』ではプラスの影響を多くもちつつも，必ずしもそれだけではない」ことを指摘している。

そして組合員への影響として，賃金面では「『合併』や『会社分割』では大多数の企業が企業組織再編前後で『同一の賃金額を維持した』としているのに

対し,『営業譲渡』では,約半数しか再編前の水準が維持されていない結果となっている」と述べ,再編の「スキーム」ごとに影響度が大きく異なるとしている。また退職者が発生したかどうかでも,「『いた』とする割合は,『合併』でもっとも高く約5割,次いで「『営業譲渡』34.6％,『会社分割』で17％となっている」とし,退職者の発生はかなりの広がりをみせていることに着目している。[10]

(6) 企業組織再編に際しての組合の関与

以上みてきた企業組織再編,とりわけ現代のそれに連なる90年代以降の企業組織再編が,組合や組合員に少なからず影響を与えている事は明らかであるが,では組合はどのように関与,対応してきたのであろうか。この点は後にみる組合による,より長期的・戦略的な対応としての,たとえば組織改革でといった取り組み以前の,いわばその前哨戦的な意味をもつものであるが,そこでの組合の対応は企業再編に際しての組合の置かれた立場,ないしは力量を一定程度示すものといえよう。

ここでもまず,電機連合の調査結果を取りまとめた久本憲夫・電機総研編(2005年)を取り上げよう。同書において久本は組合調査の結果から図表1－4を示している。企業組織の再編は当然のごとく人的影響を伴うものであり,それに対して組合は強い関心をもつことになるがゆえに,この表では組織再編の人的影響と労使協議比率を併せて示している。まず人的影響については,「全体としてかなり大規模な影響があった」としている。その上で労使協議が実施された比率は,再編の中身によって多少の差異はあるものの,「全体としては高い労使協議比率に着目すべきだろう。労使協議で話し合うのが普通なのである」と述べている。そして労使協議の結果については,詳細は略すが「かなりのケースで一部修正がなされているとみることができる」としている。ただしそうはいっても「企業組織再編はすぐれて経営的事項であり,経営的判断が労使協議にもとづいて行われることは稀である」と慎重な見方をしている。[11]

電機労連傘下の多くの企業別組合は企業との間に労使協調的関係を作り上げ,

図表1-4　再編の人的影響

(複数回答，%，件数は実数)

		5%以上の退職者再編	5%以上の事業者間移動発生	変化なし	無回答	件数	労使協議比率
合　計		21.8	18.7	51.8	13.6	257	89.5
グループ内再編	親会社そのものの組織再編	25.0	18.8	62.5	6.3	16	92.9
	親会社の一部を分離し，関連会社と統合	20.8	20.8	45.8	14.6	48	100.0
	親会社の一部分社化し会社新設	8.7	13.0	67.4	15.2	46	84.1
	関連会社同士の統合・再編	14.0	14.0	62.8	11.6	43	88.0
	親会社への関連会社の吸収	23.5	17.6	52.9	5.9	17	87.1
	関連会社の清算	58.8	17.6	23.5	17.6	17	84.5
グループ企業との事業統合		21.7	34.8	52.2	4.3	23	92.6
事業売却		40.0	20.0	35.0	10.0	20	93.3
事業買収		10.0		50.0	40.0	10	71.4

注）1．再編分類として，「その他」「無回答」があるため，合計はそれぞれの項目と一致しない。
　　2．右端の「労使協議比率」は，組織再編実施施策692件のうち，内容が明確な627件をベースとした時の労使協議実施率。
出所）久本憲夫・電機総研編『企業が割れる！電機産業に何がおこったか』日本評論社，2005年，p.67

そのもとで経営への積極的発言を標榜し，経営側もそれに応えてきた。そのことをふまえれば，この調査結果とそれに対する久本の判断は妥当なものであろう。

　さらに，別の調査結果をみてみよう。厚生労働省が行った2つの調査がある。まず「労働協約等実態調査」(1996)によれば，「事業の縮小廃止」について事前協議を行っている組合は45.7％と半数に達していない。

　また「団体交渉と労働争議に関する実態調査」(2003)によれば，「企業組織再編・事業部門の縮小」ついて，「話し合い」がもたれた組合は42.3％にとどまり，その場合に最初に話し合いがもたれた時期は，「検討に着手した段階」が36.4％，「大枠が固まった段階」が41.6％，「詳細が固まった段階」が13.5％となってい

ることが示されている。そしてこの話し合いが行われた時期と，その時期に対する評価をクロスすると，「もっと早い段階で話し合いが持たれるべきであった」という回答は，「詳細が固まった段階」では68.5％と大多数を占め，さらに「大枠が決まった段階」でも46.7％と半数近いこととなるなど，組合による関与が不十分であるという評価が少なくないことが示されている。

こうして企業組織再編に際しての組合による実効ある関与は，ことの性質上（経営に係る事項）といった問題もあって，けっして十分ではないことがわかる。実際，連合のある役員は，こうした企業組織再編に際しての組合の対応については，たとえば先の事前協議の実態について，「この割合はけっして高いとはいえない」とし，「労働組合は，検討に着手した段階から事前協議事項として会社からの情報提供を求めるとともに，その内容について十分な検証を行い，組合民主主義の原則に則った，組合員による意思決定を行うことが必要であろう」と述べている。[12]

2. 60年代～80年代における労働組合組織再編の動向

ではこうした企業組織再編に対して，労働組合は組織形態面，および組織機能面でどのような対応を取ってきたのであろうか。まずは企業組織の第1段階である60年代～80年代前半における労働組合組織再編の動向をみていく。

(1) 企業組織再編と労働組合組織

まず企業組織再編を組合組織への影響の仕方に焦点をあて，論点を整理しておこう。企業組織の再編を合併と分社・分割に大きく区分した場合，前者は個別企業組織の拡大に結びつき，それは企業組織の内部化といえよう。また分社・分割は，特定の企業の外部に関連する企業組織が作られる点に着目するなら，それは企業組織の外部化と考えることができる。また合併には至らない段階，たとえば資本参加などによる子会社化などは，企業組織の外部化的側面を有するであろう。

いずれにせよ企業組織の再編が組合組織にいかなる影響を与えるかという点

をみる際，この組織の内部化と外部化の視点は重要である。すでにふれた企業の系列化は一般的には，企業組織の外部化の側面に着目したものであって，内部化は視野に入ってはいない。これは経営的視点から企業組織をみた場合，同一企業の組織に組み込まれれば，経営上の組織として一体化し，「系列」の概念からははずれてしまうことによるからであろう。しかし本章のように組合組織に焦点をあてる場合，内部化は必ずしも組織の一体化を意味しない場合があることを考慮する必要があろう。たとえば企業の合併に伴う「少数派組合」[13]の誕生，ないしは「第1組合」「第2組合」の併存などの場合である。[14]

このような視点から組合組織の再編をみると，2つの企業組織の再編のあり方に対応して，2つの側面があると考えるべきであろう。すなわち企業合併（とくに吸収合併の場合）による企業組織の内部化の場合，合併された企業組織は合併もとの企業組織の一部として位置づけられる可能性が高い。その場合，そこに生じる組合組織は，合併もとの組合の一組織として，たとえば分会なり，支部として位置づけられる場合が一般的であろう。これはいうまでもなく，企業別組合の内部組織の拡大を意味する。

他方，企業組織の外部化の場合，本体（中核）企業とは一応分離された企業組織として位置づけられよう。

(2) 60年代～80年代前半における労働組合組織拡大の動き

既述したように，企業の再編の動きは歴史的にみれば，60年代に第1段階というべきピークを迎えている。この段階での組織再編の主要な形態は合併であった。この企業間の合併は，先にみたように企業組織の内部化であり，企業組織の拡大を意味する。その結果として生じると考えられるのが企業内組合の組織拡大である。

この点を，厚生労働省が毎年実施している「労働組合基本調査」の結果からみてみよう。同調査は，企業別組合の数を2つの側面から集計している。すなわち「単一労働組合」数と「単位労働組合」数である。前者は下部組織をもたない「単位組織組合」（おそらくは小規模な組合－筆者）と下部組織をもつ「単一

組織組合」(おそらくは大規模な組合－筆者)の本部を合計したものであり，後者は「単位組織組合」と支部などの「単位扱い組合」を合計したものである(図表1－5参照)。つまり通常「支部別組合」ないし「単組」として，組合の数をいう場合は前者のデータを用い，後者は下部組織をもたない「単組」と下部組

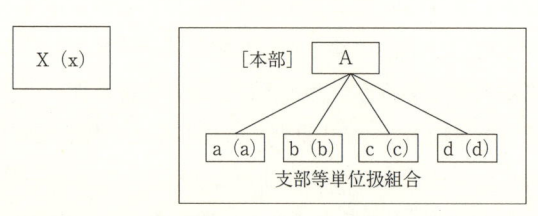

```
　X（x）　　　［本部］　A
　　　　　　　　　　┌──┼──┐
　　　　　　　　a(a) b(b) c(c) d(d)
　　　　　　　　　支部等単位扱組合
```

単一労働組合数＝「単位組織組合」＋「単一組織組合」の本部(X+A)
単位労働組合数＝「単位組織組合」＋「単位扱い組合」(X+a+b+c+d)
　組合員数＝「単位組織組合」の組合員数＋「単位扱い組合」の組合員数

出所)厚生労働省，各年「労働組合基本調査」用語解説

図表1－5　単一組織組合と単位組織組合

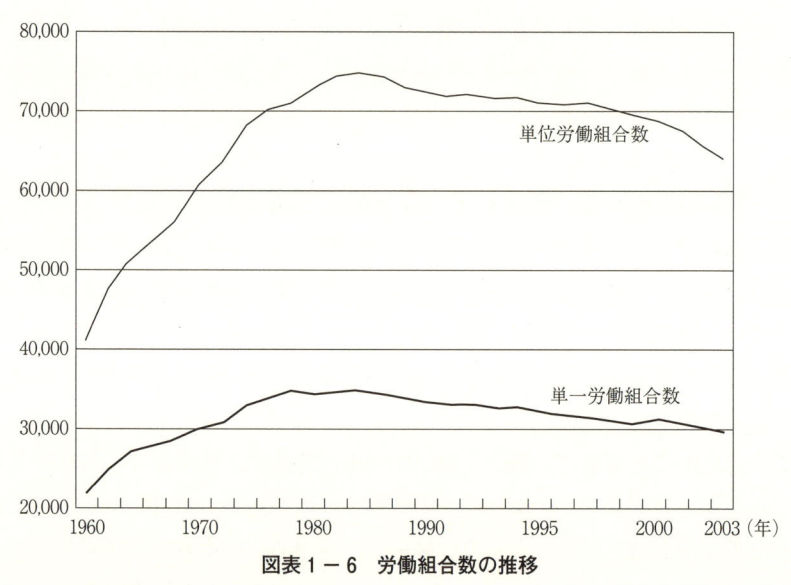

図表1－6　労働組合数の推移

出所）厚生労働省，各年「労働組合基本調査」

織を有する組合の(もっぱら)支部の数を合計したものであり，一言でいえば，組合の内部組織の趨勢を色濃く反映したデータと考えることができよう。

後者のデータは，組合の内部組織の動向，つまり内部組織の拡大ないしはその逆の衰退の進み具合の一端を示すものと考えてよいであろう。そこでこの「単一組合」数と「単位組合」の数をあわせて表示したのが，図表1-6である。それによると，「単一組合」にせよ，「単位組合」にせよ，60年代から80年代前半にかけて増大している。とりわけ「単位組合」数は，同時期に「単一組合」以上に大きく増大している。明らかにこの時期，「単一組合」の数も増大したが，それ以上に組合の内部組織も拡大している。

(3) 60年代における労働組合系列化の動向

さらにこの時期は既述のように企業の合併に加えて，資本参加や買収などによって企業組織の「系列」化も進んだ。これに対応する労働組合の動きのひとつは，グループ労連の結成である。そこで日本のいくつかの大企業組合における「系列」化をグループ労連の結成時期でみていくと，図表1-7のごとくである。それによると，たとえば電機産業では日立労組の「系列」化が60年代の初期に行われたのをはじめ，多くの組合が60年代前半から，資本「系列」下の企業労組の「系列」化が進められ，70年代組織形態として現代の形ができあがっていたようである。

同様に鉄鋼産業においても，製鉄所組合の関連協(関連労組協議会)の結成はほぼ60年代である。これに対して，自動車産業では鉄鋼や電機産業よりも若干遅れて始まっており，とくにトヨタ自動車の組合「系列」化は70年代に入ってからである。しかし傾向としては多くの産業で60年代から多くの産業で組合の「系列」化が進み，70年代には現在の組織形態に近くなったといえよう。

この段階における組合組織の「系列」化が企業組織の再編，とりわけ「系列」化の動きと不可分であったことは，たとえば1970年に「系列労組協議会」をつくりあげた富士通労組の以下の説明をみれば明らかである。同労組の組合史(1990)は「系列協」の設立の背景を次のように述べている。すなわち，「70

図表1－7　単組における労連，関連協の創設時期

産業	企業	60年　　　　　70年　　　　　80年　　　　　90年
電機産業	富士通	系列労組協議会(70年)　　全富士通労連(82年)
	日立	日立系列労組懇談会(61年)　　全日立労連(74年)
	東芝	全東芝労連協議会(64年)
	松下電器	松下系列労組協議会(66年)　販労連(73年)
	富士電機	系列労組協議会(69年)
	三菱電機	三菱電機労組系列協議会(菱労協，64年)
	沖電気	沖関連企業労組協議会(63年?)　沖関連労連(沖労連，70年)
	三洋電機	系列労組連絡会議(66年)
自動車産業	日産	販労(64年)部労(65年)　　全トヨタ労連(72年)　　全トヨタ販売労連(88年)
	トヨタ	
	本田	本田労組協議会(65年)　全国本田労連(68年)
	マツダ	全国マツダ労連(65年)
	三菱自工	全三菱販労協(72年)
鉄鋼産業	新日鐵	製鉄所組合の関連協の大半は60年代に結成　　新日鐵関連協(78年)
	中山製鋼所	中山系列労組連絡協(66年)
	日本鋼管	NKグループ労組協議会(70年)
その他	昭和電工	昭和電工関連労組会議(82年)
	川崎重工	川重関連労組協議会(92年)
	三菱重工	三菱重工関連協(76年)
	石播重工	石播関連企業労組西日本協議会(72年)
	日立造船	日立造船関連企業労組連絡協議会(75年)
	小松製作所	小松系列労組連絡協議会(66年)
	明治乳業	明治乳業関係労働組合協議会(66年)

出所）各組合の組合史より筆者作成

年は技術革新の波が急速に進行し，系列化への対策が強化されました。これを受けた形で系列組合の結束を固めるため，富士通労組の指導のもと，系列労組加盟の呼びかけ，未組織企業に対する組合結成の働きかけを行いました」とある。

(4) 労働組合「系列」化の意味

では，以上みてきたような労働組合組織の再編，とりわけ労働組合の「系列」化はいかなる問題意識のもとで行われたのであろうか。その場合，組合の「系列」化を促したひとつの要因が組織化の必要であり，企業「系列」に沿った形で行うことが効率的な組織化であったと考えられている。そうした組織化

を推し進めて行くことのメリットは，とりわけ中小企業の組合において顕著であり，たとえばかつて鉄鋼労連において調査部長を務めた岩崎馨は「中小企業の組織率がきわめて低い現業では単産(産業別単一労働組合－筆者)によるオルグ活動などオーソドックスな努力のほかに，多様な組織化の試みが必要である。親組合の援助と指導のもとに資本系列ごとに組織化を進めることは，賃金労働条件の客観化・標準化を図るという効果をもつものであり，少なくとも中小企業労働者を未組織のまま放置するよりは，はるかに意義のある事である」[15]としている。つまり企業系列に沿った形の組織化は，効率的であると同時に，労働条件を親企業のそれに近づける標準化の効果を有していたというのである。この主張は確かに中小企業での組織化を考える場合，当時としては，それなりに合理的な考え方であったといえよう。ただ同時に組合「系列」化もまた企業系列に沿った形でつくられる以上，賃金労働条件の標準化とは，親組合企業の水準に近づくことではあっても上回ることは考えられないことをも意味していた。

3. 90年代後半以降における労働組合組織

しかも90年代，とりわけ同後半以降，企業をめぐる環境は激変した。それに伴って企業は「選択と集中」の時代になり，新たな企業組織の再編が行われた。同時に組合組織も少なからず影響を受け，再検討の時期に入ったといってよい。

(1) 組合系列の機能とその変容①—研究者がみた機能変容—

この再検討のひとつにあげられたのが，組合「系列」であった。組合「系列」の機能の変容をおそらくはじめて指摘したのは，佐藤博樹・酒向真理らによる「グループ労連の機能」研究(1999)であろう。グループ労連の機能として「傘下組合に対して労連が労働条件の項目毎に到達目標やガイドラインを設定する」ことが従来から行われていたが，彼らの調査によれば，賃金以外の労働条件について(目標やガイドラインを－筆者)「設定している」組合は対象組合の85.6％に及び，それらの組合の78.0％は過去5年間に労働条件の向上がはかられてい

る。これに対し春闘時の賃金決定に関しては,「労連の影響が強い」という回答は52.1％に低下している。その理由としては「要求水準では労連で統一しても,妥結決定は傘下組合が独自に決めるという考え方や方式がとられているため」としている。

　こうしたことの結果「労連内には標準化機能が存在するが,労連内の組合間には賃金水準の格差がみられ」,その「要因として第1に『企業業績』(支払い能力)の差が飛び抜けて高く,第2に『業種,業態,製品の差』が,第3に『労働生産性の差』がある」と指摘している。

　こうした事態を受けて,結論としてグループ労連は労働条件などの向上に欠かせない役割を果たしているが,「今後は,労働条件の多様化,分散化が企業間だけでなく,企業内にも進み,また企業の経営戦略の一環として取引先の多様化と事業分野の多様化などが,一層進展する可能性が高く,そのもとで労連傘下の組合は,当該組合が組織化した企業内における労使関係の独自性を確保できる関係を労連に期待している」と述べている。[16]

　同様のことをさらに具体的に,日本企業におけるいわゆる「出向・転籍慣行」に関連づけて,指摘しているのが,稲上毅(2003)である。同書は稲上が90年代半ばから同年末にかけて自らかかわった,いくつかの調査研究を取りまとめたものである。そのなかで企業「系列」との関連で,企業側はどのような労使関係が望ましいと考えているのかを紹介している。そのポイントは「示唆されるのは,グループ企業間における労働条件の平準化ではなく,むしろその格差拡大である。労働条件決定の準拠集団は親企業を含むグループ企業ではなく,グループ外の同業他社に向けられており,労働条件はそれとの競争とその業績に応じて決められるべきと考えられる[17]」という点にある。そうした企業環境のもとでの「労使関係は単社―単組関係が基本であるという見方である。したがって,ここには企業グループ連結経営だからといって企業グループ労連・労協ということにはならない[18]」としている。

　つまり以上みてきた佐藤・酒向や稲上らの研究は,90年代とりわけ90年代後半において賃金決定での成果主義的なシステムが幅広く取り入れられ,さら

に「選択と集中」という言葉に代表されるような単に企業組織の拡大ではない, むしろ組織のリストラやリエンジニアリングを含む企業組織再編が行われ, そのことによって個別の企業の競争力強化が求められるなかでは, 企業グループ内においても格差が容認される土壌ができつつあり, 組合「系列」のもつ労働条件標準化機能は, 必ずしも有効な意味をもちえなくなりつつあることを示唆している。

(2) 組合系列の機能とその変容②―労働組合がみた問題の所在―

いうまでもなくこれらの見解は, 研究者の立場のものである。では, 当事者たる労働組合はどのように考えているのであろうか。その点で, たとえば日本における最大規模のナショナルセンターである連合は, 次のように述べている[19]。すなわち21世紀の連合運動を展開した文書である「21世紀を切り開く連合運動」では,「雇用を守り, 労働運動の維持向上を図っていくためにグループ全体を対象とした労使交渉・協議など, 労働組合の取り組みが不可欠である」[20]とうたい, グループ内においても単社―単組関係の重要性が増していることの認識は希薄な印象をうける。

ただ連合を構成する労働組合のなかには, この組合「系列」の機能の低下に気づいているところもある。たとえば, 現在は組織合体してJAM (Japanese Association of Metal, Machinery, and Manufacturing Workers)を形成している旧金属機械労組と旧ゼンキン連合の両組合は, 組織合体するにあったって公表した文書「我々は何故統一を進めるか」(1999)のなかで, 次のように語っている。若干長くなるが引用する。

「世界の国々が注目する素晴らしい経済発展をわが国が続けてきた理由のひとつとして, 労働組合が企業別に組織化されていることが挙げられてきました。この企業別組合を基盤として大きくなってきた企業連(=グループ労連－筆者)は, いろいろな面で問題を醸し出してきているといえます。その第1は, 資本系列を中心として組織化された組織であるため, 資本系列の殻にこもりがちであることです。第2は, 資本系列以外の組織に対する関心が薄いだけでなく, グル

ープ外として差別的な取り扱いをする傾向が強いことが挙げられています。第3は，資本の結び付きにはその核となる中心企業があり，資本の大小，歴史的経過などにより，グループ内の企業秩序ができており，その秩序がそのまま企業連組織のなかに持ち込まれて，組合間に上下関係の色合いを払拭できないでいることがあげられます。第4は，企業連傘下の組合は中心の大手組合任せの状況が強まり，活動の自主性が失われがちになることです。」[21]

以上の指摘は，組合「系列」による組合運動の問題点の所在をきわめて網羅的に述べているだけでなく，ポイントを鋭く突いている。すなわち「組合間の上下関係の色合いが払拭できず，活動の自主性が失われがちであること」である。先の稲上らの指摘と突き合わせるなら，〈組合系列が有する上下関係によって，単社—単組関係をベースとした個別企業ごとの主体的な判断による労働条件決定が阻害されている〉ことを示唆しているといえる。

ただ問題の要因としては，もっぱら組合「系列」が資本系列に沿ってつくられていることに求めており，必ずしも企業組織の再編という時代背景と結びつけて問題を理解しようとしている訳ではない。

これを明瞭に企業組織の再編と結びつけてリアルに実態を把握しているのが，先にもふれた電機連合の調査（久本憲夫・電機総研編，2005）である。同調査では企業組織再編が同組合「系列」へもたらす影響として2つの点を指摘している。ひとつは組合「系列」そのものが改編を迫られるという組織形態の問題であり，いまひとつは組合「系列」の機能の変容である。

まず前者であるが，合併と分社では分社の方が組合組織への影響は大きいとした上で，分社を単純に分社のみの場合と，さらに分社と同時に資本系列内の他企業と統合した場合，資本系列外の他企業と統合した場合の3つに区分して検討している。そしていずれの場合も，社員の扱いが出向なのか転籍なのかによって事態は大きく変わるが，問題となるのはもっぱら転籍の場合であり，その場合「企業組織細分化に対応した組合組織の細分化」が生じることが多く，さらには「組織化できない」ケースも生じるとしている。[22]

他方，組合「系列」の機能に与える影響としては，次のようなものである。

すなわち調査では,企業本体から分離した分社,国内の連結子会社などについて,賃金を含めた労働条件格差の現状と今後について労使がどのように認識しているかを質問している。それによると,①まず分社会社の労働条件についての労働組合の認識では,労働時間,退職金制度,福利厚生,各種手当及び処遇制度の構造などでは基本的に同一であるという見方が多くを占めているが,賃金一時金は独自性が強い事,②また国内連結子会社の賃金水準では,現状では労使とも基本的に同一か親会社を上回るところはないという点で一致しているが,一時金では企業側に親会社を上回る水準の子会社が少なくないという認識を持っているということ,③将来では会社側も組合側に多少のズレはあるものの,大まかには「親子関係よりも市場の評価を優先させる考え方が大勢を占め」,賃金,一時金とも子会社の独自性を認める方向にあること,等々が記されている[23]。そしてこのような動向をうけて,関連・子会社を含めた投資関係では,「一方で企業単位の分化が進む」が,それはある意味で「企業という枠の弛緩」を伴うものであり,「それゆえにこそ他方では連結経営の求心力が求められ」「グループ労使関係レベルでの労使協議が重要度を増しつつある」としている[24]。この指摘は明らかに,上下関係を前提にした組合系列による労働条件の標準化機能とは異なる意味を,組合系列に付与しようとするものといえよう。

おそらく電機連合は自らのきわめてドラスティックな企業組織の再編を経験したがゆえに,否応なくこうした認識にたどりついたのであろう。

(3) 組合内部組織の機能とその変容

いうまでもなく組合「系列」は,組合の外部組織の話である。次に,組合の内部組織に焦点をあてよう。企業組織の新たな再編は企業の内部組織にも大きな影響を与えざるをえないからである。

この点についても先の電機連合調査は,興味深いデータを示している。その詳細にふれる紙幅はないので,同調査をとりまとめた久本憲夫・電機総研編(2005)から引用しよう。(今日の組織再編は)「現在では,事業部門ごとに組織を

分けることが議事日程にのぼっている。市場条件の異なる事業を単一の処遇制度で維持することが困難になって来たのである。ドメイン単位の事業経営，ドメイン単位の処遇・労使交渉が進みつつある。事業ユニット単位の重要性は，持ち株会社のもとでの各事業会社という構造，企業内での『カンパニー制』など，企業組織としてもある。賃金制度や賃金水準なども事業ユニットごとに異なる可能性が十分にあるし，そうした構造はすでに登場している。労働者のキャリアや雇用が『企業』よりも『事業ユニット』へ重点が移動することを考慮すれば，労働組合も『事業ユニット』への対応が必要となる」と。[25]

この認識は，企業内部における組合組織のあり方に再考を促している。そして実際，電機連合傘下の松下電器労組は，こうした見方にたって，社内のドメインごとの組合組織に交渉権を付与し，実施的に単純化することに取り組んでいる。[26]

しかし，おそらくは現実にこうした幸運に対応して組織の再編に具体的に取り組んでいる組合は，多くはないと思われる。それはこうした認識が従来の企業別組合の概念には適合しない，あまりにラジカルな側面を有するためであると思われる。そうであっても実は多くの企業において，事態はそこまで進んでいる，ないしは進む可能性があるという認識は重要かつ必要となろう。

(4) 企業組織再編と労働力再編

こうして日本の企業別組合は，これまでみてきたような企業組織の再編に直面してきた。

しかし，それに対する対応は，必ずしも十分とはなっていない。むしろ企業組織の再編が組合組織に与える影響自体，どの程度把握・認識しているのかは組合によってかなり異なるのが実情といえよう。加えて，先に示した電機産業における組合員の減少は，もちろん企業組織の再編の影響を受けての事態であるとしても，それだけではないということも指摘している。

それは，企業組織再編とほぼ同時期に進行した労働力の再編である。この点を電機連合は2000年に調査を行い，翌年その結果を詳細に分析，報告している。

同調査では対象となった事業所の正社員数の推移を，現在を100とした指数で示している。それによれば，「《正社員系》では，(3年前＝110)→(現在＝100)→(3年後＝100)となっており，3年前より1割ほど減少し，3年後は横ばいで推移すると予想されていることがわかる」と述べている。

次に，非正社員については，同じく現在を100として，「(3年前＝80)→(現在＝100)→(3年後＝100)となっており，3年前より2割以上増加し，3年後は横ばいで推移する」としている。

ところで興味深いのは，この非正社員を内訳でみた場合である。すなわち「(請負労働者)と(派遣労働者)は3年前が，前者が50，後者が60であり，この3年間で2倍前後増加したことが明らかになっているが，3年後は横ばいで推移する」と述べている点である。[27)]

つまり以上を要約的に示せば，2000年に至る数年の間に，正社員は1割ほど減り，非正社員は請負労働者，派遣労働者を中心に2倍ほど増えた訳である。この結果，同調査の対象となった事業所の平均社員数は，正社員＝1,312人，非正社員＝273人，非正社員の内訳としては，パート・アルバイト＝40人，派遣社員＝50人，請負労働者＝183人となっている。

この電機連合による調査は，さらに2002年に「フォローアップ」調査として再度実施されている。調査の理由は「その後2001年は春にITバブルがはじけ，電機各社では事業構造改革と雇用調整が急激に進められていった」が，その過程のなかで2000年調査においてクローズアップされた非正規労働，とりわけウエイトが高かった派遣や業務請負労働に関して「その影響は労働組合の問題だけでなく，(中略)企業における派遣・請負労働者の活用実態の動向に関心を持たざるをえない」からであるとしている。[28)]

同調査結果によれば，「前回調査との大きな違いは『正社員の削減』が39.5％→76.5％，『パートタイマーの削減』が12.3％→40.1％といちじるしく増大していることである。これに対して，派遣労働者と請負労働者については『拡大』と『縮小』がともに3〜4割の事業所で起きている。(中略)しかし派遣・請負労働者は，フォローアップ調査実施にあたって想定したほどには減少して

いない」とし，結局前回と今回両方にあった事業所についてみると，正社員はトータルで 19,720 人の減，それに対して「非正規労働」は 2,224 人の減であり，「非典型労働者」比率は前回より 1.8 ポイント上昇しているとしている。[29]

　以上のことから，次のことが指摘できる。2000 年に至る数年に正社員は減り，非正社員は大幅に増えたが，非正社員の内訳をみると，もっともウエイトが大きいのは請負労働者であり，ついで派遣労働者である。そして 2002 年に至るところの「非典型労働者」のウエイトはさらに高まりをみせているが，その内訳ではパートタイマーは大幅に減り，業務請負労働者と派遣労働者のウエイトが高まっている。「非典型労働者」と一口にいっても電機産業で拡大しているのは，もっぱら業務請負労働者と派遣労働者である。この 2 つの類型の「非典型」労働者はパート・アルバイトとは異なり，就労先企業の企業籍を持ってはいない。したがって企業別組合が組織化できるのは企業籍を有する正社員とパート・アルバイトであり，請負労働者，派遣労働者は組織化の対象にはならない。いや仮に組織化したとしても，彼らの労働条件について企業別組合が関与することは困難である。ここに労働力の再編がもたらした企業別組合の最大の困難がある。

　繰り返すまでもなく企業組織の再編は，そこに働く労働者には計り知れない影響をもたらす。配転・出向・転籍はいうまでもなく，企業からの離脱も珍しくない。そうした労働者を守る労働組合も激しい変化についていくのにけっして十分ではなく，むしろ後追いの印象は避けがたい。
　その要因を整理すれば，組織構造と組織機能の両面での変化，そして労働力の再編が，いわば三位一体で同時進行したことが大きい。そしてさらに留意すべきなのは，この間，そこに働く労働者への報酬システムの考え方が，年功型から成果型へ大きく変化していることである。重要なのは，この成果型報酬システムは，単に個人に対する賃金決定システムの変更にとどまらなかったことである。つまり成果型報酬システムは，個人にせよ，組織にせよ，なしえた結果に応じて選別して報酬が変わるというシステムであるが，これは企業「系列」

においては，企業間の上下関係を前提とした報酬の序列を突き崩し，さらには社内における部門間の業績の差異を前提とした，部門間賃金配分の均等主義をも突き崩す要素ももつものであった。

　日本の労働組合は，成果主義が組合員間の不均等を生じさせることは大筋で承認してきた。[30)]しかし企業「系列」内で不均等が生じることは必ずしも十分共通認識が成立しているとはいいがたいし，いわんや同一企業内の部門間における業績の差異を前提とした，部門間の賃金配分の差異には抵抗が強い。しかし成果型報酬システムはそのことをも内包するものであり，企業組織の構造上の再編と機能の変化は，むしろ成果型報酬システムが十分に機能を発揮することを目指して推進されたというべきであろう。還元すればこれらは不即不離に結びついて同時進行してきたものであったと考えるべきである。実は1995年に当時の日経連があらわし，大きな反響を呼んだ『新時代の日本的経営』は正にそのことを強く主張したものであった。

　このように考えれば，それに対する労働組合の戦略は，従来の枠そのものを再検討すべき段階にきていることは明らかであろうと思われる。ただし枠を再検討するというのは，今までの枠をすべて無視するというのではない。これまでに積み上げられてきた土台，たとえば企業別組合の仕組みは，それとして内部改革されつつも維持されるべきであろう。なぜなら，たとえアメリカのような産業別組合・事業所支部（ローカル）中心型になったとしても，企業組織再編の影響は避けがたく，かつ成果型賃金システムの機能は同様に働くからである。

　むしろ重要なのは，企業という枠とは別に組織原理にもっと目を向けることであろう。企業籍とは無縁の労働者が急増しているなかでは，そうしなければ組織化はおぼつかないからである。企業から距離を保つそうした運動形態は，必然的により社会的な広がりをもった運動にならざるをえないであろう。それが今後の労働組合のひとつのあり方である。

　それにしても良くも悪くも日本の労働組合は，企業別労働組合であったがゆえに企業とのつながりが前提となってきた。しかし企業が「選択と集中という経営戦略」を取ったことを契機に，企業戦略と組合組織の関係は否応なく再検

討が迫られつつある。

　たとえば組合組織としての組合「系列」は，組合の組織化を企業「系列」に即して行うことによって，「効率的に」組織化を達成することを目指してつくった面が大きいが，その場合の前提は企業「系列」が基本的には資本系列をベースに序列的な企業集団をなしていることであり，したがって組合「系列」も親企業組合をトップに序列的に形成されてきた。この親組合を中心とした序列は，親組合による傘下組合のいわば統制的機能も有しており，それは企業サイドからみても，一定程度意味あることであった。その点で両者は相互補完的機能も有していたと考えてよい。しかしいうまでもなく企業の「序列」は経営の論理の所産であり，組合は組織化と（おそらくは）標準化という表現で賃金・労働条件の序列化を目指し，ある意味で極めて便宜的にそれを利用・活用したともいえる。つまりこの2つの系列は，本質的にかつしばしば相互補完的に機能してきた，この点にこそ両者の関係に潜在する危うさをみることができるのであり，それを顕在化させたのが企業による「選択と集中」という経営戦略であった。そしてこの「選択と集中」は，組織と個人に対する成果型報酬システムの一層の進展と相まって，さらに広がりをみせているように思える。この点において組合組織のあり方は，まさに再検討を迫られているのであり，さらにいえば今日の企業社会の一部をなす企業と組合の関係のあり方そのものも見直されてしかるべきであろう。

　以上のようにみてくると，労使関係研究ないしは組合組織論的研究において，企業組織と組合組織をそれぞれ別個に取り上げるのではなく，いわば相互関係的に分析する視点が従来にも増して重要であることは明らかであろう。私見によれば，そうした研究は決して多くはない[31]。しかし今日のように企業組織の再編が急ピッチでなされ，かつ日本の組合が企業別組合であるというあまりにも自明な事実を前にすれば，こうした視点の重要性はいうまでもない。本章においても，先行研究が少ない[32]という事情もあって，分析の手順は手探り状態であると同時に，取り上げた素材も量的にいまだ不十分であり，したがって分析の深さという点でも課題が多い。とりわけ組合組織のミクロレベルでの丹念な追

跡は不十分である。そのことを企業組織の再編過程にあって，たとえば系列内組合相互間の関係の変化というまさに組合組織論の面でのポイントとなる事実を未解明のままにしている。今後の検討課題とせざるをえない。

注
1) 日本の企業が系列を形成していること自体は，経営学ないしは経営組織論では自明のことである。たとえば下谷(1993)は「現代企業は企業グループとして存在」し，「基本的には資本所有関係上あるいは事業関連上からも密接不可分の数多くの関係会社とともに，全体として一個の経営統合体として存在している」(p.34)と述べている。実際2001年に実施された総務省「事業所・企業統計調査」によれば，「企業グループを構成している」と回答した企業は，常用雇用者1,000人以上の企業で88.6%，5,000人以上の企業では99.9%に及んでいる。
2) 企業の「系列」そのものは，必ずしも日本に固有ではない。しかしたとえばアメリカのそれは日本に比べ，「開放的」であり，変動が大きい(高田太久吉，ベス・ミンツ，マイケル・シュワロー ツ，1996，第6章参照)。その意味でアメリカ企業の「系列」関係は，日本よりはるかに希薄である。
3) 企業の合併・買収を仲介している(株)レコフによると，1988年から2002年の間，合併・買収は毎年増大を続け，2002年(1,752件)は1988年の約2倍に達するとしている(レコフ，2003)。
4) 法整備の動向に関しては，柴田和史(2006)及び才川智広(2005)を参照。
5) 久本憲夫・電機総研編(2005)『企業が割れる！電機産業に何がおこったか～事業再編と労使関係』日本評論社。
6) もちろん，こうした従業員数ないしは組合員数の減少は，組織再編だけが理由ではない。ほぼ同時に進行した労働力の再編もまた重要である。この点は後にふれる。
7) 以上，久本憲夫・電機総研編，前掲書，pp. 45-47。
8) ただし，この比率は企業組織再編の範囲をどのように取るかで大きく変わる。後にみる労働政策研究・研修機構の調査では，組織再編を，「合併」「営業譲渡」「会社分割」に限定しているが，その場合には再編の実施率は大幅に低下する。
9) 以上，連合総合生活開発研究所(2003)『企業組織と職場の変化に関する調査研究報告書』p.3より。
10) 以上，労働政策研究・研修機構(2006)『Business Labor Trend』2006年2月号，pp. 31-33。
11) 以上，久本憲夫・電機総研編，前掲書，pp. 67-73。
12) 連合総合生活開発研究所(2004)『変化する経営組織・働き方と労働組合の課題』p. 147。
13) 「少数派組合」については，河西(1977，1989，1990)の一連の著作を参照。
14) 「第1組合」「第2組合」については，藤田(1955，1967)の一連の著作を参照。
15) 岩崎馨(2000)『日本の労働組合の現状と課題』社会経済生産性本部，p. 224。

16) 以上，佐藤博樹・酒向真理(1999)「労連はいかなる機能を果たしているのか？」『季刊労働法』188号，労働開発研究会，pp. 90-91。
17) 稲上毅(2003)『企業グループ経営と出向転籍慣行』東京大学出版会，p. 16。
18) 同上書，p. 218。
19) 一般的な定義は，「産業別組合などが加盟する，一国内の最上級の労働組合組織」(労働省(1990)『労働用語辞典』p. 641)，要するに一国の労働組合の代表ほどの意味である。
20) 日本労働組合総連合会(2001)「21世紀を切り開く連合運動」p. 33。
21) ゼンキン連合・金属機械労組(1999)「我々は何故統一を進めるか」p. 4。
22) 久本憲夫・電機総研編，前掲書，pp. 165-168。
23) 同上書，pp. 98-104。
24) 同上書，pp. 202-203。
25) 同上書，pp. 202。
26) 社会政策学会110回大会シンポジュウム資料より。
27) 以上，電機連合(2001)「電機産業の雇用構造に関する調査」『調査時報』第323号，電機連合，pp. 19-25。
28) 電機総研(2000)「『2000年雇用構造に関する調査』のフォローアップ結果概要」『電機総研リポート』第283号，p. 18
29) 同上書，p. 23。
30) この見解には異論もありえよう。しかし連合傘下の多くの組合に限定すれば，この見解で大過ないと考える。
31) この点は，一部拙稿(2005)で触れた。
32) こうした視点を有する最近の研究として金沢英樹(2006)をあげることができる。

参考文献

稲上毅(1995)『成熟社会のなかの企業別組合』日本労働研究機構
金沢英樹(2006)「会社分割と労働組合の対応～A社の事例を通して～」『人間科学研究』早稲田大学人間科学学術院第19巻第1号
河西宏祐(1977)『少数派労働組合運動論』海燕書房
河西宏祐(1989)『企業別組合の理論』日本評論社
河西宏祐(1990)『新版　少数派労働組合運動論』日本評論社
久保直幸(2001)「会社再編に求められる労働組合の対応と課題」『労働調査』第388号，労働調査協議会
桑原靖夫他編(1994)『新版先進諸国の労使関係』日本労働研究機構
厚生労働省大臣官房統計情報部各年版『日本の労働組合の現状Ｉ』
厚生労働省(1996)「労働協約等実態調査」
厚生労働省(2003)「団体交渉と労働争議に関する実態調査」
国際産業・労働研究センター(1989)『企業グループ労協の現状と課題に関する調査研究』国際産業・労働研究センター

才川智広(2005)「企業組織再編のための制度整備と雇用・労働契約」『Business Labor Trend』2005年10月号,労働政策研究・研修機構
坂幸夫(2005及び2006)「企業別労働組合における系列と非系列」(上)(下)『富大経済論集』第51巻第1号及び第2号,富山大学経済学部
Sako, M. and Jackson, G. (2003) "Enterprise Boundaries and Enployee Representation; Deutsche Telekom and NTT Compared".
Sako, M. (2008) *Shifting Boundaries of the Firm: Japanese Company-japanese Labour*, Oxford University Press.
酒向真理(2004)「グループ労連の役割は終わったのか」『産政研フォーラム』64号,中部産業・労働政策研究会
下谷政弘(1993)『日本の系列と企業グループ』有斐閣
柴田和史(2006)「新会社法の施行と企業組織再編」『Business Labor Trend』2006年6月号,労働政策研究・研修機構
高田太久吉,ベス・ミンツ,マイケル・シュワーツ編(1996)『現代企業の支配ネットワーク』中央大学出版部
電機総研(2005)「構造改革・連結経営下の労使関係研究会報告」『調査時報』第346号,電機連合
徳田靹彦(2001)「企業組織の再編が労働組合に与えた影響と今後の取り組み課題」『労働調査』第388号,労働調査協議会
新・日本的経営システム等研究プロジェクト(1995)『新時代の「日本的経営」——挑戦すべき方向とその具体策』日本経営者団体連盟
久本憲夫(2004)「企業組織再編とグループ労連の役割」『産政研フォーラム』64号,中部産業・労働政策研究会
藤田若雄(1995)『第二組合』日本評論新社
藤田若雄(1967)『新版第二組合』日本評論社
嶺学(1980)『第一組合』御茶の水書房
富士通労働組合(1990)『組合運動史』第5巻,富士通労働組合
レコフ(2003)『日本企業のM&Aデータブック1988-2002』レコフ
労働大臣官房政策調査部(1990)「労働組合活動等実態調査報告」労働省
Marshall, R. and Rungeling, B. (1976) *The Role of Union in the American Economy*, Joint Concil on Education. (山本隆道訳(1979)『アメリカの労働組合』サイマル出版会)

第2章 企業別労働組合における系列と非系列
―企業組織再編との関連で―

　本章では日本の労働組合，とりわけ「単組」と称せられるいわゆる企業別組合の内部組織及びその機能をみていく際に，「系列」の視点が大きな意味をもつこと，そして「系列」が今日の企業組織再編の波のなかで，機能面で少なからず変化しつつあり，そのことに着目することによって，労使関係のあり方，そして組合運動のあり方にも再検討が必要であることに言及する。

　周知のように日本の民間組合は，企業別に組織されている。その企業の多くは単に一企業としてのみ存在し活動しているのではなく，少なからぬ企業と多様な関係を結び，その多くは上下関係を内包する企業「系列」を構成して活動している。たとえば下谷(1993年)は「現代企業は企業グループとして存在」し「現代巨大企業はけっして単体たる一法人として存在するのではな」く，「基本的には資本所有関係上あるいは事業関連上からも密接不可分の数多くの関係会社とともに，全体として一個の経営統合体として形作って存在している」(同書34頁)と述べている。実際2001年に実施された総務省「事業所・企業統計調査」によれば，「企業グループを構成している」と回答した企業は常用雇用者1,000人以上規模企業では88.6％，さらに5,000人以上規模に限定すれば99.9％に及んでいる。

　このように企業活動が複数の企業との連携のなかで行われ，かつそれが多くの場合上下関係を内包しているのに対応して，日本の企業別組合は，「系列」化している場合が一般的である[1]。

　もっとも企業の「系列」関係についてみれば，必ずしも日本に固有ではない。たとえばアメリカでは金融資本による企業支配や関連する産業分野における成長企業によって他企業の支配が行われる結果，やはり「系列」関係が生じる場

合が少なくない。ただその「系列」関係は，日本のそれが基本的に「閉鎖的」であり「持続的」であるのに対し，アメリカのそれは「開放的」であり変動が大きい[2]。その意味でアメリカ企業の「系列」関係は日本よりはるかに希薄であり，むしろ日本のそれと同様な意味での「系列」関係は，ないと考えた方がよいのかもしれない[3]。

　加えてアメリカの組合は日本と異なり，産業別労働組合や職種別労働組合の本部のもとに，日本の組合の支部にあたるローカルユニオンが作られているが，それは企業ごとにではなく，事業所ごとに作られている。そして日本の単組本部のように企業の枠でそれらのローカルユニオンを統括するような組合組織もない。つまり企業別労働組合ではない[4]。したがって仮に企業に「系列」関係があるとしても，それが組合の「系列」関係をもたらすといったこともない。ましてや企業の「系列」関係そのものがアメリカでは希薄なことは既に指摘した。この意味で組合の「系列」は，日本の組合が企業別労働組合であるということから生じる特徴的性格と言ってよい[5]。

　ところで，いうまでもないが，企業「系列」は企業活動上の必要性から作られたものであるのに対し，組合「系列」は組織形態上は企業のそれと重なる部分が多いものの，「系列」の意味は組合が有する活動目標ないし組織論理によって付与されたものであって，企業「系列」のそれとは異なる。このように企業とは異なった活動目標ないし組織論理をもつことによって，組合の「系列」は組合組織固有の機能をもつことになる。この組合「系列」が組合組織および活動に有する意味，機能を明らかにすることが本章の第1の目的である。いま少し踏み込んでいえば，企業「系列」が経営の論理によって形成されていくなかで，経営とは別の論理を有する組合が企業「系列」に沿う形で「系列」化されるということは，そのことの組合活動にとってのメリットももちろんあろうが，必ずしもそればかりではない部分もあるのではないかということを想像させる。とりわけ近年企業組織の再編が激化しているもとでは，組合「系列」の機能そのものが変容を余儀なくされている局面もあろう。それが現実の組合活動にどのように作用しているのかを明らかにすること，これが本章の前半の

問題意識である。

次に着目するのは,「系列」に属さない組合である。すなわちけっして多くはないものの同一企業「系列」に属しながら,何らかの形で組合の「系列」からははずれている組合がしばしば存在する。これを「非系列」組合と名付けることにする。これら「非系列」組合が興味深いのは,当然のことながら組合「系列」の同一化が生じていないからであるが,そこから直ちに生じる疑問は,なぜその組合が「非系列」化しているのか,という点であり,また異なる組合「系列」に属することないしは独立系であることは,当該組合にとって,また他の「系列」内組合にとって如何なる意味を有しているのか,という点である。これらの疑問点の解明も結局は組合「系列」の意味,機能を明らかにすることに通じると思われる。

1．組合「系列」研究の系譜

いうまでもなく,組合「系列」は組合—組合関係である。この組合—組合関係を(たとえその用語を用いていなくても)「系列」という視点で明示的にとらえた研究を取り上げ,それらが含意しているものを検討する。

(1) 70年代における組合「系列」研究—鉄鋼下請け関連企業労組研究—

まず取り上げるのは,いわゆる関連企業労組を組織化している製鉄所組合(中心は新日鐵労組)及び鉄鋼労連(当時,現在は非鉄金属労連と合体して基幹労連)の事例研究(鉄鋼労連と労働調査協議会編による『鉄鋼産業の労使関係と労働組合』(1980))である。同書の視点は「組合組織の活動と機能を明らかにする」(29頁)ことに置かれている。この「組合組織の活動と機能を明らかにする」という視点のもとで,組合組織を一企業別組合内ではなく,鉄鋼産業における巨大企業グループにおける組合間の関係といった組合—組合関係に焦点をあてている。

具体的には製鉄所組合傘下の関連労組協議会(以下関連協,設立時期は個別組合ごとに異なるが,多くは1960年代後半)に焦点をあて,製鉄所組合及び鉄鋼労連本部と関連協及び関連協内の単組との関係を明らかにしている。それによれ

ば「製鉄所―下請け企業群―下請け組合(関連協)の間で成立する労使関係には製鉄所組合が介在し，製鉄所と関連協との媒体になっている」(同書，276頁)。この「介在」「媒体」という表現は，この調査が鉄鋼労連の委託で行われたものであることを考えると，おそらくは表現したい事実を抑制的に，しかし事実のポイントを可能な限り外さずに述べた結果と思われる。

　要するに鉄鋼労連(製鉄所組合)は「関連協」を当然その指導下においており，鉄鋼労連は下請企業が「協力会」に組織されるのと同時並行的に，「関連協」のもとに下請企業労組を組織化した経緯がある。そうした企業「系列」と組合「系列」が重層的に形成されているなかにあっては，下請企業は自らの労働条件を独自に決定することは大きな制約がある[8]。同書はその点を詳細に述べている。ただ分析はそこで終わってはいない。さらに次のように述べている。「しかしこの制約は，自分の組合に対する不満となってあらわれることがある。下請け労働者は，この制約の前にただ立止まっている訳ではない」(同書，276頁)とし，いくつかの関連協所属の下請け組合がストライキ闘争を行ったことを記している。そして「このような下請け組合運動の高揚」は，その後(下請け企業の前近代的労務管理の改善などによって―筆者)徐々に収束し，「ストライキ闘争の消滅する土壌が次第にできあがってきた」が，同時に「この過程は下請け労働者の要求が企業内の労使関係だけでは処理しえないことが明らかになっていく過程でもあった」(同書，277頁)としている。

　そして見逃すことができないのは，そのように「関連協」の高揚した運動が一定程度収束したなかにあっても，「製鉄所本工の『本工社会』とは異なる下請け労働者の『下請け工社会』が形成され，日常の生活，労働，政治・社会意識などにわたってそれぞれ別個の世界をつくりあげている」(同書，279頁)と述べていることである。この「別個の世界」について，同書では「下請け労働者の組合運動を大企業本工の労働運動に比べてみたとき，そこには大きな違いがある。この点はこれまでみてきた組合の構造と機構，労働条件の決定機構，労使関係などからも明らかである」としながら，「もうひとつの重要な特質として，その地域的性格をあげることができる」と述べて，具体的には3点を指摘して

いる。第1は,「親企業(本社)の外注政策が具体的には各地域の製鉄所の権限によって実施されていること」, その理由として「各製鉄所がその構内部署のうち, いずれの作業を下請け企業に請け負わせるかという細部にわたる具体的な判断になると本社の一元的な統括管理によっては到底把握し切れない」し,「また各製鉄所の下請け企業には古くからの関係があった地場企業が多く, 人間関係まで含めて各地元での歴史的な経過なり事情がある」としている。そして第2に「労働市場の地域性」, さらに第3に「注目しなければならないのは, 地域社会との関係である」として, この3番目の特質を詳細に述べている。すなわち「鉄鋼大手の各製鉄所は各地域社会のなかできわめて大きな比重を占めており, 企業城下町的な様相を呈しているのが一般的である。したがって, 製鉄所の関連下請け労働者の運動も地域社会と深い関係におかれる」として, 一例として市議会議員の選挙などにみる彼らの影響力を指摘している。そして結局(選挙などにおける)「『関連労働者の代表』というのは単に職域の利益代表を意味するだけでなく, 社会階層として自覚された関連労働者集団の代表という意味をもっているように思われる」(同書, 277-279頁)と述べ, 関連下請け労働者が地域に深く根ざした存在であることを詳細に検討している。以上の指摘は, 本章で組合組織における「系列」「非系列」を取り上げる際にも興味深い論点を提供するものである。

すなわち鉄鋼産業の関連下請け企業労働者は, 企業レベルの「協力会」と組合レベルの「関連協」という形で並列的に系列化されているなかで, 否応なく従属的であり, 一企業内の労使関係だけでは, 自らの賃金, 労働条件を決することができないという「制約」を認めている。しかし同時に下請け関連職場の労働者は,『本工社会』とは異なる『下請け工社会』を作り上げているという事実は, 鉄鋼労連の指導下にあってそれに従う「関連協」と, それとは異なる世界をもつ『下請け工社会』のいわば2元的状況の存在を感じさせるのである。この2元的状況の存在は, 「関連協」が「製鉄所組合」と一時的にではあれ, 距離を置いた行動を取った理由をそれなりに説得的に説明している点でなかなか興味深いものである。

そこから敷衍すれば「関連協」ないしは下請け企業労組が鉄鋼労連の指導下にあって，今一歩『下請け工社会』に近づけば，それは同書にある「下請け組合運動の高揚」に結びつくものであるかもしれないし，さらに進めば本章後半で扱う「非系列」組合への道が見えてくるように思える。このような見方に立つ時，本書が示した「製鉄所組合」と「関連協」との関係の重要性は，企業の系列化と組合の系列化に着目している点で本章の視点と直接に結びつくものであり，しかもそこでは必ずしも企業の系列化が組合の系列化にストレートには結びつかない面があることを指摘している点で，本章の視点と共有する部分は多い。

(2) 90年代における組合「系列」研究
—『企業グループ経営と出向転籍慣行』研究と「グループ労連の機能」研究—
1) 『企業グループ経営と出向転籍慣行』研究

次に検討する『企業グループ経営と出向転籍慣行』研究(稲上毅，2003)は，稲上が90年代半ばから90年代末にかけて自らがかかわったいくつかの調査研究をとりまとめたもので，先にふれた鉄鋼下請け関連企業労組研究から20年ほどが経過している。主要なテーマは企業グループを舞台として，そこでのいわゆる出向転籍がどのように行われているのかに焦点をあてたものである。したがって，もっぱら焦点があてられているのは，企業グループにおける出向転籍慣行であるが，そこにおいて労使関係はどのように作用しているのか，という点も検討対象とされ，企業グループにおける労使関係のひとつの側面である組合「系列」にもふれられている。

まず企業「系列」の形成とかかわって，企業側はどのような労使関係が望ましいと考えているのかを稲上は紹介している。それによれば各事案の自由裁量権について，社内分社と子会社を比較すると，「従業員の採用，労働条件の決定，労使交渉の権限については，社内分社と比べて子会社が目立って大きな権限をもっている(ものの)，……子会社の場合でも，労使交渉の権限と労働条件の決定に関して権限が与えられてないところが4-5割もある」(同書，162頁)という

実態がある反面，労働条件決定の望ましい方法としては，「子会社の労働条件は親会社ではなく，同業他社をみながら自らの業績にみあって決めるべきだとみなされている」(同書，163頁)こと，したがって，そこに「示唆されているのは，グループ企業間における労働条件の平準化ではなく，むしろその格差拡大である。労働条件決定の準拠集団は親企業を含むグループ企業ではなく，グループ外の同業他社に向けられており，労働条件はそれとの競争とその業績に応じて決められるべきと考えられている」(同書，163頁)。

ここに示されているのは，グループ企業においても個々の労働条件決定は同業他社との見合いと業績に従って行うことが望ましいとする企業別原理である。

稲上は次のようにもいう。ある食品会社の事例研究のなかから企業グループにおける労使関係にふれ，「労使関係は単社―単組関係が基本であるという見方である。したがって，ここには企業グループ連結経営だからといって企業グループ労連・労協ということにはならないという考え方が示唆されている」(同書，218頁)。

さらに稲上はこの企業グループ関連労組の上部団体加盟にもふれ，「加盟組合のなかにはその業態ゆえに独自の上部団体をもち，それとの関連で関連労協の視野には収まり切らない労使関係が機能している。そしてこのことが示唆しているのは，業態と労働市場が違う以上，同じ企業グループといってもその労使関係は単社―単組が基本になるべきという，すでに引用したB氏(A社グループ本社人事戦略部長－著者)の見解であるように思われる。たしかに企業グループ連結経営なので企業グループ労連といったような機械的に発想することはできないだろう」(同書，221頁)とも述べている。そしてそうした経営側の判断の対局で，労連や労協を形づくる労組の活動は総じて活発ではなく，そのためもあってか，そうした判断に対して「組合にそれを突き崩すだけの力量がない」(同書，258頁)と断じている。

2)　「グループ労連の機能」研究

稲上の研究が明らかにされたのとほぼ同じ時期に，いわゆる「グループ労連」の機能を検討した佐藤博樹・酒向真理の研究[9](1999)が報告されている。

それによると，グループ労連の機能として「傘下組合に対して労連が，労働条件の項目毎に到達目標やガイドラインを設定する」(同書，91頁)ことが従来よりなされていたが，彼らの調査によれば，賃金以外の労働条件について(目標やガイドラインを)「設定している」組合は対象組合の85.6％に及び，それらの組合の78.0％は過去5年間に労働条件の向上がはかられたと回答している。これに対し春闘時の賃金決定に関しては，要求水準の決定では「労連の影響が強い」とするところが79.7％と大多数を占めるのに対し，妥結決定では「労連の影響が強い」という回答は52.1％に低下している。その理由としては「要求水準は労連で統一しても，妥結決定は傘下組合が独自に決めるという考えや方式がとられているため」(同書，91頁)としている。実際こうしたことの結果「労連内には標準化機能が存在するが，労連内の組合間には賃金水準の格差がみられ」，その「要因として，第1に『企業業績』(支払い能力)の差が飛び抜けて高く，第2に『業種，業態，製品の差』が，第3に『労働生産性の差』がある」と指摘している。そしてこうした事態を受けて，結論としてグループ労連は労働条件などの向上に欠かせない役割をはたしているが，「今後は，労働条件の多様化，分散化が企業間だけでなく，企業内でも進み，また企業の経営戦略の一環として取引先の多様化と事業分野の多角化などが一層進展する可能性が高」く，そのもとで「労連傘下の組合は，当該組合が組織化した企業内における労使関係の独自性を確保できる関係を労連に期待している」(同書，90頁)と述べている。

　以上の稲上と佐藤・酒向の両研究は，90年代とりわけ同後半において賃金決定での成果主義的なシステムが幅広く取り入れられ，さらに企業の合併や分社化といった企業組織の再編が活発になるにともなって，組合「系列」のもつ労働条件の標準化が必ずしも効果的には機能しなくなりつつあることを示唆している。

(3) 2000年以降における企業「系列」と組合「系列」
　　―電機産業における「構造改革・連結経営下の労使関係」研究―

　そして最後に取り上げるのは，電機連合が2003年に実施した調査の結果を

とりまとめた「構造改革・連結経営下の労使関係」研究(電機総研, 2004)である。

この研究のねらいは明瞭であり，かつ問題意識にあふれている。すなわち「近年の企業組織再編は電機産業ではとりわけ大胆に取り組まれてきた」「とくに大手企業の大規模リストラと『選択と集中』を旗印とする企業同士の重要事業分野の統合や事業売却は凄まじいものであった」(同書, 4頁)。そうした事実認識のもとで，「主要な論点」として「組織再編パターンはどのようなものか」「組織再編に組合はどのように対応しているか。組織再編はどの程度拡がっており，その実態はどうなのか」「会社分割法・労働契約承継法はどの程度使われ，どのように機能しているか」「組織再編・連結経営に伴う組合組織化の現状はどうか」の4つをあげている。

得られたデータはさまざまであり，次章以降でそれぞれの項目において参照すべきデータとして紹介するので，ここでは2点のみふれておく。

第1に企業の「組織再編・構造改革」の実施状況であるが，組合の61.3％，会社の50.0％が「ここ5年間で何らかの組織再編・構造改革を実施している」と回答し，とくに組合員3,000人以上規模では組合回答で9割をこえている。その内訳としては「『グループ内再編』が多数を占めているが，『グループ外他社との事業統合』や『事業売却』も少なくない」(中略)全体として事業部門の整理の色彩が強い」(同書, 7頁)としている。

第2に〈事業ユニット・社内カンパニー〉〈分社〉〈連結子会社〉などにおける労働条件格差の現状と将来に関しては，いずれの場においても「賃金水準・査定運営」と「一時金の水準査定運営」の2つが他の労働条件より「基本的に同じである」という回答が少ないが，〈事業ユニット・社内カンパニー〉では現状では「賃金」が75.0％，「一時金」が70.9％，〈分社〉では前者が52.9％，後者が44.7％，そして〈連結子会社〉では前者が24.1％，後者が27.7％といった具合であり，子会社はもちろん社内においてすら4社に1社が格差が生じてきているとしている。また将来に関してはさらに格差を是認する傾向が明瞭である。

こうしたさまざまな場での格差について，次のように述べている。「電機産

業においては，成果主義的な処遇が2003年以降，本格的に導入されている。個人の成果・業績を個別賃金に反映させる動きが強まっているが，同様に，同一社内の事業ユニットや社内カンパニーでの業績違いを一時金や賃金の水準，各種手当てに反映させる仕組みが取り入れられつつある(中略)分社会社の場合，労働条件の現状については会社毎の格差は広がっており，将来はさらに拡がるとの見方が強くなっている」，それを受けて組合の活動も「従来の求心力的な運動から，遠心力的なモメントが働きつつある」とし，「本体からの分社も含めて小会社の労働条件について親会社の労使がどのようなスタンスに立つのか，連結経営が強まるなかで企業グループの労使関係のあり方を含めた検討が急がれる」と結んでいる。

　この電機連合による調査は，企業グループ内において賃金・一時金の格差が拡大し，今後もそのような傾向が続くのはもちろんのこと，企業内においても同様な格差拡大が今後一層生じる可能性があり，そのもとでは組合「系列」の機能も変化せざるをえないことを示唆している。

　こうして組合「系列」を巡る動きは，ひとつの像に焦点を結びつつあるように思える。それは組合「系列」がかつてのように，労働条件の一律的な標準化を目指すのではなく，個々の企業の事情に対応した労使関係を築き，個別企業の実績に応じた労働条件を作りあげることが求められているからである。電機連合の調査は，さらにそうした組合「系列」の機能の問題だけではなく，格差が社内の組織間においても生じる可能性があることから，企業別組合の内部組織，及びそこでの組合機能の変容までふれている点が興味深い。その点で電機連合の調査は，今日の企業別組合が抱えるいわば先端的問題に突き当たっているといえよう。

2. 企業「系列」と組合「系列」の概念と動向

　これまで企業「系列」と組合「系列」の用語を必ずしも明確には定義しないまま用いてきた。そこで本章では，企業「系列」と組合「系列」のそれぞれについて，その定義と近年の動向，そしてそれらの検討を通してその2つがどの

ような関連を有しているかを，明らかにしていく。

(1) 企業「系列」の概念と近年の動向

　まず企業の「系列」の概念について，簡単に整理しておく。企業の「系列」についてたとえば西野武彦(1997)は，沿革から分類した場合の「旧財閥系」「銀行系」「新興企業系」に分けられるし，機能から分類すれば「生産系列」「流通系列」「資本系列」の3つに分類できるとしている。その大半は何らかの資本関係によって結びついているが，資本関係はなくても，たとえば人的関係から特定のグループの「系列」下にあると見なされる場合もある。つまり企業の「系列」は，必ずしも資本関係には限定されない幅広い概念であるとしている。

　この幅広い「系列」の概念について，下谷政弘(1993)は次のように指摘している。「ある特定の大企業を頂点として形成された企業間の固定的な関係，または『密接な連携』」であり，そのなかには「親企業と子企業が作り出す企業グループ，あるいは，下請け企業によって作られる各種の『協力会』など」から形成されるとしている。つまり下谷は企業系列といってもその結びつきの濃淡，ないしは親企業による経営支配の強弱によって，グループ企業と下請け企業に分けることができるとしている。そしてグループ企業とは「親会社と資本関係によって密接につながっているものをグループ企業あるいは関係会社(子会社および関連会社)」とし，「そうでない企業を下請け企業」(同書，228頁)と規定している。そして今日結合度の強い企業グループとしての判断は，株式の50％以上を所有し，かつ連結決算の対象となる(企業会計法上の)連結子会社，さらに所有株式は20％以上50％未満ではあるが，連結決算の対象となる持分法適用の関連会社がそれに該当する[10]。その外側に連結決算の対象となっていない子会社，関連会社があり，そしてその外側には関連下請け企業群が存在するという幾重もの企業群の重なりが，企業「系列」ということになるとしている。

　こうして規定された企業「系列」は，旧財閥のように特定の産業・業種分野に限定されないきわめて大規模なものもあれば，新興の企業グループに比較的多くみられるように特定の産業・業種分野に限定され，グループ内の企業数も

あまり多くないものもある。

その企業グループの近年の動向について，下谷によれば「80年代の旺盛な子会社設立ラッシュの時期と90年代に入ってのグループ内再編の時期に大別される」こと，そしてその2つの時期を通して「グループ全体の有機的統合度が近年急速に高まって」おり，それをもたらしたのが76年の連結財務制度の導入，そして84年の持分法の採用であり，そしてこれらの制度の導入が「親会社に関係会社を改めて本体の『身内』として再認識させたのであり，これまでの『単独決算』重視から『グループ経営』重視へと，『企業グループ』全体としての戦略の採用を強制した」(同書，46頁)としている。

(2) 企業再編の動向—企業合併と企業分割—

では実際の企業の再編は，どのような増減傾向を見せているのであろうか。いうまでもないが，こうした企業の再編は，大きく括れば企業合併と企業分割に区分することができる。[11]また「系列」化を念頭におけば，それらに加えて他企業への資本参加も合併には到らない段階の企業組織の再編のひとつとして数えることができよう。そしておそらくは企業組織に及ぼす影響という点では，これらの企業組織再編は，必ずしも同じではないと思われる。すなわち合併の場合は，一般的には個別企業組織の拡大に結びつくであろうし，分割は分割前の個別企業組織が，事業体ごとに複数の個別企業に分割される場合もあれば，ひとつの持株会社の外側に関連する何らかの企業組織が作られることもあろう。資本参加も企業組織上は，出資企業の外側に関連する企業組織をつくる点で，後者と似た結果をもたらすと思われる。

いずれにせよ前者は企業組織の内部化であり，後者は企業組織の外部化といえよう。つまり企業組織の再編が，組合組織に如何なる影響を与えるかという点を考える場合，重要なのはこの組織の内部化と外部化の2つがあるという視点である。この点でたとえば先の下谷(1993)では，企業「系列」として扱われているのは，あくまでも企業組織の外部化の側面であり，内部化には言及されていない。これは経営的視角から企業組織をみた場合，同一企業の組織に組み

込まれれば，経営上の組織として一体化し，「系列」の概念からははずれてしまうという認識があることによると思われる。しかし本章のように，組合組織に焦点をあてる場合，内部化は必ずしも組織の一体化を意味しない場合があることを考慮する必要があろう。そうであれば内部化も「系列」のひとつの側面として見ていく必要があるということになる。そしていずれにせよ企業組織再編がその内容によって企業組織へ異なった影響を与えるとすれば，組合組織への影響という点でも異なった要素をもつことになろう。したがって合併と分割，資本参加は，別個にその動向を検討することが必要である。

ところでこの合併と分割の動向は，第1章2-4頁に出ているので，そちらを参考としてもらう。

(3) 組合「系列」化の中身とメルクマール―2つの「系列」化―
1) 組合「系列」化の中身

以上のような企業組織再編の動きに対して，組合組織の再編はどのように行われたのであろうか。本章の問題意識に即していえば，組合の「系列」化はどのように進められたのであろうか。その際着目すべきなのは，組合「系列」化の中身と「系列」化のメルクマールは何であるのか，という点である。

既にみてきたように企業組織の再編を「系列」化の視点からみた場合，とりわけ組合組織への影響に着目した場合，企業組織の内部化と外部化の2つの側面に注目する必要があることがわかった。そしてこのような視点から組合組織の再編をみると，2つの企業組織再編のあり方に対応して，2つの側面があると考えるべきであろう。すなわち企業合併の場合，合併された企業組織は合併元の企業組織の一部として位置づけられる可能性が高い。その場合，そこに生じる組合組織は，合併元の組合の一組織として，たとえば支部なり分会として位置づけられる場合が一般的であろう。これはいうまでもなく，企業別組合の内部組織の拡大を意味する。

他方企業分割の場合，本体(中核)企業とは一応分離された企業組織として位置づけられよう。それは先の企業グループに関する下谷の定義に従えば，関連

性の深さによってグループ企業であるかもしれないし，ないしは下請け関係にある会社にすぎないかもしれない。その場合組合としての関係では「系列」企業組合として位置づけられよう。つまり組合「系列」は，広い意味ではこの2つの側面をもつものとして理解することが可能であるし，必要があると思われる。ただ内部化も系列としての意味をもつとはいっても，多くは時間の経過とともに組合組織として同化していくのが通常であろう。その点でいえば，組合「系列」もまた外部化こそが本来の姿といってよいであろう。

2) 組合「系列」化のメルクマール

そこで組合「系列」化のメルクマールであるが，「系列」の内容として広い意味では内部化と外部化の2つの側面があるとすると，そのメルクマールもそれぞれに対応して異なったものとなろう。第1の単組組織の拡大は，当然組合の内部組織の増大であるから，1企業別組合あたりの支部数なり分会数なりの増大という形で現れてくると思われる。

第2の外部組織化は，当該企業別組合の外側にある組合への関係拡大であるが，このメルクマールとなる可能性があるのが，ひとつには先に取り上げた佐藤・酒向らが研究対象とした「グループ労連」という組合組織の形成である。この「グループ労連（ないしは単に労連）」に厳密な定義があるとは思えないが，この用語は連合（「日本労働組合総連合会」）の政策関係の資料にはしばしば登場するものである。たとえば21世紀における連合の新たなビジョンとして作成・公表された「21世紀を切り開く連合運動」(2001)には，「企業グループ労連の役割と新たな位置づけ」と題して，「企業組織が大きく変化し，グループ経営が強化されるなかでは，雇用を守り，労働条件の維持・向上を図っていくためにグループ全体を対象にした労使交渉・協議など，労働組合の取り組みが不可欠である。資本『系列』組織については，企業別組合の弱点克服の観点から批判もあるが，産業別組織と連携の上で，企業グループ労連の役割を強化していく必要がある」(同書，33頁)と述べている。

この文言はいくつかの点で注目される。ひとつには「グループ労連」が企業「系列」に対応する組合「系列」の意味で使われている点。2つめには，連合

はこの「グループ労連」を今後も強化すべきと考えていること。3つめには，しかしこの資本「系列」に沿った組合組織には批判もあることを認めている点である。このうち第2及び第3の点については後に再度ふれることにするが，まずは連合においては「グループ労連」は組合「系列」の意味で用いられている点が，以上より明らかである。

　こうした「労連」という用語は，産別組合でも使用されている。たとえば2005年に自治労との組織統合がなされた全国一般労組の第58回全国大会配布文書(2004)には自治労との統合に際しては「労連方式は取らない」という文言がみられる。これは全国一般労組が自治労との組織統合にあたって，自治労の傘下となってその「系列」下にはいることを意図しているわけではない，という主張と解釈できる。

　このようにみてくると，「労連」という組織名は，組合「系列」化のひとつのメルクマールになりうる面があると考えてよいであろう。ただし「労連」には別の意味が付与されている場合があることにも注意が必要である。つまり同一企業内の事業所ごとの組合の独立性が高かったり，事業所ごとの組合形成の歴史的経緯に独自性が比較的強かった場合，親組合（本体組合）としても，その事業所組合の独立性を尊重せねばならず，その独立性を維持しつつ，企業別組合としての統一性の表現として「労連」の名称をつける場合があるからである。これを組合によっては，企業別組合の「単一化」と称している場合がある（たとえば電機産業では日立労組，鉄鋼産業では新日鉄労連など）。この場合の「労連」方式は，いうまでもなくこれまで述べてきた企業別組合による企業「系列」に対応した「労連方式」とは意味合いが異なる。この場合には，組合「系列」化の別のメルクマールを見出す必要がある。そのひとつがいわゆる「関連労組協議会」，略して「関連協」の形成と親組合（本体組合）組織への統合である。こうした例は，先に述べた事情から電機産業や鉄鋼産業などで比較的多いように見受けられる。

　ただ，以上みてきたようなメルクマールは，組合「系列」化のひとつの目安にはなるものの，それですべてがわかるわけではない。その意味で結局は組合

における「系列」は，個々の組合組織の実態に即して判断するしかない。

(4) 組合「系列」化の動向
1) 組合組織内部化の場合

はじめに組合組織の内部化に着目して，そこで組合の「系列」化の一端をみていく。そこで参考データとして取り上げるのが，厚生労働省が毎年実施している「労働組合基本調査」である。同調査では組合数に関して，単一労働組合数と単位労働組合数の2つを集計している。前者は下部組織をもたない「単位組織組合」と下部組織をもつ「単一組織組合」の本部を合計したものであり，後者は「単位組織組合」と支部などの「単位扱い組合」を合計したものである（図表1－6参照）。つまり通常「単組」として，組合の数をいう場合は前者のデータを用い，後者は，下部組織をももたない（おそらくは小規模な－筆者）単組と下部組織を有する（おそらくは大規模な－筆者）組合の（もっぱら）支部の数を合計したものであり，一言でいえば，組合組織の趨勢を示すデータと考えることができる。後者は，同調査結果をとりまとめた厚生労働省発行の各年版の「日本の労働組合の現状」における組合数の動きを示す同書第1表のなかでカッコ書きの扱いとなっている。これ以上の説明は第1章に既述であるので，省略する（図表1－5）。

そうであるなら，この後者のデータこそは支部など組合の内部組織数を含めた組合数の動向を示しており，本章で扱う組合組織内部化の進み具合の一端を示唆するものとして注目される。そこでこの「単位組合」数と「単一組合」数の時系列推移を表したのが第1章の図表1－6である。それによると，「単一組合」にせよ「単位組合」にせよ，60年代から80年代前半にかけて増大している。とりわけ「単位組合」は同時期に「単一組合」以上に大きく増加している。明らかにこの時期，「単一組合」つまり単組の数も増大したが，それ以上に組合の内部組織が拡大していることがみてとれる。既にふれたように，この時期は企業の合併が急増した2つの時期のうちの第1のピークをなす時期と重なっており，このことを重ね合わせて考えるなら，この組合組織の動きは，当

時の企業合併の動きに対応した組合内部組織拡大の可能性が指摘できる。

しかし，それとともに今ひとつ興味深いのは，90年代に入ると両者とも減少傾向をみせている点である。すなわち「単一労働組合」は90年では33,270組合であったが，2003年には29,745組合と，10.6％の減であり，さらに「単位労働組合」も72,202組合から63,955組合へと11.4％の減少となっており，「単位労働組合」の減少が，一層顕著である。ただ「単一労働組合」の減少に関していえば，実は企業別組合の存立基盤である企業の数そのものがこの間減少傾向を示しており，そのことを考慮[12]すれば，その減少それ自体は，当然の現象といえなくもない。他方「単位労働組合」数と「単一組合」数の減少は，組合数の減少といった事象と同時並行的に，一つひとつの組合組織の縮小現象ともいえる事態が生じていることを示唆している。

図表2－1 解散組合数とそれに占める事業所の休廃止の割合

年	実質的解散組合数	うち事業所の休廃止が占める割合（％）
1980	1322	22.8
1985	1312	30.3
1990	1168	22.8
1991	1128	26.0
1992	1074	21.7
1993	1156	20.0
1994	945	31.3
1995	1300	26.9
1996	1204	29.1
1997	1155	31.9
1998	1733	30.0
1999	1606	38.7
2000	1557	41.6
2001	1898	41.3
2002	2189	46.1

出所）厚生労働省「労働組合基礎調査報告」各年版

先の各年版「日本の労働組合の現状」では，この単位労働組合の動向に着目して，その新設数と解散数のデータから興味深い傾向を指摘している。そこでの特徴のひとつは，新設─解散の数値はこの間ほぼ一貫してマイナスであることである。つまり新設よりも解散の方が多いということであるが，同書ではこの解散を，事業所の休廃止その他に伴う解散（＝「実質的」）と組合の事情による解散（＝「形式的」）とに区分し，さらに「実質的解散」の内訳を示している。それによれば「実質的解散」に占める「事業所の休廃止」の割合は，90年代前半では20％台で大きな変化はなく推移していたが，98年には30.0％，2000年

には41.6％，そして2002年には46.1％と大幅に上昇している（図表2－1）。この「事業所の休廃止」が，企業組織の再編を一因として生じた可能性はけっして少なくないであろう。そして「事業所の休廃止」が支部など組合組織に対して縮小の圧力となってきたであろうことも容易に想像される。

2) 組合組織外部化の場合

次に取り上げるのは，組合組織の外部化の場合である。この外部化の場合には「グループ労連」ないしは「関連協」の結成時期がそのメルクマールになると思われるが，いうまでもなくそれらを調べた既存データはない。したがってここではいくつかの産業分野ごとにいくつかの組合を取り上げ，その動向をさぐっていくことにする。取り上げる産業は，自動車産業，電機産業，鉄鋼産業を中心とし，その他としていくつかの組合を取り上げた。先に述べたように自動車産業では「労連」形成の時期にもっぱら着目し，電機や鉄鋼産業では「関連協」形成の時期に着目している。

それらを一覧にしたのが図表1－7である。電機産業では日立労組の「系列」化が60年代の初期に行われたのをはじめ，多くの組合が60年代前半から，「系列」企業労組の組合「系列」化が進められ，70年代には組織形態としてはほぼ現在の形が出来上がっていたようである。

同様に鉄鋼産業においても製鉄所組合での関連協の結成はほぼ60年代である。これに対し自動車産業では鉄鋼や電機産業よりも若干遅れて始まっており，とくにトヨタ自動車労組の組合「系列」化は70年代に入ってからである。しかし傾向としては多くの産業で60年代から組合の「系列」化が進み，70年代には現在の組織形態に近くなっていたといえよう。[13]

この段階における組合組織の「系列」化の事情について，たとえば1970年に「系列労組協議会（系列協）」を作りあげた富士通労組は，その組合史（1990）で次のように述べている。「70年は技術革新の波が急速に進行し，富士通の積極的な経営対策と並行して関係会社への依存度が増し，『系列』化への対策が強化されました。これを受けた形で『系列』労組の結束を固めるため，富士通労組の指導のもとに，系列協への加盟呼びかけ，未組織企業に組合結成の働き

かけを行いました」と。また1961年に「日立系列労組懇談会」を結成した日立労組の組合史(1996)は「より一段と組織を強化し，日立系列企業における組織化を進めていこうというものであり，(中略)こうした系列労組間の連携の強化は，日立製作所が変動する経済情勢のなかで，分離・独立を強力に進め，いわゆる日立製作所の系列会社は約80社に及び，しかもそうした系列関連企業との間でも製品分野の統合，再編成を進めるなかで，労働者の移動が行われ，各労組間の連携強化の必要性が一層高まったことにが背景にあった」と述べている。このようにこの時期の組合の「系列」化が，企業の系列化に対応し，とりわけ組合の組織化を主要目的としてなされたことは明らかである。

こうしてこの時期，「単位組合」の増加に示されているような組合組織の内部化という形の組合の「系列」化と，「労連方式」の採用や「関連協」の結成などといった組合組織の外部化という形の組合組織化による「系列」化がほぼ同時に進行していったことが指摘できるのである。

そしてさらにいうならば，組合組織の外部化，そして内部化両面での「系列」化の動きは，80年代に入るとほぼ収束し，むしろ90年代に入って以降，内部化に関すれば組合組織縮小化の動きが生じている点が見逃せない。つまり90年代以降の第2の企業組織再編の波に対して，2000年以降は有効に対処できていない可能性を否定できない。この点は，たとえば近年の労働組合員の減少，組織率低下の要因のひとつとして，分社化や合併などの近年の企業再編の動きに対して組合が十分に対応できず，従業員の転籍などが生じた場合，組合から多くの離脱者が生じているという指摘が注目されるし，さらに企業の再編そのものが，組合組織の弱体化を意図している可能性を指摘する労働組合役員もいる。

組合「系列」をめぐるそうしたさまざまな動向のなかにあって，たとえば連合は組合「系列」を少なからず問題をはらむことを認めつつも，「系列」の強化を訴えている。しかし既にみた先行研究によるなら，90年代以降企業グループ経営は「系列」内の統一した労働条件の決定ではなく，個々の企業の個別の業績に応じた労働条件決定を求める方向にあるのであり，その意味で組合が

企業の「系列」に沿って「系列」化していくことのメリットは薄らいでいることを示唆するものであった。これまでみた組合「系列」の動きの背後にはこうした事態の進行があるということが重要である。

3. 企業グループと組合「系列」の重なり
―三菱自動車工業と三菱自動車労連を事例に―

　以上検討してきたように，組合が「系列」化に取り組むひとつの大きな理由は，組織化の必要性であり，いまひとつは企業「系列」に対応して労働条件決定をグループ全体として取り組む必要があるという点にあった。しかし90年代以降の企業組織再編の第2段階にあって，いくつかのデータは，組合「系列」が必ずしも有効に機能しないのではないかと思わせるものであった。それは組織化については，企業「系列」に組合「系列」を重ねてみれば，企業「系列」には組合「系列」ではカバーされていない部分が少なからずあるということになろう。勿論その重なりは個別企業によって大きく異なるであろうし，したがって，それの一般的な像を示すことはおそらくは不可能と思われる。

　そこで以下では，企業グループと組合「系列」がどのような形で重なりあっているのかを，個別事例を検討することで，ある程度明らかにしたいと思う。それをここでは三菱自動車工業と三菱自動車労連の例でみてみる。三菱自動車工業を取り上げたのは，筆者にとって比較的資料を集めやすかったという事情もあるが，それ以上に三菱自動車工業が属する三菱グループが「日本を代表する企業集団」であり，その動きは「日本経済全体の動きを反映しているとともに，またそれを動かしていると言ってもよい」(奥村，2004，4頁)とされているからである。当然三菱自動車工業自体，企業グループを形成し，そのもとに作られている三菱自動車労連は組合「系列」を形成している。[16]

(1) 三菱自動車工業グループにみる「系列」

　まず三菱自動車工業が所属する三菱グループであるが，同グループの主要企業トップで構成されている金曜会に属する企業が2004年で29社，そしてそれ

らの企業が直接的,間接的に膨大な数の企業を持ち株支配している。その数は時々によって変化するゆえに確定的に述べるのは難しいが,いずれにせよ日本を代表する巨大企業グループである。[17)]そしてその三菱グループ中の三菱重工グループのメンバーとして三菱自動車は登場している。

同社はもともと三菱重工の自動車製造部門から1970年に独立して三菱自動車工業となったものであるが,現在(2012)は同社から三菱ふそうトラック・バスが独立しており,三菱グループ内では三菱自動車工業と三菱ふそうトラック・バスの2社が自動車組立メーカーである。三菱自動車工業の会社案内によれば,同社が株の50％以上を所有し,かつ連結決算の対象となる国内の連結子会社は53社である。その多くは販売会社であり,100％三菱自動車工業出資の企業が大半である。また持分法適用の国内関連会社が13社あり,これも多くは販売会社であるが,先の三菱自動車工業から2003年に企業分割された三菱ふそうトラック・バスも含まれている。

こうして三菱自動車工業「系列」としてグループ色がもっとも強いのは,以上の連結決算対象の子会社,関連会社の計66社である。そしてさらにその外側に子会社,関連会社と何らかの資本関係を有する企業,さらには資本関係は

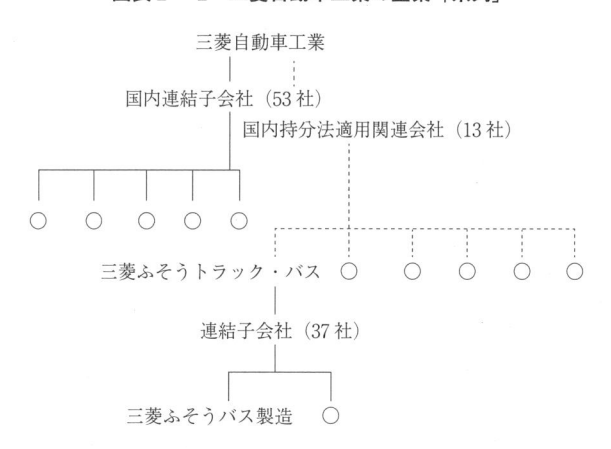

図表2-2 三菱自動車工業の企業「系列」

```
              三菱自動車工業
                   │
      ┌────────────┼─────────────┐
  国内連結子会社(53社)         │
                  国内持分法適用関連会社(13社)
      │                           │
  ┌─┬─┬─┬─┐        ┌─┬─┬─┬─┐
  ○ ○ ○ ○        ○ ○ ○ ○
     三菱ふそうトラック・バス
              │
         連結子会社(37社)
              │
        三菱ふそうバス製造  ○
```

第2章 企業別労働組合における系列と非系列　*49*

ないものの主要取引先が三菱自動車工業及びその子会社，関連会社である下請企業群が幾十にも取り巻いて「系列」を形成している構図が浮かんでくる。

　以上を図示したのが図表2－2である。図では三菱ふそうトラック・バスの連結子会社である三菱ふそうバス製造も表示してある。いうまでもなく同社は先の66社には含まれないが，三菱ふそうトラック・バスが分割される以前は，三菱自動車工業による100％出資の連結子会社であった。三菱ふそうトラック・バスの企業分割によって，66社の枠からはずれてしまった形である。そうした企業分割の経緯を勘案すると，同社は三菱自動車工業グループの一員として考えた方が実態にあっているといえる。

　ところでこの三菱ふそうトラック・バスは，2003年の企業分割の際，当初は三菱自動車工業が全額出資していたが，同年この内の15％を三菱各社に売却，さらに2003年にはダイムラークライスラーに65％を売却していた。その後三菱ふそうトラック・バスによるリコール問題が生じ，これに伴う損害賠償をめぐるダイムラーへの補償として2005年3月，20％分のダイムラーへの譲渡が行われた。すなわち，この時三菱ふそうトラック・バスは，85％の出資金がダイムラーからのものとなり，資本「系列」からいえば完全に三菱自動車工業グループからは離脱したわけである。[18]

(2) 三菱自動車労連の内部組織

　次に組合の組織をみてみよう。三菱自動車工業の労組としては三菱自動車工業労働組合があるが，この三菱自動車工業労組が核になって三菱自動車労働組合連合会(以下三菱自動車労連)が作られている。この三菱自動車労連は，1972年に結成された三菱自動車労協をもとに，1980年に「製造，部品，販売の三位一体の体制」(三菱自工労組20年史)を有するものとして再編，スタートしたものである。三菱自動車労協は当初三菱自工労組，自販労組，三菱部品関連労組で構成され，79年には全三菱自販労連が加わっている。つまり三菱自動車関連の組合の系列化という点では，労協の形成過程がそれに該当するといえる。

　現在三菱自動車労連は，自動車産業の産業別組合である自動車総連(全日本

図表2－3　三菱自動車工業労連組織図

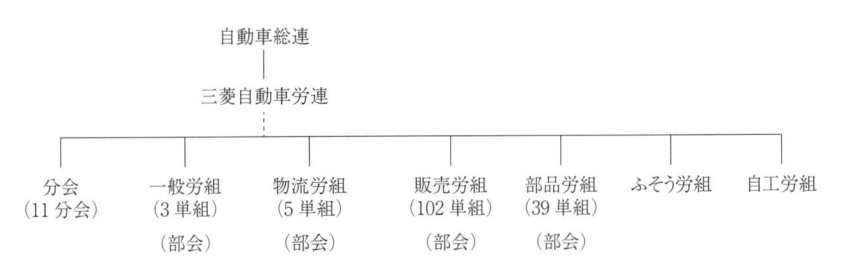

```
                          自動車総連
                             │
                        三菱自動車労連
    ┌──────┬──────┬──────┬──────┬──────┬──────┐
   分会    一般労組  物流労組  販売労組   部品労組  ふそう労組  自工労組
 (11分会) (3単組)  (5単組)  (102単組) (39単組)
          (部会)   (部会)   (部会)    (部会)
```

自動車産業労働組合総連合会）に参加している。

　三菱自動車労連の組織構成であるが，まず部門別に組織（部会）を形作っており，この部会に三菱自動車工業グループ内の各企業の組合が参加している。その内訳は，メーカーが2単組，販売が102単組，部品が39単組，物流が5単組，一般業種が3単組，そして分会が11分会の計162単組となっている。つまり三菱自動車労連は，三菱自動車工業労組を核とした三菱自動車の関連企業組合の協議体であり，先の三菱自動車工業グループという企業「系列」に対応した組合組織であることがわかる。同労連ホームページの組織図では図表2－3のように示されている。

　これを先にみた三菱自動車工業グループと重ね合わせるとどのようになるのであろうか。

　まず同労連構成単組・分会のうち，連結子会社・持分法適用関連会社に作られた組合は36組合である。単純に計算すれば，構成組織の半数ほどがグループの中核企業に作られた組合であるが，その他は三菱自動車工業グループ以外の「系列」企業に作られた組合ということになり，また中核企業に占める組織化企業の割合でいえば，半数ほどにとどまっているということになる。

　同労連では各部会参加組合を地区ごとに統合し，7つの地区を作っている。そこでいくつか特定の地域に限定して具体的にみてみよう。たとえば関東地区をみると，三菱自工から分社化された三菱ふそうトラック・バスの組合があり，さらに部品製造関係の子会社・関連会社の単組が11，販売関係の子会社・関

連会社の単組が14という構成になっている。この内連結決算の対象となっている企業の組合は8つである。つまり三菱自動車労連関東地区では組織化している組合26の内，3分の1はグループ内の中核企業に作られた組合であるが，他はグループ企業の枠の外側の「系列」企業の組合ということになる。

また北陸地区をみると，加盟組合は「富山三菱自動車販売労組」「高岡三菱自動車販売労組」「福井三菱自動車労組」「石川三菱自動車販売」「石川中央三菱自動車販売労組」「北陸三菱ふそう自動車販売労組」「三菱自動車労連北陸部品分会」の7つの組織から構成されている。このうち連結子会社に作られた組合は「石川三菱自動車販売」と「三菱自動車労連北陸部品分会」の2つだけである。他の組合はグループ外の「系列」企業に作られた組合である。

こうして三菱自動車労連全体でみると，構成する単組の半数ほどは連結子会社内に作られた組合で構成されているが，地域によっては企業グループ外の関連企業に作られた単組によって多数を占められている場合もあることになる。企業グループに沿って組合を組織化することは，組織化が比較的容易であるというメリットがあるとはいえ，多くの紆余曲折を経て組織化された組合組織は，必ずしも企業の「系列」に沿った形にはならないことも指摘せねばならない。

ところで先にみた電機連合調査でも，企業グループ内の組織化状況についてふれている。それによれば「連結子会社2,741社のうち，労働組合があるのは601社であり，組合比率は21.9％にすぎない」（同書，10頁）とし，「組合結成率が低いことが注目される」（同，80頁）と述べている。こうしたデータと照らし合わせる限り，事例とした三菱自動車労連の企業グループ内の組織化状況は必ずしも低いものではないという印象をうける。それにしても企業グループの組織化自体，確かに依然として今後に残された課題であるというのもうなずけるところではある。

なお先にみた三菱自動車労連北陸地区7単組のうち，大半の5組合は販売会社に作られた組合である。また「福井三菱自動車労組」は一部部品製造会社も含まれるため，組合名に「販売」の文字を入れていないが，実質的には販売会社に作られた組合が中心である。これらの6つの販売系の組合は，いずれも各

県ごとの販売会社設立に伴って，組織化・結成されたものであり，組織化に際して「さしたる問題は生じていない」とのことであった。[19]

(3) 三菱自動車労連内の「非系列」組合

では三菱自動車工業グループ内には，三菱自動車労連傘下以外の組合はないのであろうか。結論を先に示せば，あるのである。先の図表2－2に示した三菱ふそうトラック・バスの子会社である三菱ふそうバス製造には同社労組があるが，同労組は三菱自動車労連に参加せず，上部団体としての産業別組合はJAM（Japanese Association of Metal, Machinery, and Manufacturing Workers）である。この三菱ふそうバス製造は北陸地区に立地している。つまり先の北陸地区には，企業「系列」との対応では三菱ふそうバス製造労組が参加してしかるべきであるが，この組合は三菱自動車労連傘下にはない。つまりこれまでみてきた組合「系列」の大勢には組しない組合が三菱自動車工業グループ労組のなかに存在するわけである。

ところでもし，この三菱ふそうバス製造労組が三菱自動車労連の傘下となれば，すなわち「系列」化されれば同労連は自動車総連に加盟しているため，同労組が現在加盟しているJAMからは離脱することになろう。つまり企業「系列」に対応した組合の「系列」化は，産業別組合の変更を伴う可能性が高い。

以上，三菱自動車工業グループと三菱自動車労連を事例として取り上げ，組合「系列」化の事情をみてきた。そこでは確かに企業「系列」に対応する形で，組合の「系列」化がなされているものの，組合の「系列」は企業「系列」をすべてカバーしているわけではなく，とくに企業間の結びつきが強いと思われる企業グループに限定しても同様である。そこでたえず組合による「系列」化が図られることになり，前述したように連合においてもその取り組みを進めるよう求めている。その場合，新たに「系列」化される組合が新規に設立された組合ではなく，何らかの産業別組合（以下産別）に所属する既設の組合が「系列」化された場合，所属産別の乗り換えが行われる可能性が高い，ということであった。[20]

4. 組合「系列」化のパターン
―企業別組合の「系列」化と産業別組合の「系列」化―

　これまでの検討結果は，次のようなことをも意味する。構成組合の多くが組合「系列」にあまり関わらない形で参加している産別組合は，構成組合の「系列」化の進行に伴って構成組合の離脱が進み，構成組合数が減少する可能性が高いということである。換言すれば，組合「系列」化は産別組合の組織のあり方に影響を与える可能性があるということになる。ただ後に詳しくみるように産別組合からの構成組合の離脱は，必ずしも企業「系列」を背景とした組合「系列」化のみではない，という点にも留意する必要がある。

　そこで次に全国一般労働組合を取り上げて，そこでの構成組合の離脱について概観し，組合「系列」化のパターンを検討する。

(1) 全国一般労働組合にみる構成組合離脱のパターン

　まず全国一般労働組合（以下全国一般労組）について簡単に説明しておこう。同労組は，ナショナルセンターである連合の構成組織であり，その限りでは他の構成組織と同様に産別組合として位置づけられている。しかし同労組の各県本部ごとの設立の経緯をみると，特定の産業分野の単組の集合体というよりは，産業分野を異にする個別の企業別組合や個人加盟のいわゆる合同労働組合（以下合同労組）の集合体である場合が多い。周知のように合同労組とは，その構成組合員を特定の企業に限定しないものであり，したがって元来は単組単位の加盟ではなく，地域(県)ごとの個人単位の加盟を原則とするものであった。よって同労組の運動の基礎的単位は現在においても県本部にある。こうした組合形成上の経緯により，同労組は地域労働運動に密着した活動が顕著であり，特定の産業分野にも活動は限定されていない。つまりその点で同労組は既述した組合「系列」にあまり関わらない産別組合と考えてよい。[21]

　ところで全国一般労組は，この間，加盟組合員及び加盟組合の減少がいちじるしく，後述するように種々の組合活動上の問題が浮上し，その結果2005年

には自治労との統合が実現している[22]。もちろん加盟組合員及び構成組合の減少は，90年代の日本経済の長期停滞のもとで，企業倒産などがあれば，全国一般ならずとも多くの民間組合で生じている。しかし全国一般労組では，同労組から離脱して他の産別組合に移行する事例が少なくないのが大きな特徴である。そこで次に，この構成組合の全国一般労組からの離脱について，少し詳細にみてみよう。

以下の記述は，全国一般労組本部担当役員にこの10年ほどの間に生じた全国一般労組からの単組（単一労働組合）の離脱を挙げてもらい，それを年代順に示したものである。

① 1988年　A電子分会→非鉄金属労連
② 1988年　OM労組→ホテル労連
③ 1990年　TT労組→T労連（自動車総連）
④ 1995年　OM労組→全電線へ
⑤ 1998年　O労組→JR連合へ
⑥ 1998年　S労組→D労連（UAゼンセン同盟）へ
⑦ 1998年　OK労組→UAゼンセン同盟へ
⑧ 2000年　DM労組→D労連（JSD）
⑨ 2003年　N労組→H労連（自動車総連）
⑩ 2004年　M労組→M労連（JSD）

このように1988年から2004年の間に主なもので10件の構成組合の離脱があった。このうち既にみてきたような企業別組合の系列化によって，全国一般労組からの離脱が生じたのは③⑤⑥⑦⑧⑨⑩の7件であり，残りの①②④の3件はいずれも単組の産業分野が一致する産別組合への移行，つまり「産別機能強化」を標榜する産業別組合からの呼びかけによる全国一般労組からの離脱であった。明らかに全国一般労組からの単組の離脱の多くは企業別組合の系列化による離脱であり，産業別組合の「産別機能強化」による離脱は少なめである。

第2章　企業別労働組合における系列と非系列

ただ後者による単組の産別組合の移動も結局は全国一般労組からの他産別への移動である以上，結局は全国一般労組の衰退と他の産別組合への単組の集中化をもたらすということができよう。

　もちろん全国一般労組の組織減少をもたらしたのは，これら単組による産別組合の移動だけではない。すなわち同労組の2004年に開催された第58回全国大会配布文章「自治労と組織統合について」では，次のように述べている。

　　「① 中小企業経営の厳しさから退職者があっても人員不補充であること。② 補充がなされても入職者はパート，契約など有期雇用労働者や派遣労働者など非正規雇用労働者であり，組合員として組織されていないこと，その組織化が合同労組を基調と全国一般においても促進されていないという課題も浮き彫りとなっている。③ 経営状況が厳しく，希望退職募集など人員削減が実施され，組織人員が減少したところ。④ 企業倒産，閉鎖によっての組合員の減少。⑤ 連結決算が導入されるなかで大手企業においては企業別労連の結束を強めてきている。その結果，企業別労連への一本化加入によって，結果として全国一般を脱退して他産別へ移行しての減少。⑥ 組合役員の世代交代，活動家育成がなされていないなか，分会（単位組合）の企業内化によって，全国一般からの脱退や組合解散によっての減少。⑦ 経営者の組合嫌悪による組合つぶしの攻撃によっての減少……などの要因がある」　　　　　　　　　　（全国一般労働組合，2004, 13-14頁）

　以上のように「組織減少」の要因は多岐に亘っている。このなかで本章で検討対象とした組合「系列」化による「組織減少」は，⑤及び⑥において示されている。

　このようにみると，全国一般労組の「組織減少」の原因の多くは，今日日本の多くの労働組合が抱えている諸問題と共通するものであると同時に，⑤は他の産別組合ではあまり生じることのない組合「系列」化を原因とする「組織減少」であることが興味深い。そのことのなかに，組合「系列」化の含意する

ものが示されている。

そこで次に企業別組合の「系列化」による所属産別組合の移動と産別組合の「産別機能強化」に基づいた「系列化」による所属産業別組合の移動を取り上げ，「系列化」の中身をさらに掘り下げてみよう。

(2) 企業別組合の「系列」化による産別組合の移動と全国一般労組の衰退—N労組（全国一般労組→H労連）の事例—

すでにみてきたように企業別組合の「系列」化は，企業の合併などによって生じるケースが一般的と思われる。ただこれを「系列」化される組合の側からみると，その過程はさまざまな紆余曲折を伴うものであり，その過程において，企業も必ずしも第三者ではありえないことがしばしばである。

この事例は，ある県の公営自動車学校が経営形態を民営化する過程で生じたものであり，その背景には公営企業の民営化という全国的な流れがあった。もともとこの自動車学校は6つの地区別の学校と法人本部を擁する財団法人形態をとっていたが，組合は全国一般労組の1分会として企業別の組合組織が作られていた。

1998年，県からの民営化の意向を受け，同自動車学校は民営化の方途を探った。しかし結果的には，独力での一体となった民間企業への移行の道を断念し，いくつかの企業の資本参加を求めることで，民営化への移行を実現せざるをえなかった。理事者側は，当初大手自動車製造メーカーであるH自工傘下の販売会社に同校を一括売却することをもくろんだものの，理事者側の「見通しの甘さ」（同労組ホームページ）もあって，売却の話し合いは一向に進まなかった。とりわけ販売会社側は，同校の組合が全国一般労組に加盟していることを嫌い，また組合（全国一般労組同校支部）も全国一般労組からの離脱には同意しなかったことから，売却をめぐる交渉は膠着状態に陥った。その後，2つの地区の学校の職員が全国一般労組から離脱し，第2組合を結成したことから，この2校はH自工の系列販売会社を含む複数のH自工系企業の出資する自動車学校に買収され，組合はH労連に加盟した。残った学校のうち，2校は別の近

隣の自動車学校による経営傘下にはいった。この2校の組合は依然として全国一般労組の分会であり続けたものの，全国一般労組の組合員数はいうまでもなく減少した。

この事例では，H自工「系列」という安定した経営母体企業への経営譲渡は，同時に自動車産業別組合へと連なる企業グループ「労連」への加入が実質的には条件となっていたのであり，結果的にはH自工傘下の販売会社への経営譲渡がH労連の「系列」化の進展と同時並行的に進められ，全国一般労組の組合員減が生じた。

ここにみることができるのは，企業組織再編に伴うH労連の強い「系列」化の意欲であり，企業サイドもそれを無視しては経営上の決定も容易にはなしえないという姿である。

以上のように企業別組合の「系列」化による産別組合の移動と，その移動が特定の産別組織の拡大と縮小をもたらしたことをこの事例は示している。

(3) 産別組合の機能強化に伴う全国一般労組からの構成組合の離脱

今ひとつは，産業別組合の機能を強化する目的のために，産別組合を移動した場合である。この場合，単組の動き自体は系列化によるものとはいえない。むしろ産別組合の縄張り争いの色合いが強い。しかしことはそれだけでは終わっていない。たとえ最初の単組の移動が産別機能の強化によるものであったとしても，当該組合が傘下に「系列」化された組合を有する場合，傘下の組合はまさに「系列」の論理によって，産別組合の移動を迫られる可能性は否定できないからである。いうなれば孫にあたる組合は「系列」の論理が貫徹する。

こうした形での組合の系列化は，先の全国一般労組の10件の事例では現れていない。それは10件の事例に登場する組合が比較的小規模であり，傘下に系列組合を持たないということが理由と思われる。

しかし，この孫組合への「系列」の論理の貫徹という点でいえば，本章で後に取り上げるISK電機の場合が該当する。すなわち同電機に統合された5つの工場の労組のうち，「非系列」となったM工場労組以外の4つの工場の組合

支部はISK電機労組が加盟するD連合に，統合時に当然のごとく加盟している。ISK電機労組の親会社労組はSK電機労組であり，SK電機労組はもちろんD連合に加盟しているが，同労組からみれば，先の工場支部は孫組合といった位置にあたる。

このように企業別組合の「系列」化は，それが進行すれば全国一般労組のように「系列」との関連がうすい産業別組合の構成組織数及び組織人員の減少をもたらす可能性が高いという点が，指摘すべき第1のことがらである。そして第2に「系列」化される組合についてみれば，その過程はさまざまな紆余曲折を経ることによって，たとえば組合分裂を起こすこともあり，それは同一の職場なり，企業内にいわゆる第2組合が生じることを意味する。第1章でみたような，かつて60年代から80年代において少なからずみられた組合分裂→第2組合の設立という事態が，今日的な企業組織再編のもとでも起こりうることを示唆している。

先の事例では第2組合は企業「系列」につらなることを志向し，したがって組合「系列」に自らを位置づけることを選択している。見逃せないのはこの過程は，先の事例では実現していないが，第1組合が「非系列」化する可能性を内包しているということである[23]。その意味で企業別組合の「系列」化は，地下水脈的に「非系列」化を現出させる可能性があるという視点が重要であろう。

5. 産業別組合における「非系列」労働組合の動向

こうした労働組合「系列」化の動きは，他方で「非系列」の動きを内包するものであり，事実きわめて明瞭に「系列」に加わろうとしない労働組合があることにも着目すべきである。それが本章において「非系列」労働組合と名付けた一群の労働組合である。次に，この「非系列」労働組合について検討する。

(1) 企業組織再編と労働組合の「系列」化と「非系列」化

では労働組合の「非系列」化は，どのような契機で生じるのであろうか。それを知るには，まず労働組合「系列」化が企業再編のもとでどのように生じる

のかをみていく必要がある。ここではごく類型的に，企業組織が合体する場合（合併）と分かれる場合（分社）とに区分してみていく。[24]

1) 企業合併による労働組合の「系列」化と「非系列」化

まず第1に考えられる労働組合の「系列」化は，企業組織合併による「系列」化である。この場合における労働組合の「系列」化は，次にみる分社化による「系列」化に比べ，事態はかなり複雑化する可能性が高い。なぜなら分社化は多くの場合は，元来1社ないしは1組織である企業組織が複数の企業組織になるために，他企業との統合を伴わない単なる分社であれば，分社化後の企業間の関係は比較的明瞭であると思われるが，合併は通常複数の企業組織が当事者となるゆえに，各社間の関係のあり方によって，労働組合のありようも多様化せざるをえないからである。

当然のことながら合併する企業組織同士が同一産業ないしは業種に属し，合併する企業に存する労働組合が同じ産別組合に加盟している場合，労働組合間の関係は既述したような労働組合組織の内部化（合併吸収）であれ，外部化（対等合併）であれ，組織の統合は比較的スムースに進むであろう。しかし，もし合併する企業組織の産業分野が異なり，それぞれの企業組織に存する労働組合が，それぞれ異なる産別組合に加盟している場合は，組合組織の統合はさまざまな曲折を経る可能性があり，本章で取り上げる「非系列」労働組合が生じる可能性もあろう。本章で後に事例として取り上げる労働組合は，合併する企業組織の産業・業種は同一ではあるものの，所属する産業別組合が異なるというケースであった。

しかし電機連合の調査が示すように今日の企業組織再編はきわめて多様であ[25]り，異業種分野での合併も少なくない。その場合，各企業組織に存する労働組合が所属する産業別組合は異なる場合がむしろ一般的であろうし，そうであれば産別組合の違いは，「非系列」労働組合を生み出す契機となりやすいであろう。加えて吸収合併か対等合併なのかの違いも労働組合「系列」のあり方にさまざまなバリエーションをもたらす要因となろう。

いずれにせよ，合併が「系列」化を伴う場合，合併の結果吸収される側の企

業に属する労働組合は，吸収する側の企業労組と産別組合が異なっていれば，吸収する側の企業組合が属する産別組合に移動することによって，労働組合もまた「系列」化されることが一般的であろう。

2) 企業分社化による労働組合の「系列」化と「非系列」化

いうまでもなく分社化は，労働組合組織が「系列」的に形成される大きな要因である。その場合，分社化による労働組合組織の「系列」化は，当然のことながら親企業の労働組合の手によって，分社化された企業内に労働組合が作られることが前提である。しかし現実にはこうした形での労働組合組織化の進展ははかばかしくない。だからこそ，それが労働組合組織率低下の一因とされるわけである。このように「系列」化という形での組織化の未完遂は，当該組合にとっては企業グループ内に労働組合のコントロール（の強さに相応の議論はあるにしても）の及ばない部分が生じるという意味で，労働組合にとって痛手である。と同時に，企業にとって労働組合がある意味において企業経営の上のパートナーである場合，企業にとってもまた必ずしも好ましい事態ではない。

しかし以上述べたことは，分社化によって労働組合の「系列」化が生じる可能性は示唆するものの，「非系列」化に着目すると，その要因はあまり多くは含んでいないということを意味している。分社化は，あくまでも企業の論理によってなされるのであり，通常は元の企業に労働組合はひとつである。そうであれば分社化それ自体には，労働組合の「非系列」化をもたらす要素は希薄であるというべきである。

ただ分社化が，「非系列」化をまったく伴わないわけではない。すなわち分社化が他企業との統合を含む場合，他企業における労働組合の有無，及びその労働組合の産別組合所属の状況などによっては事態は複雑化する。そうした点を考える上で，連合（日本労働組合総連合会）組織局長（当時）の徳田（2001）の指摘は興味深い。すなわち徳田は主要な分社化（分割化）のパターンとして5つをあげ，それぞれにおける労働組合組織化がどのように関わってくるか，述べている。そのなかで徳田が「やっかいなケース」であり，かつ「連合に相談が多い」（同書，3頁）としているのが，元の親企業の1部門を別の企業が買収し，買収

した企業は元の親企業の子会社になる場合であるとする。この場合,(両方の企業に労働組合があると)「資本系列化か,組織の大きさで主導権争いになったり,闘争資金の扱いをどうするかも問題にな」り,「相談事例では,加盟している産業別組合が異なっていたこともあり,(中略)主張が対立したこともある」(同書,4頁)と述べ,いわば「非系列」化の火種になりうることを指摘している。そして,そうした事態に対し,「大きな企業であってもすべての部門を子会社化する場合には,従前の大手単位組合が分散・消滅してしまうことも考えられる。労働組合組織をどうするかは労働者の自治に関わる事項であり,労働組合の立場からは,単位組織のなかに複数企業が存在することになっても一向にかまわない。(中略)強い親子関係にもあることから経営側も了解しやすく,最近,別会社でも支部組織としている労働組合も増えつつある」(同書,5頁)としている。

　要するに徳田の主張は,企業分割が企業合併を伴う場合,組合─組合関係は複雑になり,利害が対立する場合がある。そして企業の再編にあたって,労働組合間の利害が一致しない場合,労働組合組織は企業の「系列」関係に沿って「系列」化されるのが望ましいということのように思われる。その場合「別会社であっても支部組織としている労働組合」というのは,いうまでもなく本章で指摘した労働組合組織の内部化による「系列」化を意味している。

　このような形で「系列」化された労働組合─労働組合関係は,たとえ形式的には個別の企業別組合と企業別組合の関係とはいえ,「系列」化の中身は限りなく上下関係に近いものとなろう。そうした上下関係において"下"に位置する労働組合が何らかの理由で「系列」化を嫌った場合,「非系列」化が生じることになろう。

　ところで,ここでも電機連合の調査結果をみると,分社化であるか合併であるかは明示されていないものの,企業組織の再編に伴う労働組合分離によって,新たに36の独立した労働組合が結成されたことが述べられている。この36組合の上部団体などへの所属状況をみると,「自社のグループ関連労働組合団体への加盟を継続」が23組合(63.9%)でもっとも多く,次いで「自社のグループ関連労働団体を脱退し,他社グループの関連労働組合連合団体へ加盟」が5組

合(13.9%),「自社のグループ関連労働団体を脱退し,直接産別組合に加盟」と「自社のグループ関連労働団体を脱退し,上部団体は加盟せず」が各2組合(5.6％ずつ)とし,とくに関連労働団体を脱退し,上部団体にも加盟していない2組合については,「『脱組織化』といえる」(同書,11頁)としている。

　本書の視点からいえば,「自社のグループ関連労働団体を脱退し,直接産別組合に加盟」と「自社のグループ関連労働団体を脱退し,上部団体は加盟せず」はいずれにせよ,本書後半で扱う「非系列」労働組合ということになる。今日の激しい企業組織再編のもとにおいて,「非系列」労働組合が生まれる素地があることを,この調査結果は示している点でもまた興味深いというべきであろう。

(2) 産別組合における「非系列」労働組合

　実際のところ「非系列」労働組合とはどのようなものであり,どの程度存在するのであろうか。既にみてきたように「系列」化は企業の資本系列や企業グループ,企業組織を前提として存在し,ほぼそれにそう形で組合─組合関係が「系列」化し,所属する産別組合も同一であるか(たとえば電機連合),ないしは親組合名で一括加入する(たとえば自動車総連)のが通常である。それに対応して労働組合が「非系列」化する場合は,同一企業内,同一資本内,同一企業グループの労働組合が属する産別組合とは別の産別組合に属するか,ないしはまったくの独立系労働組合となる。したがって「非系列」労働組合がどの程度存在するかは,産別組合のなかに上記のような形で「非系列」化した労働組合がどの位あるのか調べれば,ある程度はわかる,ということになる。

　とはいっても,現存するすべての産別組合を調べるのは現実には困難である。そこで本章では2つの産別組合に焦点をあてて,検討する。ひとつはもっぱら中小規模の金属産業の労働組合から構成されているJ産別であり,いまひとつは特定の産業に限定せず,やはり中小労働組合によって構成されているZ産別である。ただ詳細にみるなら構成組合の規模は,Z産別の方がさらに小さい。

　いずれにせよこの2つの産別組合は,ともに比較的規模の小さい組合を構成

組織としているが,「非系列」化した組合は,どちらかといえば中小の組合である可能性が高く,よって2つの産別組合はこうした組合を含む可能性が高いと考えたわけである。そしてさらにいえば,筆者自身この2つの産別組合には,多少とも「非系列」化した労働組合が存在することを承知していたからである。しかし逆にいえば,他の産別組合はこの2つの産別組合と比べれば,「非系列」化した労働組合を含む可能性は少ないということになる。

(3) J産別労組の場合

まずJ産別組合であるが,ここでは同組合の2003年度版の加盟組織一覧を用いた。ちなみに同一覧では,加盟する組合が特定の企業グループないし企業に属していて,その企業グループないし企業の下に組織されている他の組合が他の産別に属している場合,すなわち本章でいう「非系列」労働組合をカウントし,資料として添付している[27]。

それによれば,J産別労組における「非系列」労働組合は,単組としてカウントして100弱である。他方J産別の構成組織は2,000を超えている。ただその場合の構成組織とは単組の場合もあれば,労働組合支部の場合もある。既述のようにカウントされた「非系列」労働組合は単組であるので,比較の対象を揃える必要がある。そこで構成組織の単組を単位としてカウントし直すと約1,800となる。ただしここでのカウントは,同一労働組合名の複数の支部を加盟組織として表示している場合に,合わせて単組とみなしているが,単組が必ずしも支部の寄せ集めだけではない要素をもつものであることを考えれば,正確なものではない。というよりも名簿から判断できるのは,この程度と考えるしかないと思われる。要するにここでの数字はあくまでも目安というべきである。そのことを前提としつつ計算すると,J産別労働組合の構成組織のなかには5%程度の「非系列」労働組合が含まれる,ということがわかる。5%が多いか少ないかは判断が難しいが,おおよそ20組合に1組合の割合で「非系列」労働組合が存在するというのは,少なくてもJ産別組合では「非系列」労働組合が例外的な存在ではない,と考えるべきではないだろうか。

なおこの「非系列」労働組合の組合員数は、単組で加入の場合は単組の、支部で加入の場合は支部の規模で算出すると平均で314人である。これに対しJ産別組合の加盟組織（単組と組合支部）の平均値は177人であり、「非系列」組合の規模は、J産別組合全体のほぼ2倍の規模ということになる。

(4) Z産別組合の場合

ではZ産別の場合はどうであろうか。まず所属する単組であるが、約1,400組合である。労働組合の規模は、先のJ産別よりも総じて小さめである。労働組合の規模の小ささは労働組合が設置されている企業の規模を反映しており、実際労働組合名から、「系列」「非系列」を判断することは筆者には困難であった。そこでZ産別の場合も労働組合の協力を得て、担当者に判断してもらった。その結果、明らかに「非系列」労働組合としてカウントできたのは15組合であった。これは所属単組総数に占める割合としては1％強ということになり、J産別と比べるとかなり少なめである。J産別と異なり、Z産別にあっては「非系列」労働組合は例外的存在というべきかもしれない。この点について、(Z産別組合の)担当役員の話では(「非系列」労働組合は)「70年代、80年代はもう少し多かったが、この20年の間に「系列」の労働組合からの呼びかけによって、Z産別を離脱していったところが多い」ということであった。

なおZ産別の構成組合の平均組合員数は31名であるが、「非系列」労働組合では78名と2倍以上の規模となっている。J産別においても観察されたように「非系列」労働組合の規模は、所属する産別組合のなかでは、かなり大きい。「非系列」であることを維持しようとすれば、ある程度の規模はそれに有利に働くということのように思える。

こうしてみると「非系列」労働組合は、企業組織の再編がなされるなかにあって、その誕生の場はけっして豊富ではないということがわかる。実際単組を対象としたあるアンケート調査によれば「非系列」労働組合は1.9％に過ぎず、[28] また電機連合の調査でも実数はわずか4件であった。産別労働組合の構成単組を調べた本章の検討結果でも、多い産別組合で5％、少ないと1％強であった。

そうであれば「非系列」労働組合で問題とされるべきは，そうした厳しい状況に置かれたなかにあって，何故労働組合は「非系列」の選択をし，現在に至るまで「非系列」でいるのか，ということである。

6.「非系列」労働組合の事例研究

　企業の「系列」化が進行し，それに伴って労働組合の「系列」化が進むなかにあっても，「非系列」労働組合は数多いというわけではないにしても，決して希少な存在ともいえないことがわかった。ではそうした「非系列」労働組合は，一体どのような労働組合なのであろうか。

　ここでは3つの「非系列」労働組合を取り上げ，(1)「非系列」に到った経緯，(2)現在「非系列」労働組合であることの当該労働組合にとっての意味，そして(3)今後の展望，の3点に焦点をあて検討する。なお調査は，いずれの事例も2004年4月から5月にかけて行った。

(1) L工業労働組合の事例
1)「非系列」に到った経緯

　L工業労働組合は，1950年に旧社名であるZ工業株式会社が設立されたのと同時にZ工業労働組合として結成されている。現在の組合員数は570名で，従業員総数の8割を組織化している。先にみたようにL工業労組が加盟するJ産別労組1組合あたりの組合員数は200人弱であるから，J産別労組のなかではL工業労組はかなり規模の大きい組合ということになる。

　L工業は北陸に立地しており，その前身は同地方に多かった繊維産業資本によって作られた金属加工を生業とする企業であった。戦中に軍から自動車のボディ製造を受注したことから，戦後もほそぼそと自動車ボディの製造とその関連事業を続けていたが，50年にボディ製造専業の企業として出発した。

　ただ設立後数年間は生産は安定せず，「毎年シーズンには人員募集し，生産をあげた後必ずといっていいほど人員整理が繰り返され，賃金は常に遅配気味」（L工業労組50年史記念誌，以下本節「　」内は同書よりの引用）という状態が続

いた。こうした不安定な生産を安定させ、「設備の拡張と近代化を可能」にした「画期的な出来事」が、1956年における旧財閥系のメーカーであるL社からの生産受注及び100％の資本参加であり、これをきっかけに「完全なL社の系列会社として、L社北陸工場的性格をより濃くしています」と50年史では述べている。

既述のようにZ工業労組は、会社設立と同時に結成されているが、問題のひとつは、何故L社の子会社になった時にL社労組の傘下にならなかったのか、という点である。後にみるようにZ工業労組がJ産別に加盟したのは1990年と比較的最近であり、この時点までは上部団体をもたない、いわゆる独立系の労働組合であった。つまり他の2つの事例でみるような加盟産別が異なることによる対立関係がなかったわけである。しかしこの独立系であるということが、Z工業労組の「非系列」化の要因を考える際のポイントであるように思われる。

すなわち先の50年史では「闘う組合」と「主体性」という表現が繰り返し登場するが、前者の労使対抗的志向はL社労組の労使協調的志向とは相容れない部分が少なくないであろう。同時に「当時のL社労組が弱体であり、それゆえにL社労組が、関連・下請け会社の労組にまで組織化を行う余裕がなかった」（Z工業労組役員の回答）という点も系列化されなかった理由のひとつではあろう。また後者の「主体性」の主張は、L社労組の系列にならないだけではなく、特定の産別組合の傘下にも入らないというスタンスにも結びついたと思われる。

しかし以上のような選択の結果、L工業労組は今日まで続くL社及びL社労組との難しい関係を維持せねばならないことになる。

まずL社との関係であるが、正確にいえばL社の意向に対するL工業経営側の対応への労働組合としての姿勢というべきである。L工業は、L社の子会社であるという立場を絶えず主張し、具体的には各種労働条件がL社のそれを上回ることはありえず、現状で上回っている部分があればそれを引き下げる方針さえ取るようになる。これに対してL工業労組は「L社の制約はあるにしても、当社経営者として、私たちの要求に誠意を持って応えられる主体性を発

揮すること」を今日に至るまでたえず要求している。

　こうして企業としての「主体性」を要求していくという労働組合の立場は一貫しているが，L工業がL社100％の出資となり，かつ1973年以降L工業の会長，社長，専務などの経営陣がL社から送り込まれ，そして1993年には社名がZ工業からL社の名を冠したL工業へと変わるといったことを考慮すれば，L工業労組のこうした姿勢は，客観的にはかなり厳しい環境のもとに自らを置くことになったといわざるをえない。それだけにL工業労組の姿勢は，同時に他組合との関係，具体的にはL社労組との関係，上部の産別組合との関係をどうしていくのか，という点に影響を与えているように思える。

　すなわちL工業労組は結成以来「闘う組合」を標榜し，70年代から80年代にかけてしばしばストライキを伴う会社側との交渉の結果，時には賃上げ率ではL社のそれを上回る時もあったという成果をあげてきた。こうした労働組合の姿勢はL社にとって勿論好ましいものではなく，それゆえにL社のL工業への圧力はますます強まっていったと思われる。この点について50年史では1986年の大会運動方針を紹介しているが，それによれば「L社の支配，下請化はますます強まっています。しかし，L社関連各社と同一視できないことを，L社自身が認めざるをえなくなってきた」と述べ，L社による圧力が強まっていることを認めつつも，L工業の「主体性」維持への強い意志を示している。

　そしてこうしたL社による圧力は，同時にL社労組によるL工業労組への系列化の圧力となってあらわれてきたであろうことも容易に想像される。それと関連していると思われるがL工業労組は，1990年に金属関係の産別組合に加盟している。当時この産別組合は総評傘下にあり，他方L社労組は同一業種の労働組合でつくる産別組合に加盟していた。つまりL工業労組は，先の産別組合加盟によって，L社労組の系列には入らないという意思を明確に示したと思われる。L工業労組が加盟した産別組合は，その後当時同盟傘下であった別の金属関係の産別組合と組織統一し，現在は既述のJ産別として連合の構成組織となり，他方L社労組が加盟する産別組合も連合の構成組織となっている。そのなかにあってL工業労組は依然としてJ産別への加盟を続け，今

日に至っている。ちなみに2000年のL工業労組の定期大会議案書では，「L社関連労組とは，互譲の精神を大切にして，相互の歴史や運動を尊重しあえる組織関係を持続していきます」とし，対立的な表現は避けつつもL社労組とは，一定の距離を保つ姿勢を示している。

2) 「非系列」労働組合でいることの意味

こうして今日においてもL工業労組は，企業へ「主体性」確保を求め，労働組合への「系列」化の圧力にも抗している。それは具体的にはどのような効果をL工業労組にもたらしているのであろうか。ここでは2003年に開催された定期大会議案書によりながら，その点を検討する。

興味深いのは，2003年春闘に対する評価である。まず2002年の企業業績では，L社全体としては，一時の経営危機からは脱したとはいえ，未だ再建途上であり，かつ必ずしも業績が芳しくないなかで，L工業は4期連続の黒字計上が確実視されていた。その要因としては，L工業の主要製品に関して環境対策の法的強化前の駆け込み需要が多くを占めるといった一時的要因，さらに競争他社の事業からの撤退などが重なり，議案書では「私たちにとって，極めて有利，追い風の春闘になりました」と述べている。これに対してL工業の対応は，そうした企業業績の好調を認めつつも，「L社による増資や製品請負価格の据え置き」などが無視できず，「外国資本との提携で再建を進めているL社とそのグループの苦労をよそに，当社だけが業績のみで判断・突出すると，その後の事業運営ばかりか，将来展開に大きな影響を与えかねない事を懸念」するというものであって，L社の子会社の立場にあることを強く意識した対応であった。このため当初両者の要求と回答の隔たりは大きなものであった。しかし結果的には，2003年の春闘の大勢が「ベアゼロ，定昇のみ」で終わるなかで，L工業労組はベア，定昇とも確保し，L社グループのなかの「最上位」の水準を獲得した。

この点についてL工業労組は「当社と親会社の関係や再建途上でのさまざまな政治的支援策，関連会社の協力などへの配慮が欠かすことができない環境下にある会社であることは，私共も十分承知しているからこそ，会社に主体的・

自主的な力量をいかんなく発揮して頂くことを，強く要請してきました」(同議案書)とし，会社への主体的な判断を求めることで，春闘での比較的高めの賃上げを獲得できたという認識を示している。

　こうした主体性の主張が，L工業労組の「非系列」化によって裏打ちされている面は確かに否定できない。勿論労働組合も認めるように2003年が「極めて有利，追い風」であったことも影響していよう。しかし春闘全般の流れが，国際的・国内的な企業間競争の激化のなかで，企業業績は一時金に反映させ，賃金は業績の成果によって決定されるといういわゆる成果主義的傾向が強まり，結局は賃金全体が抑制的に推移するなかで，L工業における2003年春闘の結果は特異なものである。ちなみにL社を含めたL社グループではこの数年，いわゆる成果主義賃金を積極的に導入しているが，L工業では賃金制度の抜本的な変更は，未だ会社からは提案されていないことも指摘する必要があろう。

3) 今後の展望

　まずL社労組は，L工業労組の「非系列」化についてどのようにみているのか，筆者がL社労組の地元関連労組役員に対して行ったヒアリングの結果を要約して示しておく。

　L工業労組の「非系列」という事実については，「これまでたびたびL社労組グループへの加入を働き掛けてきたにもかかわらず，それが実現していないのはきわめて残念であり，同じグループ企業の労組が勝手な行動を取るのは問題だ」と述べ，強い不満を示している。

　また今後L社労組グループに加入するかどうかという点では，「近い将来L社労組グループに加入することはなかなか難しいと思う」「ありうるのは現在のL工業労組の委員長が辞め，かつL工業労組が組織内候補として送り出している市議と町議が高齢で引退することである。とくに後者に関しては，J産別の地元県本部はこの2人を通じて地域での意見反映の場を確保している側面があり，それがなくなればL工業労組が離脱することへのJ産別の抵抗も薄まると思われ，この2つが多少の時期のズレはあっても重なればL工業労組がL社労組グループに入ることもありえると思う」と述べている。

(2) ISK電機M工場労働組合の事例
1)「非系列」に到った経緯
　次に取り上げるのは，ISK電機M工場労働組合の事例である。ISK電機も北陸に立地している半導体製造メーカーで，株式の大半は関東地方に本社があるSK電機が所有する，SK電機の子会社である。もともとISK電機M工場はMSK電機の名でSK電機の子会社として1966年に設立された。それが，1978年に県内の他のSK電機の子会社4社と統合され，現在のISK電機M工場となったものである。

　ISK電機M工場労働組合（正確にはZ産別富山地方本部ISK電機M工場支部）は，66年の会社設立時にZ産別富山地方本部（以下富山地本）の働きかけによって設立された。したがって同労働組合は設立当時からZ産別の支部であったわけである。その後，他の4工場にも次々と労働組合が設立されたが，これらの労働組合の設立は，親会社の労働組合であるSK電機労働組合の「働きかけとそれに対する会社の積極的協力によって作られたもの」であり，その後これらの4つの労働組合は，先の会社の統合と同時にISK労働組合として統合され，さらにSK電機労働組合も加盟するD連合に加盟している。他方M工場労働組合は，組合統合には参加せず，Z産別の支部であることを維持した。この段階でISK電機M工場労働組合は，ISK労働組合とはまったく別個の労働組合として，すなわち「非系列」の立場を鮮明にしたといえよう。

　このISK電機M工場労組は，同一企業内に複数の労働組合が存在し，企業内では少数派であるという点では，河西のいう「少数派組合」（河西宏祐，1977）ということになる。しかしM工場では従業員の大半を組織する多数派である。このため労働協約については，ISK労組はISK電機と締結するのに対し，M工場労組はZ産別のM工場支部としてM工場長との間で締結している。したがってISK電機としては，社内に2つの協約をもつことになる。

　現在ISK電機M工場の従業員数は約200人で，うち役員を除いてほぼ100％の組織率である。男女比はほぼ半々である。現在の委員長は女性であるが，労働組合設立時から委員長を続けて今日に至っている。

同労組が現在においてもZ産別の支部であること，すなわち非系列でいることの理由であるが，委員長の説明によれば，「組合は闘うことが基本であり，その点でD連合は企業内組合の集まりにすぎない。Z産別富山地本の現委員長からは当組合の設立時から指導・助言を受けており，それは今日においても同様である。そうした経緯，相互の信頼関係を考えれば，Z産別を抜ける理由は何もない」というものであった。

2）「非系列」組合でいることの意味

上記の点に関する委員長の回答を要約的に示すと，以下の通りである。

賃金面でみると，親会社の賃金水準を超えることはなく，賃上げ水準も同様である。この点は如何ともしがたい。ただ賃金制度という面では他の4工場ではすでに成果主義が導入されているのに対し，同工場では組合の反対により導入が見送られている。その結果，同工場では年功賃金が維持され，40代後半以降の賃金水準は他の4工場を上回っている。こうした点はわれわれの取り組みの成果であると自負している。

賃金以外では労働時間，具体的には残業時間の36協定厳守がこの工場ではなされている。他の4工場では36協定の枠を上回る残業がしばしばなされており，かなりの長時間残業となっているのが実態である。

なお春闘にせよ，36協定にせよ，要求書には先のZ産別の地本委員長がM工場労組支部長と連名で署名し，団交にも出席する。同委員長は組合リーダーとして有能なだけではなく，日本全体の経済状況，地域の経済状況にも精通しており，しばしば工場の幹部に経営面のアドバイスを行っている。そういう意味では工場幹部も一目置く存在である。この間組合としても闘うことは当然としても，雇用を守る意味で仕事を取ってくる活動も展開しており，柔軟な対応を心掛けている。こうした活動はZ産別が地域に密着した活動を地道に行うことで地域の情報を幅広く得ることができることによって，可能になっていると思う。D連合にもこの地域を統括する地方協議会があるが，あくまでも連絡機関にすぎず，とてもこのような地域密着の活動は無理である。

3) 今後の展望

ここでも,委員長の回答を要約的に示すと以下の通りである。

他の4つの工場の組合がD連合に加盟したのは,親工場の組合から,D連合に入れば賃金など労働条件が親工場より下回っている現状について底上げされるといわれたからであるが,現実には今日に至るまで賃金面で親会社の水準まで達しておらず,この先も親組合の役員がいったように底上げされる可能性は低い。労働時間も先に指摘したように長い。他の4工場の組合役員のなかには,親会社の組合に「だまされた」という不満も生じているようである。M工場労組としては,他の4工場の組合にZ産別への加盟を働きかける機会をさぐっている。いずれにしても同一企業なので,仕事上の付き合いはあって,当然顔は知っているし,どんな考え方をしているのかも知っている。慎重に進めればチャンスはあると思っている。

Z産別とは今後とも一体となって運動を進めたいと思うし,それは当組合の一致した考えであると思っている。ただ当労組でも若い人は組合への関心は薄れてきているので,いろいろな機会を使って教育活動に力をいれていくつもりである。

こうしてM工業労組は歴史的経過も含めて,組合の自主的戦略を委員長が先頭に立ち進めている。そして地域の情報を集め,また業務面でも自ら先頭に立って押し進めている。ただこれらのことは委員長の裁量によるところが大きく,今の委員長が数年後に定年を迎えた時,どうするのか,問題は大きい。後継者を出すにしても,次期委員長は今の方針をめぐって,組合員をたばねなければならない。M工業労組は数年後に問題がおきる可能性は少なくない。

(3) D食品工業労組の事例
1)「非系列」に到った経緯

3番目の事例は,D食品工業労組(正確にはZ産別富山地方本部D食品工業支部)の場合である。D食品工業は,第二次大戦直後の食料品不足のなかで製パン業を興し,1950-60年代に規模を拡大,その間に株式会社になっている。しかし

70年代に入り，地元他社及び全国規模の大手食品会社との競争が激化し，結局1989年に大手食品会社S食品によって買収された。現在D食品工業の株のごく一部が創業者の親族によって保有されているが，実態はほぼ100％S食品の子会社であり，社長以下，役員の大半はS食品より送り込まれている。

D食品工業労組は，S食品による買収以前の1960年に結成され，さらに63年にZ産別の前身であるT産別に加盟し，今日に至っている。この間S食品の下請け関連企業の労組で作られている「S食品関連企業労組協議会」(以下関連協)にも加盟している。加盟の主な理由としては，地方ではなかなか得られない情報を得ることができるからである。いずれにせよD食品工業労組は，関連協に加盟しているという点では系列化されている。この点でD食品工業労組は，他の2つの事例とは若干趣を異にしている。しかし関連協の他の加盟組合のすべて，そしてS食品労組も産業別組合であるフード連合に加盟しているのに対し，D食品工業労組は加盟しておらず，Z産別に加盟している。その意味で厳密にはD食品工業労組は，S食品労組の系列下にあるとはいいがたい。ただ毎年の大会にはS食品労組の役員も来賓として出席しており，その意味でD食品工業労組とS食品労組は仲違いをしているわけではなく，しかもD食品工業労組が関連協に参加することによって，S食品労組は「顔をつぶされていない」のである。

2)　「非系列」組合でいることの意味

ではD食品工業労組が「非系列」組合であることの意味は，どこにあるのであろうか。役員は，やはり春闘時期の賃上げ効果を指摘している。同社の中心的な製品は従来と異なった製法で作られている食パンであるが，このパンのここ数年の好調な売れ行きによって，S食品の収益は好調であり，そのためにD食品工業の収益も順調である。しかし春闘の実績は，例年親会社の実績を上回ることはなく，今年も同様である。ただ業績が好調なため，地場の中小企業の平均よりは高めの水準で決着している。春闘時におけるD食品工業の主張は，業績の好調はS食品の製品開発と営業力に負うところが多く，そのS食品の賃上げ実績を超えることはできない，また今後の設備投資の必要性を考えれば

賃上げは慎重にならざるをえない，というものである。このうち前者の主張は毎年会社が繰り返して述べていることであり，これに対しては組合も一定程度認めている。

　このようにS食品とD食品工業の上下関係を認め，賃上げ水準が親会社を下回ることを認めている点は，先のISK電機M工場労組と共通するところであり，他方L工業労組とは異なるところである。そうしたなかで，少なくとも地域の中小の平均賃上げ額は上回っていることを「非系列」組合であることの効果のひとつとして挙げている。だがこれはよく考えれば効果とは言い難いように思える。ここ数年の高めの賃上げは，あくまでも業績の好調が寄与していると考えるべきであろう。むしろD食品工業労組は，同じ関連協組合のなかで唯一所属産別が異なっているのが特徴なのであるから，効果というのであれば，関連協の他組合と比べて賃上げ水準が相対的にでも高めでなければならない。しかし関連協のなかでD食品工業が必ずしも突出しているわけではない。

　ではD食品工業労組が，関連協組合と異なる産別組合に加入している真の意味はどこにあるのだろうか。D食品工業労組役員の話によれば，D食品工業労組はZ産別に加入する前は他のいくつかの労組と地域合同労組を形づくっていたのであり，その後Z産別に加入して現在に至っている長い歴史がある。現在D食品工業労組の元委員長がZ産別県本部の委員長となっており，両者の深い結び付きが感じられる。そしてそうした深い結びつきゆえというわけでもないが，Z産別はさまざまな局面で支援してくれる。もしフード連合に入ったとしても，Z産別ほどの面倒見の良さはとても期待できない。このZ産別による多面的な支援がわれわれにとって最大のメリットである，と述べている。この多面的支援の中身であるが，春闘における団交において，Z産別地方本部書記長は会社に要求書を提出する際，支部委員長と連名で署名し，団体交渉の場にも出席している。この点は委員長と書記長の違いはあれ，前述のISK電機M工場の場合と同様である。Z産別が各単組を支部扱いにしている現実的な意味合いがこうした面にあることは明らかである。つまり会社側は単組(支部)を相手にしながら，同時にZ産別の地方本部をも相手にしなければならない。

ただ単組役員によれば、地本書記長は知識豊富であり、会社も情報を得ている部分があるという。こうした指摘も先のISK電機M工場労組の場合と同様である。

3) 今後の展望

組合役員の言葉をそのまま記せば、「将来のことはわからない」ということであった。確かにZ産別とのつながりは長く、深い。よって簡単に関係を解消することはないであろう。しかしZ産別自体が2005年には自治体労働者を組織化している産別との統合を計画しており、そうした時代の動きのなかで流動的な側面があることは否定できないからである。

(4) 3つの事例の小括

以上、3つの「非系列」組合の事例をみてきた。その結果について簡単に要約しておこう。

① 3つの組合は、いずれも企業内ないしは事業所内においては従業員の大多数を組織する多数派である。

② 同時に、企業グループ内の他企業ないしは親企業と比べれば企業規模ないし事業所規模は劣位にあり、したがって組合規模は相対的に劣位である。その場合、不利な立場にもかかわらず「非系列」化を成し遂げ、維持する強い理由、要因が存在する。

③ ヒアリング対象の組合が「非系列」組合となった経緯はさまざまであるが、その要因として「系列」化を潔しとしない、組合としての考え方が明瞭である点で共通している。その考え方で共通しているのは「組合は闘うものである」とする点である。ただL工業労組の場合はそれに加えて「親組合ないしは本体の企業とは、出自が異なる」という独自性の主張を強く打ち出している点が特徴的である。

④ 同じ「非系列」といっても、その程度ないし強さには若干の違いがある。すなわちL工業労組やISK電機M工場の場合は、親企業労組のもとにある関連労組協議会や部会にも加入せず、単組として所属する産業別組合も

親企業組合が属する産業別組合とは異なるというように,「非系列」の程度がかなり高いと思われる事例である。いまひとつはD食品工業労組の場合で,所属する産業別組合は,親企業組合のそれとは異なるものの,親企業組合のもとに作られている関連企業労組協議会には参加しているという事例である。

⑤「非系列」組合でいることの意味(＝メリット)に関しては,賃金面で親企業の組合以上の賃上げ率ないしは賃上げ額を得ているメリットを挙げたのはL工業労組のみであって,他の2組合は賃金水準ないしは賃上げ水準で親企業を上回ることはきわめて困難であることを認めている。ただD食品労組は地場の同一規模企業の賃上げ率を上回っている点を強調している。他方ISK電機M工場労組では,労働時間面での独自の取り組みの成果を指摘しており,そうしたところに独自活動のメリットを見出している。

⑥ 今後の展望に関しては,L工業労組とD食品工業労組の2組合は,将来の流動性を認めつつ,当面産別組合を変えることはないという方向で一致している。これに対しISK電機M工場労組では,むしろISK電機労組を自らが属する産別組合へ移行させるべく働きかけを行い,企業グループ内での勢力拡大を図るといった,むしろ「非系列」から逆「系列」化を考えている点が興味深い。

7. 組合「系列」を取り上げる今日的意味

(1) 組合「系列」化の今日的意味

以上本章では企業組織の再編及び企業「系列」と関連させて,組合「系列」について検討した。まず組合の「系列」化に関していえば,多くの大企業組合では60年代から70年代前半の段階で組織形態上は「系列」化がなされている。確かにこの時期は企業の組織再編の第1のピークに当たっており,それに対応した動きであろう。その場合,組合の「系列」化を促したひとつの大きな要因が組織化の必要性であり,企業「系列」に沿った形で行うことが効率的な組織化でもあったと考えられている。そうした組織化を推し進めていくことのメリ

ットは，とりわけ中小企業において顕著であり，たとえば岩崎(2000)では，「中小企業の組織率が極めて低い現状では単産によるオルグ活動などオーソドックスな努力のほかに，多様な組織化の試みが必要である。親組合の援助と指導のもとに資本系列ごとに組織化を進めることは，賃金労働条件の客観化・標準化を図るという効果をもつものであり，少なくとも中小企業労働者を未組織のまま放置するよりは，はるかに意義のあることである」(同書，224頁)としている。

　組織化に関して，確かにこの考え方は間違ってはいないであろう。ただしかし，問題はこのような形で組織化された後の，まさに「系列」化された組合がどのような組合機能を発揮できるかという問題である。岩崎がいうように「賃金労働条件の標準化」が組合に求められる機能であるかどうかが問題となろう。

　その点でさらに注目すべきは，企業の組織再編の画期は第2のピークである90年以降であるということである。この時期の企業合併数は第1のピーク時を大幅に上回っている。他方この時期の組合の動向をみると，組合数の減少とともに組合の内部組織も縮小化傾向をみせ，企業組織再編に対して，組合の対応が十分ではなかったことを感じさせる。そして実は企業グループ経営をめぐる先行研究によれば，90年代以降の第2の企業組織再編のもとでは，たとえ「系列」化された企業にあっても，労働条件の決定などは基本的には個別企業の業績によって左右されるのであって，したがってその場での労使関係の基本は，あくまでも単社―単組関係にあり，そこで重要なことは組合系列の機能とは情報交換面でのそれであって，それを活用しつつ，労使交渉の場面では個々の企業の事情に対応した主体的な問題解決能力が求められるということが示唆されていた。つまり「系列」化という企業組織再編の第2のピークであった90年代以降において，組合「系列」であることは労使関係面では必ずしも機能的とはいえない事態に立ち至っていたということが指摘できる。

　こうした点について，組合の認識はどのようなものであったのであろうか。先の岩崎の認識はやはり，60年代後半から70年代にかけての第1期の企業再編に対応した考え方というべきであろうし，また連合レベルにおいても組合「系列」を「雇用を守り，労働条件の維持・向上を図っていくためにグループ全体

を対象とした労使交渉・協議など，労働組合の取り組みが不可欠である」(連合，2001，33頁)とうたい，これも単社―単組関係こそ重視すべきという(稲上の)認識とはズレがあるというべきであろう。

　もちろん個別企業ごと，個別組合ごとに「系列」の機能は多少とも異なるところはあるであろう。しかし大きな流れは前述した通りであり，それに対して多くの組合の視点は先の記述をみる限り，企業グループ経営のあり方が今日においては，すべてを「系列」の枠に準拠して解決する方向にはないことの認識が希薄であるといえよう。

　ただ連合を構成する組合のなかには，以上のような組合「系列」の機能の低下に気づいているところもある。たとえば現在組織合体してJAMを形成した全国金属労組とゼンキン連合の両組合は，組織合体するにあたって公表した文書「我々は何故統一を進めるか」のなかで興味深い指摘をしている。若干長くなるが引用しよう。

　　「世界の国々が注目する素晴らしい経済発展をわが国が続けてきた理由のひとつとして，労働組合が企業別に組織化されていることが挙げられてきました。この企業別組合を基盤として大きくなってきた企業連労働組合は，いろいろな面での問題を醸し出してきているといえます。その第1は，資本系列を中心として組織化された組織であるため，資本系列の殻にこもりがちであることです。第2は，資本系列中心の組織であるため，資本系列外の組織に対する関心が薄いだけではなく，グループ外として差別的な取り扱いをする傾向が強いことが挙げられています。第三は，資本の結び付きにはその核となる中心企業があり，資本の大小，歴史的経過などにより，グループ内の企業秩序ができており，その秩序がそのまま企業連組織のなかに持ち込まれて，組合間に上下関係の色合いを払拭できないでいることが挙げられます。第四は，企業連傘下の組合は中心の大手組合任せの状況が強まり，活動の自主性が失われがちになることです。以上のように，企業連労働組合は良い点もあるものの，労働者の全体的な統一性と活動の活性化，さらに，資本関係からの独立という点で問題点が多いといわざる

をえません」[29](傍点は筆者)

　以上の指摘は，問題点の所在をきわめて網羅的に指摘しているというだけでなく，ポイントを鋭く突いている。すなわち〈組合間の上下関係の色合いが払拭できず，活動の自主性が失われがちであること〉，これである。先の稲上やその他の指摘とつきあわせるなら，〈組合系列が有する上下関係によって，単社―単組関係をベースとした個別企業ごとの主体的な労働条件決定が阻害されている〉ことを示唆しているといえよう。

(2) 「非系列」組合を取り上げる今日的意味

　次に「非系列」組合についてみてみよう。そもそも組合ごとにその組織をめぐる方針や運動の仕方等々をめぐって必ずしも統一化されるものではないことを考えれば，「系列」化は同時に「非系列化」への萌芽をふくむものであることも避けがたい。

　思い返せば1960年，日産自動車とプリンス自動車が合併した際，当時自動車労連を実質的に支えていた日産自動車労組と全国金属労組に加入しているプリンス自交労組はその組織方針が対立し，組合統合は大きくもめたが，結局は日産自動車労組によるプリンス自動車労組の吸収（＝系列化）という形で終わった。[30]

　おそらくは歴史を丹念に追えば，こうした事例はさらに見出すことができるであろう。たとえば筆者のヒアリング[31]によれば，本章に登場するＺ産別では，傘下の地場資本の自動車販売会社労組の多くは，メーカー組合に系列化され，それによってＺ産別から離脱する歴史であったことが語られている。日本の企業別組合にとって，組合の「系列化」と「非系列化」は歴史的な意味においても，その存在の根本に関わる問題であったといっても過言ではない。

　ただ留意すべきなのは，こうした「系列」化と「非系列」化は必ずしも企業系列の問題と関わらずとも生じるという点である。たとえば1989年，今日の連合が誕生した際，連合の運動方針などに納得しない組合は，「系列」の産別組合を離脱し，連合以外のナショナルセンターに連なる産別に加盟することに

よって,「系列」からの離脱と新たな「系列」が形成された[32]。

こうした企業「系列」とは関わらない形の組合「系列」の再編は,従来労働運動の統一戦線論として語られてきたものであったし,また先の日産労組によるプリンス自工労組の吸収合併も,当時の議論の方向は統一戦線形成の問題へと集約されていった感がある。しかしこの統一戦線論は,連合が形成されたのを機に,ほぼ終息した。結局今日において,「系列」「非系列」の問題が生じるのは,多くは企業「系列」,とりわけそこで生じる企業組織再編との関連においてであるといって間違いはないであろう。既に繰り返し取り上げた電機連合調査(電機総研,2004)によれば,近年先端的かつ急激な企業組織再編に直面している電機産業においても,その過程において「非系列」組合が生じていることが報告されている(電機総研,35頁)。

では「非系列」組合を取り上げる今日的かつ現実的な意味はどこにあるのだろうか。それは「非系列」組合が「系列」に縛られない,自律的・主体的な対応を取った結果,「非系列」に到ったというその組合行動の独自性が注目されるからである。この「非系列」組合が提起しているものを一言でいうと,それは組合活動の自由が「系列」内においてどこまで保障されるべきか,という点であろう。従来組合活動の自由は,企業内のそれが問題として取り上げられるのが一般的であった。しかし日本の労働組合が企業「系列」に沿う形で「系列」化されているもとでは,「系列」内の組合単位の活動の自由はきわめて限定されたものであり,そのことがもつ組合活動上の問題は,それとして取り上げるべきであろう。とりわけ近年の成果主義的賃金決定システムが幅広く導入され,それに対応した企業組織の再編が行われるなかでは,「系列」内の企業といえども賃金・一時金といった事項は個々の企業の事業環境,業績に応じて決定することが求められてくる。それを労使関係の側面からみれば,重要なのは単社―単組関係であり,「系列」には縛られない主体的判断である。

こうした事態に対して,組合の認識はどのようなものなのであろうか。おそらく電機連合は自らが行った調査結果から,そのことに気づき,さらにその先へと突き抜けている部分もあるように思える[33]。しかし,たとえば連合の先の文

章では，その認識は希薄なように思える。

　ではどのような対応が考えられるのであろうか。そのひとつとして考えられるのは，組合の「非系列」化を認めるということであろうか。それもありうる選択肢のひとつかもしれない。しかし現実問題として，たとえば連合が組合「系列」を組織化のバネにしようと依然として考えているなかでは，抵抗(感)が強いであろう。そこでここで着目したいのは連合が2003年に公表した「連合評価委員会　最終報告」である。同報告において，組合員の「同時加盟・複数帰属」を可能とする柔軟な仕組みの実現を求めている(連合評価委員会最終報告，7-8頁)。

　それはいうまでもなく，多様な個人の利害を組合活動の場にも反映させ，ひいては組合活動の活性化に結びつけようとするものであるが，こうした複数帰属は，これまでの本章の検討結果によれば，実は組合員個人に対してのみならず，組合組織に対しても考えられるのではないだろうか。それが系列内における組合活動の自由の拡大に結びつき，ひいては組合活動の活性化に結びつく可能性は高いであろう。実は同最終報告では，前述の文言に続いて「より柔軟で，変化に対応でき，小回りがきき，多様な組合員のニーズをすくいあげられる能動的組織となることが，……絶対的条件である」(同報告，8頁)とも述べている。この能動的組織のひとつの実現形態として組織レベルでの「同時加盟・複数帰属」も議論されてよいのではないかと思う。

(3)　「非系列」組合を支えるものと企業系列のゆらぎ
1)　「非系列」組合を支えるもの

　しかし，それにしてもなぜ「非系列」組合は，「非系列」であることにこだわるのであろうか。いま少し具体的にいえば，たとえば本章で事例として取り上げたL工業労組はなぜL社労組グループの一員となることを拒み，主体性を主張しつづけるのであろうか。その点で思い起こすのは本章1節で示した鉄鋼産業における「関連協」組合による「下請け組合運動の高揚」と「下請け工社会」の形成という指摘である。これは一言でいえば，製鉄所組合の論理だけ

では律しえない「下請け組合」の自己主張ということになろうが，問題はそれがどのような現実的な根拠をもって成り立っているのかということになろう。

実はこれと類似する指摘は，河西宏祐(1977, 1981, 1989, 1990)が取り上げた，いわゆる「少数派組合」論にも登場する。河西の「少数派組合」論は，60年代から70年代にかけてひろくみられたいわゆる第1組合，第2組合の対立のなかで，多くの場合第1組合が少数派となっていきながらも，にもかかわらず一定の組合員の支持を取り付け，存続していく組合があることに着目し，その要因を探ろうとしたものであった。河西(1977)は，その著作のなかで，たとえばゼネラル石油精製労組(当時)を事例として取り上げ，組合存立の背景として「自律的」な「労働者社会」(労働及び遊びについて)の存在を指摘したが，組織分裂後はこの「社会」も分裂し，第2組合は労働，遊びもすべて企業秩序に組み入れられたのに対し，第1組合は日時の経過により労働と遊びにおける「自律性」をかなり回復させる。この「自律性」は工場内にとどまらず，工場外生活にも及び，このような工場内外における労働者の生活圏と重なり合って，職場の労働組合が存在し，これが組合の強さの原因であった，と指摘した。

以上のような河西の主張に対し，嶺(1980)はいわゆる第1組合，第2組合の生成とその対立関係に注目するなかで，「労働者の生活圏と労働組合が『重なり合う』とはどのようなことなのか。(中略)(河西の事例では)他に類例の少ない生活圏と組合の重なり合いの事実が紹介されていて興味深い。この関係はぜひとも，明確化される必要があり，また『重なり合い』が何故に団結の強靱さとなるかが提示されなくてはならない」(嶺，1980，86頁)とした。この"団結の強靱さ"をよく説明するものとして，先の鉄鋼産業における下請け組合の地域社会での位置づけが興味深く，無視できない視点を提供しているといえよう。

これを「非系列」事例で取り上げたL社グループについていえば，同グループは日本を代表するような旧財閥系の企業グループであり，それに対しL工業は，元来一地方における比較的小規模な地場資本企業であって，組合は地域の機械工業分野の産別組合(JAM)に加盟し，地域活動を担ってきた。また市議会や町議会に議員を送り込み，産別組合は同議員を通じて地域での発言権を

確保してきた。当然組合員のほぼすべては地元出身者であり，その日常の生活圏は比較的狭い地域に限定されている。それは正にL工業労組組合員が，地域住民や地域の他社労組組合員との強い結びつきのなかで形成された「地域社会」のなかで生活を送っていることを示している。この「地域社会」は冠婚葬祭から子弟の就職までも関与する社会でもあることに留意する必要があろう。

　L工業労組がL社労組グループに加盟すれば，当然同労組グループの一員として行動は規制されるが，その規制の中身に地域の事情が考慮される可能性は，他のグループ組合とのバランス上大幅に少なくなるであろう。加えて現在加盟している産別組合は，地域社会と比較的強い関わりを維持しているが，これに対してL社労組グループが加盟している産別組合は，国レベルの産業政策への発言は活発ではあっても，「地域社会」への関与はきわめて希薄である。そうであればL工業労組がL社労組グループに加盟することは，二重の意味で「地域社会」からの離脱を意味することになろう。それは「地域社会」と不即不離の関係をもってきた組合にとって，そしてそのなかで生活してきた組合員にとってプラスにはならない，というのが組合の判断であり，「非系列」にこだわる理由と思われる。

　つまりL工業労組にとって，地域との関係を維持することは組合員の生活にとって必要なことなのであり，それは正にL工業労組の自律的・主体的な判断といってよい。そのもとにおいてなおL社労組グループが同グループへの加盟を求めるのであれば，L社労組グループと産別組合は，L工業労組が現に加入している産別組合との二重加盟（複数帰属）を容認することが，この問題を解決する現実的かつ有効な道であることが理解できよう。つまりそのことが連合のいう「能動的組織」を実現する方途でもあろう。

　2) 企業「系列」のゆらぎと曲がり角にある組合「系列」

　ところでL工業労組への筆者のヒアリングから1年ほどが経過した時，同労組へ系列への加盟を強く働きかけていた組合が存するL工業の親会社が，L社グループから完全離脱して外資系の傘下に入るという事態が生じた。理由はL社が所有するL工業の親会社の株の大多数を外資系企業に譲渡したためであ

る。このことによってL工業の親会社の組合は,(少なくとも資本上は)企業「系列」からははずれてしまった。その限りでは親会社労組はL社労組「系列」にとどまる理由がなくなったが,現在のところ「系列」からの離脱はなされておらず,今後については検討中ということであった。

　このことが示唆しているのは,90年代以降企業の「系列」化は大きな画期を迎えたが,2000年代半ばに至って企業「系列」のあり方がむしろ流動化しつつあるのではないかということであり,さらにいえば「系列」のもとでの個別企業も流動的であるということである。

　その意味で「グループ労連は今,確かにひとつの転換期を迎えている」(酒向,2004,13頁)という指摘はゆえなしとはしない。そしてこの企業「系列」,そしてそのもとでの企業の流動化をもたらしたひとつの大きな要因は,従来にも増して複雑な組み合わせのもとで行われる企業組織の再編であり,再び電機連合調査によるなら,組織再編の26.4%が自社グループ以外の企業との何らかの事業統合であるが,そのなかにはこれまでは考えられなかったような競合する他社との統合も含まれるとされている(電機総研,20頁)。

　こうした事態について,奥村(2005)は「解体する企業集団」と題して,日本のいわゆる6大企業集団に焦点をあてて,日本経済に占める割合が多くの面にわたって大きく後退していることを指摘し,企業「系列」の流動化が特定の産業に限られるものではないことをも明らかにしている。また同様の見方は他にもみられ,[36]いずれにせよ今日における企業系列が曲がり角にいるという認識は広がりをみせているように思える。

　そして先の電機連合の調査から,企業組織再編の元での組合の対応を検討した(電機連合役員の)新谷信幸は,「『統一性と独自性』をどのように調和させるか」(久本,2005,194頁)が今後の課題であり,その際にポイントとなるのが,「経営情報共有の機会」であることを示唆している(同書,2005,196頁)。

　そうであればこそ,「系列」のもとにある単組では,「独自性」を担保するものとして一層主体的な判断を行う能力の有無が,今後の生き残りの最大のポイントになることは明らかである。言い方を変えるなら「系列」の元にある単組

は，従来「系列」の親企業組合に判断を任せればよいという立場にあったのも事実であった。しかし「系列」の揺らぎのなかで，単組は正に企業別組合としての本来の機能，すなわち自らの組合が属する企業の労働諸条件については，自らの判断に基づいて行動せねばならないという，いわば原点に立ち戻らなければならない事態にいたっているといえる。しかし皮肉にも，企業別組合の有するもっとも基本的な機能である労働者の組織化という点に関していえば，今日，日本の労働者の少なからざる部分が非正規化し，それらの人びとの多くは働く場に企業籍を持たない。企業籍を持たない労働者に対して企業別組合は無力である。

　岩崎もいうように日本の中小企業の組合組織率は，大企業と比べてさらに一層低い。その点をカバーし，中小企業の組織率を高める上で，企業「系列」を利用して組織化を行うことは，依然として現在でも有効な組織化の方途ではあろう。ただそれによって形成された組合「系列」の意味は今日少しずつ変化しつつあること，そしてその元にある個別企業別組合のあり方もまた変化せざるをえないことの認識が重要であろう。

注
1) 稲上(1995)に紹介されている調査(「労働組合の現代的役割とユニオンリーダーの養成」労働問題リサーチセンターによる委託調査，主査は稲上毅)の結果によれば「企業グループの『ある』ところが全体の4分の3，そのうちの6割で企業グループ労連・労協などが組織されており，そういった組織に9割以上の企業別組合が加盟している」(同書，239頁)。また労働大臣官房政策調査部(1990)によれば，「グループ労協」「グループ労連」への参加率は約4割である。
2) たとえば高田太久吉，ベス・ミンツ，マイケル・シュワーツ編(1996，第6章)を参照。
3) 稲上(2003)のはしがきを参照。
4) アメリカの組合組織については，桑原靖夫他編(1994)及びMarshall, R. and Rungeling, B. (1976)を参照。
5) ただし企業系列的要素が見られるドイツでは組合にもまたグループ化の動きがあるという指摘がある。この点は酒向(2004)を参照。また日本同様，近年企業組織の再編が活発なフランスでも，再編にともなって労働組合のグループ化傾向がみられるという。この点は浜村・長峰(2003)を参照。ただいずれの国の場合も，日本のようにグループ化が広範にみられるまでには至っていないようである。
6) 注1)において示した調査では，企業グループ労連・労協がある組合で，それらに加

盟していない組合が1.9%あることが稲上(2003, 164頁)で紹介されている。
7) この調査が実施されたのは1974年である。
8) この下請関連企業への影響力について，稲上は別の著書(1981)において「下請に対しては請負契約と製鉄所内での作業管理の徹底を通じて，また系列中小には役員派遣と資本参加を行って親企業の影響力を行使している。その影響力のなかに中小や下請け企業に於ける労働条件が含まれる」(同書，182頁)と述べている。
9) この調査が実施されたのは1997年である。
10) この企業グループの定義は，総務省「事業所・企業統計調査」(2002)においても採用されている。
11) 企業再編の概要及びその問題点については日本労働弁護団(1999)を参照。
12) 事業所・企業統計調査によれば，1996年から2001年にかけて，企業総数は3.4%の減である。減少した企業の大多数は常用雇用者99人以下の小企業であるが，それ以上の企業においても減少率は少なめではあるが，いずれの規模においても減少している。
13) この時期は大手企業における事業所ごとの組合組織が単一組織(組合)に組織化された時期とほぼ重なっている(久本憲夫, 2005)。
14) 都留康(2002)第5章を参照。
15) ゼンセン同盟元常任中央執行委員の久保直幸(2001)は「会社分割が不採算部門や過剰人員の整理，労働組合の影響力の低下や消滅を目的として行われることが懸念される」と述べている。
16) 同労連ホームページでは「三菱自動車労働組合連合会は，三菱自動車グループで働く者が結集した組織です」(http://www.mmwf.or.jp/)と述べている。
17) 三菱グループの詳細については奥村宏(1987, 2004)を参照。
18) 資本上の系列ではないものの，役員の多くは三菱自工及び三菱重工の出身であり，また同社ホームページでは「当社は，今後も三菱自動車とはビジネスパートナーとして，また三菱各社とは株主として，これまで通り良好な関係を継続していく所存です」と述べており，三菱グループ各社との関係が切れているとは言い難い。
19) 北陸地区構成単組の元委員長へのインタビューより。
20) 企業合併によって所属産業別組合が異なったまま組合統合がなされる例もある。たとえば松下雅文(2004)では，2つの組合が統合後，組合本部はひとつであるものの，所属産業別組合は従来人数のまま変えていない事例が示されている。これはともに所属産業別組合側の要請に基づいているもので，非系列とはいえ対立関係にはなっていない。
21) 全国一般労組のホームページでは，「日本でもっとも大きい労働組合のナショナルセンターである連合に加盟している，ただひとつの一般産業労働組合・合同労組です」「全国一般の特徴は他の労働組合と違い，特定の産業・業種に限定せず，他産業にまたがって加入できます」(http://www.zenkoku-ippan.or.jp/)と説明している。
22) 全国一般労働組合第58回全国大会配布文書より。
23) 第1組合，第2組合について，詳しくは嶺学(1980)及び藤田和雄(1995, 1967)を参照

のこと。
24) 企業組織再編のパターンについては，才川智広(2005)を参照。
25) 電機連合の調査結果をとりまとめた林祐司は，事業再編のデータを概観した後，「企業グループの壁を越えた事業再編が従来の電機業界でほとんどみられなかったことを思いおこせば，この数値はここ数年の事業再編がいかにドラスティックなものであったかを我々に教えてくれている」(久本憲夫編, 2005, 46頁)と結んでいる。
26) 徳田(2001)によれば，会社組織の分社化は，次の5つの場合が想定されるとしている(右図参照)。本文において取り上げたのは，④の型である。

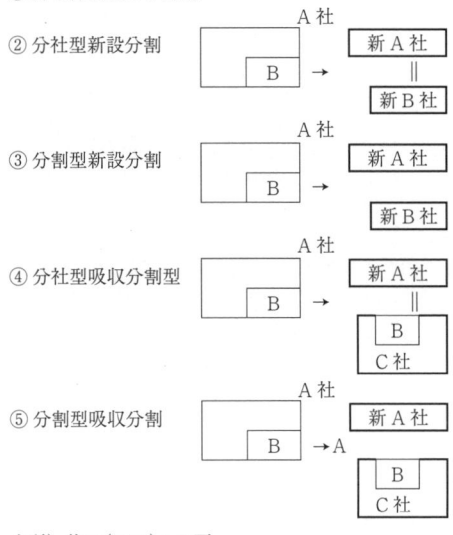

① 持ち株会社と子会社
② 分社型新設分割　A社[B] → 新A社 ＝ 新B社
③ 分割型新設分割　A社[B] → 新A社／新B社
④ 分社型吸収分割型　A社[B] → 新A社 ＝ [B]C社
⑤ 分割型吸収分割　A社[B] →A 新A社／[B]C社

出所) 徳田(2001) 5-6頁。

27) この資料では，系列の判断を東洋経済新報社の「日本の企業系列総覧2000年版」によって行っている。
28) 注4)を参照。
29) この文章を紹介しているのは早房長治(2004)である。同書は中坊公平氏を委員長とする「連合評価委員会」の成立の経緯と同委員会が連合に提出した評価報告書作成の顛末を詳細に描いていて興味深い。
30) 詳しい経緯については越野重雄(1965)を参照。
31) ちなみに「月刊労働問題」誌上において初めて企業の合併問題との関連で，組合の統合問題が具体的な事例を示して論じられたのは，野口祐(1963)においてであった。これは当時本格化しつつあった重化学コンビナートの形成に伴う企業合併と組合統合を取り上げたものであり，そこでは「同一資本系列の労働組織が合併に伴って，統合化するか，あるいは産業別に再編成されつつあることに注目すべきである」(13頁)とし，「労働条件上の賃金格差，賃金水準上の問題，配転，職転の問題は重要な岐路になるであろうが，それより直接的な問題となるのは，労働組合の所属の問題(上部団体)，そこでの内部体質の相違の問題である」(16頁)としている。このように企業再編に伴う組合「系列」化の問題が既に指摘されている。さらに白石徳夫(1964)では造船産業

を事例に，企業合併のもとで，各組合が別々の産業別組合に属することの労働戦線上の問題を取り上げている。これはいうまでもなく「非系列」の問題である。
32) 連合設立時のさまざまな組合の離合集散については，たとえば藤井昭三(1989)を参照。
33) 松下電器労組(労連)は，こうした社内における部門(事業部)ごとの業績の格差が労働条件の格差として現れてくることもありうるとし，その場合には部門(ドメイン)ごとに労使交渉の自主性が確保されることが必要であるとして，従来の1企業1単組からドメインごとに単組とする組織改革をすすめつつある(社会政策学会110回大会報告より)。
34) こうした単組の産別への2重加盟は実例がある。筆者のヒアリングでは本章で登場したZ産別県本部で，ある私立高校教職員組合が教育系産別に加盟しつつ，同産別にも加盟していた。
35) 系列下の末端単組が，たとえば地域のコミュニティユニオンなどへの加盟が認められれば，今日急速に増えつつある派遣労働者や業務請負労働者，すなわち企業籍を有しない労働者の情報提供などを通じて，これら労働者の組合参加も一定程度進むのではないだろうか。
36) たとえば日本経済新聞2005年4月21日付け朝刊解説記事「漂流する三菱グループ」など。

参考文献
稲上毅(1981)『労使関係の社会学』東京大学出版会
稲上毅(1995)『成熟社会の中の企業別組合』日本労働研究機構
稲上毅(2003)『企業グループ経営と出向転籍慣行』東京大学出版会
岩崎馨(2000)『日本の労働組合の現状と課題』社会経済生産性本部
岡本秀昭(1990)『経営と労働者』日本労働研究機構
奥村宏(1987)『三菱―日本を動かす企業集団―』社会思想社
奥村宏(2004)『三菱とは何か』太田出版
レコフ(2003)「日本企業のM&Aデータブック 1988-2002」レコフ
河西宏祐(1977)『少数派労働組合運動論』海燕書房
河西宏祐(1981)『企業別組合の実態』日本評論社
河西宏祐(1989)『企業別組合の理論』日本評論社
河西宏祐(1990)『新版 少数派労働組合運動論』日本評論社
熊沢誠(1972)『労働の中の復権』三一書房
久保直幸(2001)「会社再編に求められる労働組合の対応と課題」『労働調査』第388号，労働調査協議会
桑原靖夫他編(1994)『新版先進諸国の労使関係』労働研究・研修機構
厚生労働省大臣官房統計情報部『日本の労働組合の現状Ⅰ』各年版
国際産業・労働研究センター(1989)「企業グループ労協の現状と課題に関する調査研究」国際産業労働研究センター

越野重雄(1965)「揺れ動く自動車労働戦線」(『月刊労働問題』第88号，日本評論社)
才川智広(2005)「企業組織再編のための制度整備と雇用・労働契約」(『Business Labor Trend』364号，労働政策研究・研修機構)
Sako, M. and Jackson, G. (2003) *Enterprise Boundarises and Enployee Representation: Deatsche Telekon and NTT compared.*
Sako, M. (2005) *Shifting Boundaries of the Firm: Japanese Company-Japanese Labour*, Oxford University Press.
佐藤博樹・酒向真理(1999)「労連はいかなる機能を果たしているのか?」『季刊労働法』188号，総合労働研究所
酒向真理(2004)「グループ労連の役割は終わったのか」『産政研フォーラム』64号
佐野稔(1988)『日本労働組合論』日本評論社
下谷政弘(1993)『日本の系列と企業グループ』有斐閣
清水慎三(1982)「戦後労働組合運動史論」日本評論社
白石徳夫(1964)「企業合併の影響と労働組合――造船産業における事例」『月刊労働問題』第69号，日本評論社
ゼンキン連合・金属機械労組(1999)「われわれは何故統一を進めるか」
全国一般労働組合(2004)「自治労との組織統一について」
全国一般労働組合ホームページ http://www.zenkoku-ippan.or.jp/(2005年2月10日閲覧)
高田太久吉，ベス・ミンツ，マイケル・シュワーツ編(1996)『現代企業の支配とネットワーク』中央大学出版部
都留康(2002)『労使関係のノンユニオン化』東洋経済新報社
鉄鋼労連・労働調査協議会(1980)『鉄鋼産業の労使関係と労働組合』日本労働協会
電機総研(2004)「構造改革・連結経営下の労使関係研究会報告」『調査時報』第346号，電機連合
徳田毅彦(2001)「企業組織の再編が労働組合に与えた影響と今後の取り組み課題」『労働調査』第388号，労働調査協議会
浜村彰・長峰登記夫編(2003)『組合機能の多様化と可能性』法政大学現代法研究所
早房長治(2004)『恐竜の道を辿る労働組合』緑風出版
久本憲夫(2005)「企業組織再編とグループ労連の役割」『産政研フォーラム』64号，中部産業・労働政策研究会
久本憲夫・電機総研(2005)『企業が割れる！電機産業に何がおこったか――事業再編と労使関係』日本評論社
藤井昭三(1989)『「連合」の誕生：新時代へ労働組合の課題』労働旬報社
藤田若雄(1955)『第二組合』日本評論社
藤田若雄(1967)『新版第二組合』日本評論社
松下雅文(2004)「二度の企業合併を乗り越えて」『ひろばユニオン』第505号，労働者学習センター
三菱自動車労連ホームページ，http://www.mmwf.or.jp/kokai/katudo/katsudo-gaiyo.htm

(2014年1月10日閲覧)
三菱ふそうトラック・バス株式会社ホームページ, http://www.mitsubishi-fuso.com/jp
(2014年1月10日閲覧)
嶺学(1980)『第一組合』御茶の水書房
西野武彦(1997)『企業系列がよくわかる本』PHP研究所
日本労働研究機構(1993)「労働組合組織率低下の規定要因(調査研究報告書No.43)」
日本労働弁護団(1999)「労働者の権利を踏みにじる企業再編に反対するアピール」
野口祐(1963)「企業合併と労働組合」『月刊労働問題』第61号, 日本評論社
法政大学大原社会問題研究所(1989)『日本労働年鑑　第59集』旬報社
日立製作所労働組合(1996)『日立製作所労働組合50年史』
富士通労働組合(1990)『労働組合運動史』第5巻
連合21世紀への挑戦委員会(2001)『21世紀を切り開く連合運動』日本労働組合総連合会
連合評価委員会(2003)「連合評価委員会　最終報告」日本労働組合総連合会
労働大臣官房政策調査部(1990)「労働組合活動実態調査報告」
Marshall, R. and Rungeling, B. (1976) *The Role of Union in the American Economy*, Joint Concil on Education. (山本隆道訳(1978)『アメリカの労働組合』サイマル出版会)

第3章 企業組織再編が労働組合に与える影響と今後の課題[1]

―電機連合とJAM両産別労組傘下企業の調査事例から―

　合併・買収，分社・分割といったいわゆるM&Aを中心とした企業組織再編が個々の組合員の労働条件や雇用形態，そして組合活動や組合組織のあり方に与える影響は少なくない[2]。とりわけ組合組織に与える影響は，日本の労働組合が事業所別ないしは個別企業ごとに組織されているという形態的特徴ゆえに，一層企業組織再編の影響を受けやすいというべきである。このことは，大企業の企業別労働組合はグループ労連を形成している場合が少なくないが，それは日本の大企業が企業系列を形成してきた歴史とほとんど重なるという事実を考えると理解しやすい[3]。

　ここに2つの報告書がある。ひとつは電機連合が2003年に調査したものである[4]。企業組織再編が組織人員数や労働者の労働条件，また組合活動や組合組織のあり方も大きな影響を受けていることが指摘されている（電機総研, 2004）。いまひとつはJAMが2007年から2008年にかけて筆者との共同研究の形で調査したものである[5]。それによると，中小製造業が中心のJAM単組所属の企業においても組織再編は一定程度進んでいるものの，労働者の労働条件や組合活動への影響は限定的であると認識されている（JAM, 2008）[6]。よって論点のひとつは，こうした影響度をめぐる評価の違いは何によって生じるのか，という点である。

　そしていまひとつの論点は，それぞれの組合はそうした調査結果をふまえながら，これまでどのような対策を取ってきたのか，そしてその影響は何かという点である。

1. 調査結果にみる企業組織再編が組合活動や組合に与える影響

電機連合とJAM調査では，企業組織再編が組合活動に与えた影響に関してかなり評価が異なっている。まずは，この点から確認しておこう。

(1) 電機連合にみる企業組織再編とその影響

久本・電機総研(2005)によると，2003年の調査では過去5年の間に何らかの組織再編があったという回答は，組合回答で61.3％，これを3,000人以上の規模でみると，90.9％に及び，300人未満の中小規模でも42.3％へと減るもののけっして少なくない。この結果「電機産業の事業再編はきわめて広範に行われていた」(45頁)。

再編の中身をみると，同調査では大分類として，「グループ内再編」「企業グループ外他社との事業再編」「事業売却」「買収」の4つに区分しているが，組合回答でみると，グループ内再編が528件(76.3％)と多くを占めているものの，その他の再編も計164件にのぼっており，「企業グループの壁を越えた事業再編が従来の電機業界でほとんどみられなかったことを思いおこせば，この数値がここ数年の事業再編がいかにドラスティックなものであったか」(同書，46頁)と述べている。

そこで以上のような組織再編が与えた影響であるが，まず〈再編の人的影響〉として「5％以上の退職者発生」が21.8％（再編があったと答えた組合に代表的事例のケース2つまでたずねた結果，以下同様），「5％以上の事業所内異動発生」が18.7％で，「変化なし」は51.8％と半数にとどまっている。結局「全体として，かなり大規模な人的影響があった」(同書，67頁)としている。図表3－1は，電機連合と次にみるJAMの組合員数の時系列推移をみたものであるが，電機連合では90年代半ばから2000年代半ばまでの長期にわたって組合員数が毎年減少しているが，先にみた企業組織再編の人的影響が，こうした組合員数の減少に結びついているというのが久本・電機総研(2005)の認識である。

次に労働条件の影響であるが，同調査では賃金，福利厚生，退職金，一時金，

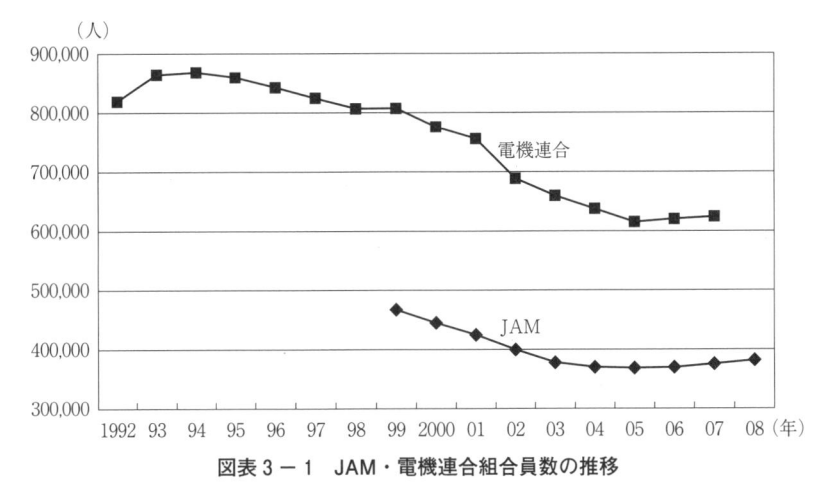

図表 3－1　JAM・電機連合組合員数の推移

出所）電機連合ホームページ：http://www.jeiu.or.jp/　2015年1月閲覧
　　　JAMホームページ：http://www.jam-union.or.jp/　2015年1月閲覧

労働時間の5つの施策を取り上げ，いずれの施策とも8割が「変化がなかった」が，残りの1割強では「低下した」と回答しており，「向上した」が平均で2～3％となっていることと対比して，労働条件への影響は「低下」に傾いているとしている（同書，68頁）。

(2)　JAMにみる企業組織再編とその影響

ではJAMにおける企業組織再編の影響はどのようなものであったろうか。ここでのJAMの調査は，筆者とJAMによる共同研究という形で2007年から2008年にかけて実施されたものであり，その詳細はJAM(2007)及びJAM(2008)でまとめられている。

まずJAM(2007)から，JAM傘下労組における企業別組織再編についてポイントをしぼって指摘するなら，① 企業分割や営業譲渡があったところは全体では1割弱であるが，常用労働者1,000人以上の大企業ではおよそ4社に1社の割合でみられる，② 企業グループ内の再編まで範囲を広げれば，組織再編が「あった」という回答は23.6％にまで増え，やはり1,000人以上規模に限定

すると，半数を超える。

これらの結果をふまえて，なんらかの企業組織再編があったと回答した組合に対し，組織再編の影響を問う第2次の調査が実施されている。以下JAM (2008) から，組織再編がもたらす影響をまとめる。①8割の組合は事前の情報を得ており，この情報をもとに，事前の意思疎通が図られている。②その結果，正式の会社提案に対する組合の交渉は，再編の是非を問うよりも，それに伴う労働条件面の扱い，雇用形態の変容などへの組合意見の表明が多い。交渉結果では大きな修正はないのが大半である。③再編の結果，賃金，一時金・退職金，労働時間といった労働条件面では7～8割の組合が「変化した」としているが，条件悪化の比率は少ない。先の電機連合と比べると，「変化なし」の比率はほぼ同程度であるが，電機連合のように悪化に傾いているわけではないという違いがある。④組合組織の影響では「従来通り独立した単組としてある」が6～7割に及んでいる。⑤こうした組織再編の影響を前提に，その評価を組合に問うと「諸事情を考慮すればやむを得ない」が3分の1,「積極的に評価する」が3割弱となっており，どちらかといえば肯定的評価に傾いている印象である。

こうして，JAMにおいても一定程度企業組織再編が進行しているものの，労働者の労働条件や組合組織への影響は比較的少ないと考えられている。

2. 企業組織再編が組合活動に与える影響はなぜ差が生じているのか

そこで影響度の違いが生じている理由であるが，これにはいくつかの説明が可能である。

(1) 時期の違い

電機産業の場合，企業組織再編の大波は90年後半から押し寄せている。電機産業にとって，90年代後半から2000年代初頭にかけて，いわゆる〈選択と集中〉の名の下での大規模な企業組織再編とITバブルの崩壊をピークとする不況が同時並行的に生じていた，というよりも企業組織再編は個別企業レベル

でみるなら，経営悪化への対応としてなされる場合が多い。先の電機連合(2004)によれば，企業組織再編を経験した組合の8割以上が同時に経営悪化に伴う雇用問題を経験している(同書，29頁)のであり，さらに同書によれば，ヒアリング事例8件のうち，7件で希望退職などの雇用調整を伴う経営危機への対応として企業組織再編があったと記されている。すなわち電機産業におけるこの時期の企業組織再編は，同産業における不況とそのもとでの経営危機への打開策として採用された経営戦略のひとつであったというべきである。電機産業において企業組織再編の影響がより大きかったと考えられる最大の理由は，こうした経営危機への対応として企業組織再編がなされたことにあると考えてよい。

それに対しJAMの場合は2000年代初頭からの動きである。この点を単組での雇用問題・合理化問題の発生状況を調査した結果(JAM，2008)からみてみよう。図表3－2は構成組織からJAM本部に届けがあった件数を構成比で示したものであるが，それによると2002年では「雇用調整」が330件で，全体の48.6％を占めていたが，2006年では38.6％，2008年では36.9％に減少している。他方，企業組織再編に関わる事象としては，同調査では「分社化・営業

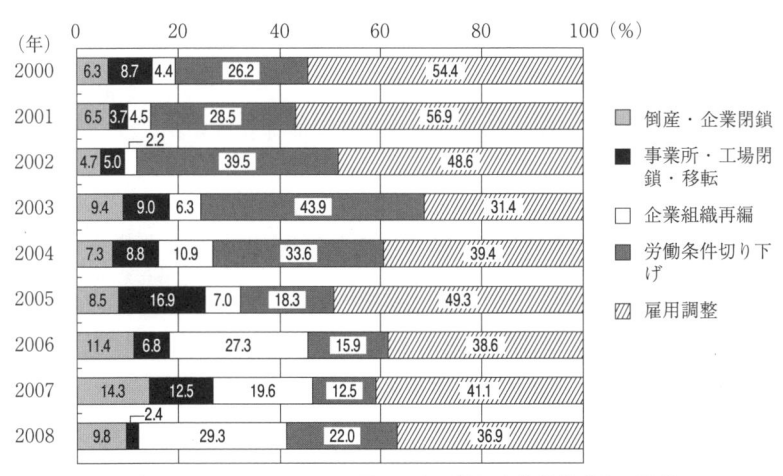

図表3－2　JAMにおける雇用・合理化発生件数構成比の推移

出所）2008年JAM全国大会報告

譲渡」しか取り上げていないが，2000年の4.4％から2004年には10.9％，2008年には29.3％へと上昇している。先の図表3－1に明らかなように，JAMにおいても組合が結成された99年から2004年頃にかけて組合員数は毎年減少している。この時期はJAMにおいても雇用調整や労働条件の切り下げが大きな問題となっていた時期と重なるものである。つまりJAMにおける組織人員数の減が，傾向的には不況下での雇用調整によってもっぱらなされてきたこと，そして雇用調整が一段落するのと入れ替わるように企業組織再編問題のウエイトが高まってきたことがわかる。

要するにJAMにおける企業組織再編問題は先の電機産業とは異なり，むしろ雇用調整の嵐が終息するなかで生じてきたものであり，実際組合員数は一時の低下傾向からわずかではあるが，増加に転じる時期に重なっている。こうした動きもJAMにおける企業組織再編への見方に影響を与えたであろうことは容易に想像される。

そしてこの時期の違いは，この間企業組織再編に関わる法的な整備が進んだという事情もある。すなわち1997年の純粋持ち株会社の解禁（独占禁止法の改正）から始まり，2000年の民事再生法の施行，2001年の会社分割制度（商法改正），労働契約承継法，そして2005年の営業譲渡許可制度の導入（破産法改正）などである。こうした法整備は，組合の側に法に準拠した対処を促す効果をもたらし，その場合には組合の主張に相当程度の合理的根拠をもつものとして機能していたことが感じられる。

(2) 企業規模の違い

次に両組合の構成組織における企業規模の違いも重要な要素と思われる。企業組織再編は，電機連合，JAMとも共通して企業規模が大きいほどその頻度が増える傾向がある。当然のことながら，企業規模が大きい企業での組織再編はその規模も大きいものと考えられる。電機連合とJAMのそれぞれの構成組合の規模を比べれば，明らかに前者が大きい。企業組織再編の規模は電機連合の方がより大きく，その結果影響もより大きいと考えてよいであろう。

さらに以上のような企業規模の問題は，電機産業においては企業1社の問題ではなく，分社化や企業分割，買収による子会社化など組織再編を通じて，企業のグループ化の進展と結びつく。ただし企業のグループ化自体は電機産業のみならず，多くの日本企業，とくに大企業では1960年代からみられる現象であり，新しい現象ではない。ただ今日の企業組織再編は，外部企業の買収などによる取り込みを含みつつも，先のような企業分割，分社化といった要素も加わり，様相はより複雑化している。

3．電機連合における企業組織再編への対応

　では，以上のようなそれぞれの組合における企業組織再編に対して，それぞれの組合はどのような対応を取ってきたのであろうか。まずは電機連合についてみていこう。

(1) 企業組織再編への対応指針の強化

　電機連合において企業組織再編への対応が初めて明示的な指針として示されたのは，1994年の「経営・雇用対策指針」（当時は電機労連）においてである。この指針では「企業組織の再編に関わる会社提案の対応」という項目が設けられ，そのなかで，さらに，①他企業との資本提携，事業売却，資産譲渡への対応，②別会社化・分社化への対応，③会社分割への対応，④持ち株会社への対応，⑤事業所の閉鎖，統合，移転への対応，といった項目が取り上げられている。一見して明らかなように，これらの項目は今日の企業組織再編に際しても取り上げるべき主要な項目であり，電機連合がかなり早い段階からこうした問題に関心をもっていたことがうかがえる。

　この指針が2000年に「見直し・補強」をされている。そのポイントは，ひとつには従来の「『雇用を守る』というこれまでの基本を大切に」しつつ，「『雇用の創出』をはかるための労働組合の積極的な関与の重要性を強調している」（同上書，1頁）こと，そして「会社分割制度」への対応ガイドラインを付加していることである。2009年には2000年版の改定を行っているが，その特徴は

「緊急避難型のワークシェアリングへの対応」と「非正規労働者の雇用対策」を補強した点にある。

　こうして電機連合における企業組織再編への対応指針は，その基本が1994年というかなり早い段階で包括的に示されており，この問題への組合への影響がけっして軽いものではないことを認識していたことがうかがえる。そして電機連合は2000年代前半において組合員数が顕著な減少を見せ始め，その背景には電機産業における企業経営の困難と企業組織再編が密接に絡み合いながら進行しつつあった事実を，電機連合は自らの調査から正確に把握していた。それにもかかわらず対策指針としては，既述のように会社分割への対応ガイドラインの付加がなされた程度であった。いうまでもなくこのガイドラインの付加は，法制度としての企業分割制度の創設に対応して補強されたものであって，現実の企業組織再編の推移に対応して指針を補強したという性格は薄いように思える。では電機連合は別途何らかの対応を取ったのであろうか。

(2)　構成組織加盟方式の変更

　組合加盟方式の変更は，従来個別単組ごとの加盟を基本とし，一部企業連合（グループ労連）単位での加盟が併存していたのを，グループ労連を形成している組合に関しては，グループ労連一括加盟が望ましいとしたことである。

　たとえば2000年における電機連合直加盟組合は合計224組合（加盟組合全体では314組合）であるが，うちグループ労連として加盟しているのはわずか2組合であり，残りの222組合は単組ごとの加盟である。いうまでもなく単組加盟のなかには，一方で多くの組合が電機連合以外の産別に加盟しているグループ労連にありながらも，それとは無関係に電機連合に加盟しているところもあろう。それがグループ労連一括加盟となれば，グループ労連傘下の組合はすべて電機連合傘下の組合となり，この結果電機連合加盟組合数は減るものの，組合員数は増大する。この方針転換により2003年のユニシアグループの一括加盟を皮切りに，毎年グループ労連一括加盟方式に移行する組合が増加している。すなわち2005年には加盟組合総数210組合（同全体では302組合）のうち，一括

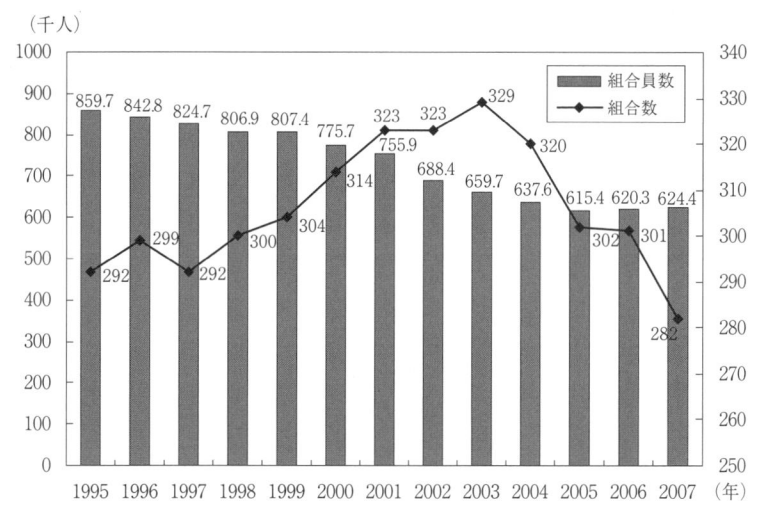

図表3－3　電機連合の組合員数と組合数の推移

出所）電機連合ホームページ:http://www.jeiu.or.jp/　2013年11月閲覧

加盟組合は11組合，2010年では加盟組合総数159組合のうち，一括加盟組合は23組合へと増大し，2010年の段階では電機連合組織人員の8割はグループ労連一括加盟方式によって電機連合に参加している。

　以上のグループ労連一括加盟がどのような結果をもたらしたかは図表3－3に明らかである。すなわち90年代後半，電機連合による組織化努力によって組合数は傾向的に増加しているが，組合員数は逆に傾向的に減少している。これは電機連合にとって，組織化努力が組合加盟数の増加といういわば形式的成果はもたらしても，組合員数の増加という実質的な成果には結びついていないどころか，むしろこの間コンスタントに減少するという，組合財政面ひとつを取り上げてもきわめて深刻な事態に立ち至っていたことを示している。しかし2003年グループ労連一括加盟への方針転換によって，加盟組合数は急減する一方で組合員数のは減少は2005年でほぼ食い止められ，2006年以降増加に転じている。

　以上のようにグループ労連一括加盟方式の推進は，電機連合にとって組織対

策上の効果は顕著であった。

　グループ労連一括加盟がもたらした今ひとつの結果は，電機連合とその傘下構成組織の関係の変化である。筆者による電機連合本部に対するヒアリングによれば，構成組合がグループ労連である場合，構成組織内の問題は，原則としてその処理をグループ労連本部に任せており，電機連合は経過の報告をうけるだけである。

　グループ労連が形成されているのは，当該企業がグループ経営化し，そこに組織されている個々の企業別組合のみの判断では，グループ企業経営に対応できないからと思われる。そして多くの場合，企業グループ経営は日本国内のみならず，世界的にもグローバルに事業を展開しているのが一般的であり，そこで生じるさまざまな問題について，組合の立場から統一的に把握できるのはグループ労連本部であり，電機連合本部が構成組合の関わる問題に関与しうる余地は少ないであろう。この結果，構成組織のグループ労連一括加盟が増えれば，電機連合自体が単組の問題に関与する機会はおのずと少なくなる。とはいえ2010年の場合でみると，構成組合は全部で159組合であるが，これを政策委員組合と中堅・中小組合に分けると，後者が132組合となる。このうちグループ労連単位での加入は4労組にとどまっている。このように現在においても中堅・中小組合では個別単組の加盟が多くを占めており，その場合には個別単組ごとの問題への対応は，必要に応じて従来同様，電機連合本部が行うということになろう[7]。

　ここで問題を整理しよう。いずれにせよ電機連合構成組織のグループ労連一括加盟は年々増えている。このことがもたらす問題は何かという点である。ひとつは構成組合，とりわけ従来直加盟であった単組が，グループ労連一括加盟となることによってどのような影響をうけることになるのかという問題である。2つめに電機連合が単組に接する機会が少なくなることは電機連合自体にどのような結果をもたらすのか，という点である。

　まず第1の点について，単組内に生起した問題の処理に影響を与えることは基本的にないと思われる。なぜなら電機連合の構成組織に対するスタンスは，

個別組合内の問題処理は「自己完結」が原則的立場であり，したがってグループ労連に加わりつつも電機連合には単組として加盟していた場合においても企業レベルの問題はまずは単組内で解決を図ることが求められ，それが困難な場合はグループ労連本部に支援を求めるのがいわば順序であり，たとえグループ労連一括加盟となっても，その順序は基本的には変わらず，したがって交渉のあり方にも変化はないと推察されるからである。

　次に第2の点であるが，グループ労連一括加盟によって，既述のように電機連合は従来単組単位で加盟していた構成組合の個別問題の扱いはグループ労連本部に一任することになった。したがって個別問題をめぐってのそれらの組合とのコミュニケーションは大幅に減ることになる。またさらにこうした単組は，制度的に設けられた電機連合内のコミュニケーションの機会からもはずれることになる。電機連合は，傘下構成組合を産業分類的な区分として「総合」「重電」「家電」「音響」「通信」「情報」「部品」の7つの部会を作っている。図表3－4は2000年から2010年までの加盟組合数の変化を部会別に示したものである。それによると2000年からの10年の間に電機連合全体では224組合から159組合へと65組合減っている。これを部会ごとにみると，通信と部品が各24組合の減少ともっとも大きく，全体の減少の74%を占めている。両部会所属組合はその大半が電機連合の構成組合としては規模が小さい。グループ労連

図表3－4　部会別にみた構成組合数の推移

	2000	2005	2010	2000→2010の変化
総合	4	4	5	＋1
重電	29	25	23	－6
家電	22	18	10	－12
音響	14	16	14	0
通信	62	55	38	－24
情報	17	16	17	0
部品	76	76	52	－24
計	224	210	159	－65

出所）電機連合各年全国大会資料により筆者作成

一括加盟となれば，中小企業労組の加盟が減るであろうことは容易に想像されるが，所属組合数の変化をみればグループ労連一括加盟は，中小企業労組とのコミュニケーションの機会を減らすことになっていることは明らかである。

このような形で生じた単組との接触の減少は，従来単組から得てきたさまざまな情報が必ずしもこれまでのようには得られなくなるという事態をもたらす。また単組にとっては電機連合から得ていた情報が得られなくなる。筆者のヒアリングによれば，中小の組合が電機連合に加盟する最大のメリットは，電機連合により提供される情報量の多さと質の高さ（正確さ）であり，それによって単組としての意思決定がいろいろな意味でしやすくなる（富山地協でのヒアリング），ということであった。だとするとこの電機連合に入ってくる情報量の減少そして単組が従来得ていた情報が得られなくなることはやはり少なからず問題なのではないだろうか。

(3) 中堅・中小組合における組織再編への電機連合の対応

以上みてきた2つの側面は，電機連合が企業組織再編への組織的対応と取った政策転換がどのような問題を生起させる可能性があるかをみたものである。しかし電機連合の中堅・中小の大半の組合は，以前から一貫して単組ごとの加盟である点で変わりはない。それらの単組において企業組織再編問題が生じた場合，電機連合の対応はどのようなものなのであろうか。この点の電機連合の対応は，次にみるJAMとは大きく異なっている。JAMの場合，地方組織が大きな役割を担っているが，電機連合の場合は，電機連合本部が中心的役割を担っている。もちろん電機連合においても地方組織が設置され，地方協議会（地協）がそれであるが，電機連合のホームページによれば，その役割は「地方連合を支えるのが中心的役割」とされている。ヒアリングによれば，地協の主要な役割は，他組合組織との連絡調整，とりわけ地方レベルの連合運動の支援であり，傘下組合に対してはさまざまな連絡調整と情報提供が主要な役割ということであった。これは電機連合においては単組内の問題は，あくまでも単組内での完結した処理が原則であり，産別組織としては単組がより有利に問題を処

理しうるよう必要な情報を伝達することが任務であるという方針が地協においても貫かれている結果と思われる。

　留意すべきは，電機連合の地方組織の役割は確かに次にみるJAMのそれとは大きく異なっているが，だからといってそれによって電機連合とJAMのそれぞれにおける企業組織再編が組合に与える影響の違いをもらしたとはいえないという点である。なぜならそれは，あくまでも交渉の仕方の違いを示しているのであって，交渉力の違いを示しているわけではないからである。そしてその交渉力の違いについて，ここで指摘しうるのは，先にみた電機連合と中小労組のコミュニケーション機会の減少による情報量の減少が単組の交渉力にどのような影響を与えるのかという問題である。しかし筆者にはこの点をさらに検証するデータを示すことはできない。ここではそうした問題があることを示すにとどめたい。

4. JAMにおける企業組織再編への対応

　次にJAMにおける企業組織再編への対応をみてみる。それは2つの点で指摘できる。ひとつは企業対策指針に関してであり，いまひとつは個別単組に対する支援・指導のあり方という点である。

(1) 企業対策指針

　ここでいう企業対策指針とは，個別企業が抱える経営問題などに対して，組合はどのように対応すべきかという指針をさしている。こうした指針は，まずはJAMが結成された1999年以降の動きを検討すべきは当然であるが，実はJAM結成の母体となった産別組織(全国金属労組と全金同盟)の動きも見逃すことができない。とりわけ全国金属労組における対企業政策の転換が，今日のJAMにおける企業対策指針に大なり小なり影響を与えていると考えられるからである。

　この点を兵藤(1997)によって，要約的に示めそう。すなわち全国金属は当時の総評左派組合として，反合理化闘争をリードしてきた組合であった。と同時

にオイルショック以後の倒産や工場閉鎖，人員整理が相次ぐなかで，従来の反合理化闘争の「質的転換」を模索しつつあった。兵藤によればその先鞭をつけたのは兵庫地方本部であった。同地本は，従来の全国金属労組の反合理化闘争を「小児病的急進主義」に陥っていたという反省の上にたって，企業経営を監視し介入していく取り組みを進めていた（同書，433頁）。それは会社による合理化計画に単に反対するというのではなく，組合自身が経営問題に対して積極的に発言し，経営ビジョンを論議する場をつくるというものであった。全国金属はそれを受けて，1883年の大会において「全国金属産業政策第1次案」を提起した。そこでは当時金属産業において急速に進みつつあったME革命を核とする技術革新に対して，従来の「反合理化闘争」のみでは企業の存続そのものが危うくなり，雇用も守りがたいゆえに，むしろ「コントロール型の対応」の必要性を強調するものであった（同書，434頁）。

このように全国金属労組の産業政策は，企業経営に対してそれを「コントロール」していくということを明確にしている点が興味深い。先の兵庫地本傘下の単組の取り組みを仔細にみていくなら，それは組合と企業による共同の企業再生プランの作成であり，組合による企業経営への積極的な介入を意味するとみてよさそうである。

JAMにおいて企業組織再編問題が意識的に取り上げられるようになったのは2003年頃からである。それ以前は合理化問題，雇用問題として傘下構成組合に対応を求める指針が出ているが，同年以降企業組織再編への対応は，合理化問題，雇用問題の一部分としてウエイトが高くなっていく。そして企業組織再編問題を組合側から雇用問題解決のための積極的手段として考える提案をするなど，組合としての経営問題への積極的な関与を促すという展開がみられる。

JAMが結成されたのは，1999年である。この時に雇用対策が明らかにされている。これが同年の結成大会で示された「雇用対策指針」（JAM, 1999）である。このなかでは単組，地方JAM，中央本部の3つのレベルにわけて方針が示されている。まず単組では「企業経営チェックの体制を作り，企業の基盤強化を図ることにより，雇用合理化提案を出させない活動を展開する」。また地方

JAMについては「企業経営のチェックを通年的な取り組みとして強化するよう単組へ指導する」としている。そして中央本部では「経営分析や企業改善を提起できる経営チェックのノウハウを養う」(同書，6頁)と述べている。つまりJAM結成当時は，単組及び地方組織においては雇用対策としての企業への発言はもっぱら経営チェックに限定され，それを一歩進めた経営改善の提起は中央本部の役割としているように思える。

　次いで方針が示されたのは，2001年である。既述したようにこの頃JAMにおける雇用問題はピークを迎えようとしていた。この時「単組緊急雇用対策」(JAM, 2001)がまとめられている。このなかでは経営危機に立ち至った場合には，当面の対応だけでなく，再生プランの作成を企業に求めることが基本であるとした上で，「(5)会社再建計画について」として，「②労働組合として，経営分析の上にたって，会社に対して再建に向けた提言・改善要求を行います」(同書，6頁)と述べている。つまりあくまでも企業が再生計画を立てることを前提に，それに対して組合が提案・改善要求したりすることを求めている。いうまでもなくここでの組合とは単組であり，1999年の方針と比べると一歩踏み込んだ取り組みを単組に求めている。

　その後，2003年に当時問題になり始めていた企業再編への対応として「企業再編に伴う雇用問題と組織問題に対する具体的対応」(JAM, 2003)がある。そのなかではそうした再編が「組合員，従業員にメリットとなるのかしっかりチェックするとともに，労働組合として必要な対策を提言すること」(同書，9頁)を求めている。

　さらにその後2004年には「JAM雇用対策本部報告書」(JAM, 2004)が出る。これは，2001年に当時ピークに達しようとしていた雇用問題の続発への対策として「雇用対策本部」がJAM本部内に設置されていたが，2004年ようやく雇用問題が「落ち着きをみせて」(同書，1頁)きたことから，同本部が解散する際にそれまでの雇用問題の経過を取りまとめたものである。このなかではことあたらしく指針が示されたわけではないものの，この間の個別雇用問題の事例を取り上げ，どのような結末をとげ，組合はどのような活動を行ったかを示し

ている。事例は9件取り上げられており，そのなかの2つがJAM大阪傘下の組合の事例である。興味深いのはそのなかで，JAM大阪傘下組合の取り組みを極めて高く評価している点である。たとえば「民事再生法を活用した企業再建とそれによる雇用・職場確保」の事例では，組合の基本方針が「労使の対等性を維持しながら，企業の再生過程に労働組合が積極的・主体的に関与，参画していくこと」(同書，38頁)にあったことを示し，「成果と課題」としては「企業の経営状況がすべて労働組合に開示されており，企業の危機的な経営状況と窮迫度合いを事前に把握できていた。……このことが民事再生法をむしろ労働組合がリードする形で申請する上で決定的に有利な背景をなした」(同書，39頁)としている。そして最後に「以上の……などの諸会議のほとんどすべてにJAM大阪の担当オルグが関与・指導した」ことも述べている。この事例では，企業再建に組合が積極的に関与したこと，それにJAM大阪が大きく寄与していることを高い評価とともに紹介している。

　いまひとつの事例は「民事再生下での営業譲渡」である。この事例では当初単組が独自での解決を目指したものの，企業側の当初提案の反故という事態にJAM大阪が解決に乗り出している。最終的に営業譲渡による会社解散と組合解散に至ったが，JAM大阪の支援により未払い賃金の無発生，会社都合退職金の満額支給という形で終息したことを紹介している。

　そしてもっとも直近の指針としては，「企業組織再編，企業・経営問題への対応マニュアル」(JAM，2008a)がある。このなかでは「労働組合はまず会社再生を基本的方針として，追求すべきである。会社再生により希望する労働者の雇用が確保され，再生過程で労働債権の確保も一定できる場合が多いからである」(同書，39頁)とし，この文章の後に既述した「再建のためには，明瞭で現実的な事業(再建)計画が不可欠である。会社だけで作り切れないときは組合も参画して作りあげる」としている。まずは企業に再生プランの作成を働きかけ，企業独力で無理ならば組合が積極的に参画するという手順を望ましいとしている。

　だが問題は現実にそうした事態に立ち入った時，中小・零細中心の企業による再生プランが立案可能かという問題である。つまり中小企業の場合，企業危

機に直面して，経営側は当面の対応をどのようにするのか，を考えるの精一杯であり，とても将来展望を含む再生計画を考えるところまでは力が及ばないというのが実態である。

そして先のマニュアルによれば，「会社そのものの再生が困難な場合でも，倒産処理にあたって合併，事業譲渡，会社分割，MBO（特定事業に関する経営者による買収・独立），EBO（従業員による買収・独立），株式売却，株式交換・株式移転などの企業組織再編が多用されるようになった。労働組合もこれらの手法を利用しながら，事業の承継，継続によって雇用の確保，労働条件の維持，労働債権の確保，労働組合の存続を追求することも可能かつ適切な方針のひとつ」（同書，39頁）として，企業組織再編の活用をよびかけている。

こうしてJAMにおける企業対策指針は，先の電機連合の場合と比べ，間を置かずに次々と出され，その内容は後になるほど詳細に，かつ具体的になっている。また単組のみならず，JAM地域組織の介入のあり方を事例で示すことで地方組織の役割の重要性を明確にしている。

(2) JAMにおける地方組織の役割

JAMの傘下組合の特徴は，電機連合のそれと比べれば，その規模は小さく，グループ経営を行っていてもそのグループの規模は小さいという点にある。また企業の所在地も地方に分散している。これに対し電機連合では，地方協議会傘下の組合数でみると大都市圏に所在する組合が4割をかなりこえている。もちろん両組合では地方組織がカバーする範囲に違いがあろうから，必ずしも厳密な比較とはいえないが，傾向としてはJAMの方が地方立地企業が多めであり，それだけにいわば地域企業的色彩が強いし，企業が抱える経営問題も地域的特色を有することが少なくないと思われる。

そこでJAMの組織機構をみると，いくつかの都道府県を束ねて地方JAMが設置され，その数は17である。この地方JAMをたとえば筆者が住む北陸JAMについて，その組織構成をみると，独自の最高議決機関として大会をもっている。そして日常活動を担う執行委員会を有し，その下に各種役割を担う

専門委員会と専門部を設置している。こうして地方JAMが一定の範囲内ではあれ，意思決定の権限を有していること，そして構成組合に対して指導権限を有していることがわかる。

(3) JAM大阪における企業再生の取り組み

図表3－5は，JAM大阪の前身組織の取り組みをも含めた事例を取りまとめたものである。最初の取り組みは80年代からスタートし，それ以降今日に至るまで「企業再建プラン」の提案を行った組合は32組合に及び，プランの作成までに至らなかったものの，それに近い取り組みを行った事例が30～40組合程度である。そこで表に示された32の事例についてみてみよう。

まず取り組みの時期であるが，32件のうち，80年代が2事例，90年代前半が3事例，同後半が13事例，そして2000年以降が14事例である。つまりJAM大阪において取り組みが本格化するのは90年代後半以降である。いうまでもなく1990年代後半は，日本企業が深刻な不況を経験した時期であり，小規模製造業が集積した東大阪地区はその影響をモロに受けた。

次に取り組みのリーダーシップの所在であるが，同表では再生プランの作成を，企業側のリストラ策の提案を受け，その対応策としての提議か，それとも組合側から自主的な企業再生プランの提案なのか示しておいた。その結果，明らかに多くが企業側からのリストラ提案を受けての企業再生プランの作成である。これらの企業再生プランに共通しているのは，単組が単独でプランを作成したのではなく，JAM大阪（ないしはその前身の産別労組の地方組織）がプラン作成に積極的に関与している点である。JAM大阪は，その前身組織の時代から組合の雇用対策の重要な取り組み指針として，組合独自の企業再生プラン作成の重要性を訴えている。しかし現実問題としてたとえ企業が経営問題に直面したとしても，企業の側からのリストラ提案などに直面しない限り，組合の側から再生プランの立案がなされることはないというのが実際である。さらに同表に載せられている事例のうち，企業側から明らかに再生プランと思われる提案がなされているのは，わずか5から7事例である。中小・零細企業が存続の危

図表3－5　JAM大阪傘下単組による企業再建案一覧

組合名の後の（ ）内の数字は再建案パターンを表示。
1＝会社提案に再建案提案　2＝会社提案とは関わりなく組合が立案。3＝労使合同提案。

組合名	取組みがあった年	企業の規模・業種	再建当時の企業の状況と再建計画の概要（ポイントのみ）	現状（企業）	現状（組合）	M&Aの有無
1 T鉄工(1)	1986年〜87年	42人 鉄骨製造	経営危機に際し、会社提案の第三次合理化案（事実上の工場閉鎖提案）に対し組合が再建策提案。①経営方針（ダイヤモンドトラストから一般鉄骨等へ）、②企業体質改善（製品戦略転換に伴う企業・営業体質の改革）、③会社組織の再編、④生産性向上（指示系統一本化と生産組織の再編、工場レイアウト見直し、⑤経費節減、⑥労働条件見直し（期間限定の時間延長等）。②人員適正配置等、必要資金は親会社への遊休地売却で調達。会社は組合再建案を受入れ、労使で実行し、1年で黒字転換。その後順調に回復。03年8月、業況の急激な悪化により内整理。	03年、業況の急激な悪化により清算。	解散	
2 T空気機械(1)	1986年〜87年	150人 コンプレッサー製造・販売	4期連続赤字で合理化提案（1年間の休職55歳以上、希望退職、出向・転籍）。会社は当時、企業実態を知らず再建しようとしたが、組合は再建案（①コンプレッサーの他用から医用への転換。②総合的な工程管理体制確立他）を対置、スト権を行使しながら団交、休職のみを認め他の合理化項目は撤回。その後順調に推移。	大阪工場を含め現在も存続	存続	
3 M社(1)	1992年〜93年	380人 電写真複写機製造販売、現在はフォント作成	92年、会社による合理化提案。組合は合理化提案は根本的な再構築案、長期的な経営展望がないとし、「企業再建計画案を生産終了すでに十分な製造部外」（製品開発の基本方向）。③組織改革及び事業構造は当面の製造段階の推進（問題点と提案（開発体制の強化）。6月93日案開発商品の提起、10月案会社組織全面再編、関節合議同意の辞令を転換、8月に会社と事前協議関節合議同意の約款を締結。その後組合再建案の大部分が会社合意。組合は組合員を大幅拡大。その後業績回復。	存続、その後99年業況の急激な悪化により清算	存続	
4 T鋼管(1)	1993年〜94年	56人 引き抜きパイプ製造・販売	会社の合理化提案に対し、組合は「企業再建案」（93年10月）提示。基本的問題点は製造部門軽視の「問屋的体質」による低付加価値構造、金利負担が過大、開接部門人件費が過大、在庫が過大、以上がゆえに薄利体質等。対策①製造部門重視の会社機構刷新による間接部門効率化、②生産工程合理化・無駄排除で歩留まり向上、③職場規律の確立と強化、④生産委員会・生産管理体制の強化。会社は合理化案を撤回、組合提案を受入れ、再建案（在庫管理体制の強化、異形鋼管の開発等）提起。労使で再建策を実行し、1年間で慢性的な赤字が解消、その後経営（は順調に推移。99年、業況の急激な悪化により内整理。	99. 破産	解散	
5 Y製作所(1)	1995年〜96年	50人 産業用機械の修理事業減速機製造販売	94年に会社が合理化提案（①人員削減、②時間延長、③土地活用、④資金調達、⑤工場レイアウト）を示す。組合も再建案（①土地売却で資金確保、②生産体制縮小、③希望退職による人員削減、④期間限定の労働時間延長、⑤組織簡素化）。建へ向っかうが、労働条件縮小に依存しての経営依存性により不徹底に終わる。	99. 破産	解散	

6 NM社 (1)	1993年〜94年	69人 工業用メッシュ製造・販売	93年10月に会社側が「現状打開策」社再建に向けて労働組合長等の削減、部課長等の削減による管理機構効率化、⑤中長期戦略に立った生産工程強化、⑥企業再建の基本方針（取締役削減、不良品対策、人員配置転換、ユニフォーム化等）。③各部署の具体的問題点と改善案について「経営再建について」協定締結。組合の再建に向け労使で実行。00年に再建勤労に前進。	存続	存続
7 O送風機 (2)	1995年〜00年	60人 送風機製造・販売	企業危機深刻化の中、95年7月組合が「労働組合からの企業再建に関する提案」を全組合員討議に基づき提案。内容①経営の根本的問題（低マージン・高コスト体質）、②企業再建の基本方針（取締役削減、営業・設計・開発の再編と品質改善、総合的工程管理体制の確立、不良品対策、人員配置転換、ユニフォーム化等）。③各部署の具体的問題点と改善案について「経営再建について」協定締結。組合の再建に向け労使で実行。99年使で実行。00年に雇用維持のため99年ユニーショップ化へ前進。	存続	存続
8 N鋳鋼 (1)	1995年〜98年	80人 鋳物の製造	94年まで受注減により営業利益赤字。95年2月、組合側より「企業再生に関する組合からの提案」提起。内容①財務上の根本的な問題点（会社更生法から脱却できず、財務内容悪化、金融機関の間で信用失墜）。②各職場の実態把握、③企業再生の基本方針（人員削減、製造部強化、製造現場・作業環境改善、ボトルネス撲滅、残業削減、後継者育成、作業責任意識の確立）。同月会社より組合再建軌道に乗りかかる「企業再生の基本方針」が提出。その後労使合意。それを巡る議論の中で資金繰りに詰まり98年会社より破産。	破産	解散
9 B産業機械 (1)	1996年〜00年	25人 繊維機械製造・販売	96年4月会社側が企業再建化提案」（組合員約半数の解雇）①企業再建の問題点（経営体質のワンマン経営、技術力の弱さ、資産管理者の問題）、②企業管理者の問題点、各部署、財務上の補足、各改革、改善に頼らず不動産に頼らない方針（繊維機械から包装機械へ、計画的設備の設置、人材育成、多能工化、関連会社の関連明確化）、③合理化策」が合意、10月解雇撤回、11月経営から組合再建案に基づく各部署の具体化策、労使合意。その後不動産の急速な売却により人員削減、割増退職金を退職者に支払い、関連会社の1.5倍の割増退職金を退職者に支払い、他社5名の組合を98年1月合意。規定の1.5倍の割増退職金を退職者に支払い、00年4月規定の3倍の退職金を支払い会社を清算。	内整理	解散

112

企業	期間	規模・業種	経緯	結果		備考
10 Oパルプ (2)	1996年〜05年	67人 船舶用パルプ製造・販売	賃金遅配により経営危機表面化。整備による製品構成再編成。労使合意。再建計画実行中にさらに悪化。再建計画実行は事実上不可能、社長が辞任。有価証券等をもって失踪。代理人を介護士と交渉の結果、3分の2以上の株式の組合への譲渡を条件に組合が自主経営を受諾。組合は再建委員会の全組織を監督下におき、自主生産・自主管理闘争に移行。その後スポンサーとしてYバルブへの譲渡を模索。労働債権放棄等を提示するも不調。土地売却により債務を整理。新会社へ従業員等を移籍し再出発。	存続	○	新会社として再出発
11 T社 (1)	1996年〜99年	87人 送風機製造・販売	99年2月に売上げ急落に伴い、会社が賃金引き下げ等の「合理化」提案。組合は「企業再建に向けた労組からの提案」提出、4月に労使合意。5月、社長急逝に伴う新社長への交代の過程で工場の一部売却と工場の土地売却、集約的な業務整備を新社長に提案。会社の意向を会社提案受諾の条件とする。新たな土地売却への営業譲渡による再建計画が会社により提案。01年2月に基本合意、8月にK製作所への営業譲渡に際し、組合は両者が交わした全ての協定書、協約書、確認書等の確認事項及び労使慣行の承継をK製作所による再建案として提示。	存続	○	新タニヤーマとして再建
12 M製作所 (2)	1996年〜99年	58人 送風機製造・販売	96年経営危機表面化。組合が「企業の再建・改革のための提案」を会社に提出。問題点①経営戦略欠如、②管理が弱い、③技術軽視、④安閑受注態度、⑤ワンマン的経営体質、⑥自己規律のゆるみ。企業再建・改革の基本方針を含めた交渉協定書締結。98年度労使協議会開催。99年を「財務部署強化、①1割賃金切り開くため組合の決意を改めて示す「合理化提案」。さらに「会社改革案を一要求書」を作成、回復軌道に。	存続		
13 S鋼管 (1)	1997年〜98年	38人 電設器具、エクステリア製造・販売	82年に経営危機。人員削減危機、組合は会社が希望退職募集、会社再建再建委員会の設立・労使再建会議(企業独立化、問屋的体質の払拭含む8項目)提案。その後再建状態が続く。98年6月、労使合意(会社組織の条件変更、労働条件変更、労使再建委員会設置)し、再建に向けた労使協力体制確立。2000年に再び工場閉鎖。その後工場閉鎖・全員雇用の会社閉鎖・組合は労使退職で組合債権確保を会社と協定後、新体制で再建・全員確保定年で1.5倍の退職金確保。06年労使協議で合意が多くなり、工場閉鎖に同意。	解散		06年に工場閉鎖

14 M金型 (1)	1997年～99年	86人 ガラス金型製造・販売	92年頃より経営悪化。97年経営危機表面化。会社が人員削減、工場閉鎖提案。会社が拒否。会社から「事前協議合意約款」締結、経営戦略の克服で労働争議に傾斜。組合から「企業再建提案」組合対策に傾斜した経営戦略。工場分散化等の協議組合の分裂方針分散等の協議組合の分裂。会社との協議により一部が執行部の指導で第二三組合を統一。金属機械は下(当時)の組合一組合に加盟。その後この組合一組合が第一組合が機械の一部が執行部の指導で第二三組合を統一。金属機械は「当時」の組合一組合が「企業再建案」を軸にした争議闘争への主導権を促す。議論の後後第一組合復帰、組合は統一を合意。その後再建過程を歩み現在に至る。98年に合意。	存続		存続
15 T社 (1)	1999年～2000年	98人 溶接金網、ボックスパレット製造・販売	93年頃より経営悪化。97年10月、親会社・N商事・当時の経営機に、企業危機に。98年6月新社長が派遣され、企業再編の三重下せず子会社の吸収合併が強行された。会社は新社長と雇用確保と雇用確保の減実な協議を策定。会社と同時6月「全社改革運動」を提起。すべに議論してきた労使協力体制確立、99年末に債務整理目的の企業再編により労使協力を確認する。組合より「雇用確保に向けた企業再編により労使協力を確認に対し、新会社への全従業員の雇用引継ぎ、ユニオンショップ協定を実示。新会社ヘの全従業員の雇用引継ぎ、ユニオンショップ協定を実示。新会社と雇用に関する事前協議同意約款を締結、退職金確保等を条件に企業再編を実行。その後順調に推移。	存続	○	存続
16 Tピストンリング (1)	1999年	1,251人 エンジンピストンリング製造	97年以降売上高の減少により経営状況悪化。99年5月、会社より「構造改革計画」発表。人員削減、工場閉鎖等が発明される。組合は雇用確保を前提に大阪工場存続対策委員会を設置。同年9月、大阪工場の集約化・効率化、労働条件一部引き下げ否。その後「大阪工場地区生産拠点再構築に向けた労働組合からの提案」を発表。同年10月末、同工場組合の雇用条件を条件に閉鎖に同意。	存続		存続
17 D工業 (2)	1998年～99年	21人 ダクトの製造と施工	98年、企業危機、同年8月、組合が「企業再建に向けた労働組合への提案」発表。経営改革①機構改革。②経営管理の刷新。③そとをもとに実行①土地売却、②経営管理の刷新。③営業活動強化、④賃金カット等、協定。土地売却は市況悪化により売却、99年には協定の強化により03年に売却。04年事業の更なる悪化により内整理。	解散		04年、内整理
18 E工具 (1)	1999年～06年	70人 切削工具製造・販売	99年会社側より賃金カット提案。その後倒産寸前であることが発覚。組合側が提案する企業再建プランへの会社の対応を条件に、賃金カットを承認。組合は企業カット(基本的な問題点の会社の分析、①工程管理に関わる職務分掌の明確化、②工程管理の基本方針と企業再建案を具体案①工程管理体制確立、③製品構成再構築、④賃金カット等緊急避難策)を作成、増益過程再建策協議を条件に賃金カットに応じる。その後労使で再建努力を継続、06年労働条件を原状に戻す。	存続		存続

114

No.	企業	期間	人数・業種	経緯	結果	備考
19	M工業(1)	2000年～04年	26人 超硬工具製造・販売	02年会社側が賃金カット等「合理化案」を提案。組合は拒否。企業の根本的再建を基本方針、組合の再建プラン「M工業」問題に対する基本方針①会社組織刷新と職務分掌明確化、②生産管理体制確立と作業円滑化等々を提案。労使は修正と補足で実行することに合意。その後会社は大阪工場閉鎖を提案。組合は事業継続不可能と判定。2004年の退職金で閉鎖し、1.5倍の退職金で閉鎖を認める。	存続、大阪工場は閉鎖	解散	
20	I機電(1)	2002年	45人 ポンプ設備、電気設計、施工	02年1月、会社が企業閉鎖提案。組合は会社とK社と交渉で①機電株式会社再建案①内部的要因、②外部的要因、具体的再建案で①乱脈経営の責任明確化と役員削減、③人件費削減、④利益増、⑤K社への支援要請を提起。さらにK社への支援要請を提案。営業譲渡又は主要部分引き取る救済等をK社に求める。結果、K社による救済は不調、K社の協力で民営の退職金の確保と再就職へ支援し企業閉鎖に合意。	閉鎖	解散	○
21	A鉄工(1)	2004年～07年	300人 鉄塔製作	04年民事再生を申請。労使協議会で再生計画を協議（賃金・退職金等労働条件の引き下げ、債務カットのため全員を一旦解雇し再雇用。子会社の売却等）。組合の立場からの再建案を策定、再生のための労使協議会に意見反映。再生スキーム策定過程に全面的に関与。07年12月、弁済期間を短縮して民事再生を終結、以降、順調に再生。	存続	存続	
22	Nタイツク(1)	2000年～	16人 金属表面処理	98年頃より経営悪化。98年労使過程で、「労働組合からの企業再建案」問題点①経営中枢が不在。②工事再建計画作成過程で、①生産現場の管理体制の抜本的再編、②工場隣接の社員寮（会社所有地）の売却等を労使で合意。③営業対策等、再建の基本方針を策定、①経営中板再編、②工場隣接の社長宅（会社所有地）の売却等を労使で合意。その後内容を再生スキーム・再生計画への意見書へ反映。03年再生法成立。以降裁判所の下で再生計画を組合が過程と労使で続けている。	存続	存続	
23	H工業(1)	2002年～03年	42人 噴霧器製造・販売	農業機械全体の低迷の中、00年より経営不振により「合理化案」（希望退職、賃金カット、時間延長）提案。組合は拒否。企業再建プラン「企業全面的刷新と職務分掌明確化、生産体制改革・改善、工場管理体制の抜本的再編、間接部門効率化と販売管理費大幅削減、賃金カット等緊急避難策」を作成。会社は組合提案を基に新体制及び職務分掌を提案。さらに「経営再建計画」を策定、経営再建委員会を設置。03年5月、売上高の更なる低下で「経営再建計画」を労使共にで希望退職、以降再建案を労使で実行するに至る。	存続	存続	
24	M社(1)	2000年～03年	23人 接地棒配電盤製造・販売	00年会社より賃金カットの申し入れ、01年組合は「企業改革に向けた労働組合からの提案」（問題点①経営方針が不明確で取締役が機能せず、②工程管理費が欠乏明、③トップダウンのみでモラル低下、④管理部門の欠如と誤った人件費の削減）、管理改善、⑤トップダウン・導入、⑥賃金制度、K製作所、TT社合併、③T社が経営困難で組合提案も会社、MK社、K製作所、TT社合併、積極的に協力。M社事業を継続。03年M社が破産。他2社は解散。組合が合併提案。売上高は低く、売上再構築にも協力。M社事業を継続。03年M社が破産申し立て合併により提案。組合が合併提案。管理の下に破産処理、労働債権を全額確保。	03、破産	解散	○

				存続	存続
25 Y金属 (3)	2001年〜	72人 アルミ金物製造、販売及びプレス加工	96年頃よりS電機の海外移転に伴い経営悪化。会社は組合と相談、再生機構への再生申請。組合は再生計画策定過程に全面的に関与。01年民事再生を目指し「再生計画策定の提言」①在庫大幅削減と工程管理強化を目的の工場編成②労働条件の一部引き下げ、固定費カットを中心の資金計画の再編成機構の再建計画立案に関与。再生計画に全面的に代理人当初案に撤回させ、大阪工場存立という意見書に関与。裁判所への意見書にもこれを反映。再生計画認可から再建過程に関与。その後の再建過程を経て現在に至る。	存続	
26 G電機 (1)	2002年〜06年	116人 ホイスト製造・販売	97年頃より経営状況が悪化、リストラ実施。02年民事再生申請。組合との事前協議なし。労使協議会において「労働条件引き下げ」等の課題を取り組み課題を策定。03年「民事再生下の企業を生き残り作戦」を展開。06年民事再生法終結。	存続	
27 N化学機械 (1)	2002年〜03年	146人 化学機械製造・販売	02年経営悪化が表面化。03年4月、組合は「会社存続のための労使協議会議」問題点の改善の要点、結果の想定及び「ドライ94」目標、労使改善案を提案。会社は基本的に合意、労使で実行。以降、賃金改善案を提案。会社は基本的に合意、労使で実行。	存続	
28 NM電気 (1)	2001年〜	100人 配電盤・制御分電盤製造・販売	00年頃より経営悪化。組合の再建方策「NM電気再建円滑化、技術の集中化とN工場への集中化(本社ビル売却とN工場への集中化)簡素化と意思疎通円滑化。経営の強化」の提案を一部実行し始める。しかし状況は悪化。05年9月会社経営状況悪化。組合は敬意申請取下げを企図し、全組合員解雇通告し始める。組合は反対工場を占拠し、管理下に置く。民事再生手続を実行。組合は退陣。監督委員と協力し会社が民事再生過程を担う。スポンサーとして会社へ移行、N工場は放棄しても雇用を継続したうえで生産規模縮小による再生計画を実行。07年再生手続終結。その後の回復過程にあり。	存続	○
29 K鉄工 (1)	2001年〜？	500人 橋梁製造	01年12月、会社より「合理化」案(大阪工場閉鎖、千葉工場への集約、労働条件改革を進める)案を提案、希望退職募集。02年1月、組合は「K鉄工の現状改革案可能なことを経営分析で明らかにし、賃金カット等の労働条件の維持を提案。二工場体制の維持が可能なことを経営分析で明らかにし、賃金カット等の労働条件の維持を提案。3月事前協議同意、組合は「第三次案」を策定。会社は「第三次案」を決定。しかし再建の交渉過程で生産拠点が減産、賃金カット等の労働条件について交渉。9月、大阪工場閉鎖と千葉工場への生産拠点の集約、賃金カットの実行、企業存続、希望退職、二工場体制は不可能と判断。「第三次案」の実行、企業存続、希望退職、合意。その後黒字化。	存続	

会社名	従業員数・業種	期間	内容	結果	
30 Tマシナリー(1)	145人 鋳造機械、環境機器製造・販売	1999年～03年	99年会社より「合理化」提案。00年3月、企業再建案［経営計画の明確化、生産管理体制の確立、賃金カットを中心とする「合理化」案。00年合意、その後も売上高は減少。02年8月、会社は再度希望退職を認めることを「合理化」案。さらに03年5月に希望退職、工場移転を提起。組合は移転を認めるる一方、会社機構再編、クレーム対策立等の「企業再建に向けた労働組合からの提案2003」を提案。労使合意。移転と労使による再建努力により業績は改善。	存続	
31 Oテックス(1)	80人 ターンテーブル、プレス機械製造・販売	2000年～03年	99年以降大幅赤字。00年に希望退職等の「合理化案」。［会社再建案］①会社機構改革、②生産体制集中化で生産性向上、③配送システム、整備で納期管理等、工程管理等システムを提案。組合の合理化提案を撤回させ経営統合。02年9月、希望退職、会社はS重機が「合理化案」関連会社に提案し工場閉鎖と経営統合を追及。組合は現有人員で工場存続を提案。最終的にS重機との1同、この時点で組合は方針変更、労働組合からの交渉、その1同、5月「再建案」の完全履行、賃金カット等を提案。交渉、長続的にS重機との1同、この時点で組合は存続を条件に経営統合、従業員の雇用確保と移動条件整備、S重機との新たな発想を認め、JAMとして組合との条件について、経営統合○機器事業部に全員の雇用は引き継がれ、組合はJAM傘下で存続。	営業譲渡し存続	○
32 S製作所(1)	300人 アルミダイキャスト製造	2004年～07年	06年まで3期連続赤字。組合と会社が再建要請協議中の06年1月、会社はTファンドと業務提携、経営コンサルタントの派遣を受ける旨、直後報告は会社と会社再建に関する協定書」を締結。2月コンサルタントが再建策を提示。組合三役会に辞表提出を求めた。以後業務提携案を実質的に無視にした。3月組合「緊急避難質」決定。4月「雇用と生活を守る生活工業の子会社化提案、Dアルミ工業が当該資本を引き受け子会社化。8月DアルミニH業が第三者割当増資を引き受け子会社化、現在に至る。	子会社化存続	○

出所）JAM大阪資料により筆者作成

機に立ち至った時，当事者として企業がその対応者として存在するとしても，現実にそれに立ち向かう準備があるかどうかはあやしい。それに対し，JAM大阪と単組は第1に経営危機にいたる経緯の把握，第2に財務諸表の分析による財務上の問題点の把握，第3に全組合員を対象にしたアンケート調査の実施，それらによって個々の職場の問題点の確認と改善提案を促していること，そして第4にそれらから明らかになった経営上及び日常業務遂行上の問題点の把握と改善提案をもとにした再建プランの組合員への提示と繰り返しの修正，そして会社への提案である。こうしたいわば水も漏らさぬような現場からのさまざまな改善提案を盛り込んだプランを作成していることが特徴である。ただしそのような再建プランではあっても，それが必ずしも功を奏するわけではないことも，同表から明らかであり，再建プランが明らかに実を結んだと考えられるのは11件程度，つまり打率3割といったところである。

　ところで同表を一見して明らかなのは企業規模がかなり小さいことである。もともとJAMの傘下組合の平均組合員数は200人弱であるが，そのなかにあってもさらに小さめである。企業の再生プランという企業総体の経営をコントロールしようとする時，企業規模があまりに大きいとコントロールは困難であるというのは，きわめて理解しやすい事実であろう。またそのことと密接に結びつくと思われるが，同表にあげられた企業は明瞭な形で企業グループに組み入れられている事例が少ない。もちろん取引上の元受け下請け関係にあるという場合は少なくないと思われるが，より強い企業間関係があるかどうかという点で，企業グループ的結びつきが見られる企業は，No.15, No.20, No.25, No.31の4事例のみである。その場合No.20やNo.31のように当該企業との交渉では決着がつかず，親企業との交渉を余儀なくされるなど交渉が複雑化・長期化する傾向がみられる。

　終わりに企業再生プラン作成と企業組織再編の関係についてみよう。事例のなかで，企業組織再編が含まれているのは8事例であるから必ずしも多くはない。この8事例のうち，組合による企業再生の手段として組織再編が選択されているのは，No.10（EBO），No.11（営業譲渡），No.15（合併），No.20（営業

図表3－6　6事例の再編の形態と組合存続の有無

		No. 10	No. 11	No. 20	No. 24	No. 28	No. 32
再編形態	買収	○					
	営業譲渡		○	○		○	
	合併				○		
	資本受け入れ・子会社化						○
組織再編成功・企業存続			○			○	○
組合存続の有無			○	○		○	○

出所）JAM大阪資料により筆者作成

譲渡），No. 24（合併），No. 28（営業譲渡），No. 32（資本受け入れ・子会社化）の7つの事例であり，No. 31は当該親会社からのM&A提案を組合側が受入条件を提示することによって，会社側の譲歩を引き出した事例である。

　既述したように電機連合にせよ，JAMにせよ，企業組織の再編がなされるのは，企業組織が大きい程多い。それと比べればJAM大阪が企業再生プランの作成に取り組んだ組合の多くは，より小さな企業であり，組織再編がらみは少なめである。むしろ企業再生の手段として選択された6つの事例が興味深い。この6事例を詳細にみると，営業譲渡が2事例（No. 20は不調），合併，組合による買収，資本受け入れ・子会社化が各1事例である。このうち組織再編が功を奏し，企業経営が回復した事例はNo. 11，No. 28，No. 32の3事例である。No. 10は組織再編は不調に終わり，既存企業は整理のうえ，新会社を設立し，従業員も組合もそちらへ移管して現在に至っている。結局組合の存続という面では，4つの事例で存続している（図表3－6）。

　これらの結果をみる限り，M&Aが企業再生としての側面をしばしば有することがあり，JAM大阪の取り組みは，大きな困難を伴いながらも，それが成功する場合もあるということを実践で示した点が注目される。

　ここでは今後生じる課題についてみてみよう。電機連合は，すでにみたように「自己完結」を自らの組織の基本方針としてきた。それは2003年の構成組織加盟方式の変更以降も一層強められることはあっても，弱められることはな

かった。この構成組織加盟方式の変更は，要するにグループ労連に加盟する組織はグループ労連が加盟する産別組織に一括して加盟するとういうものであった。この方針転換によって，それまで産別加盟とグループ労連加盟は別個の問題である，という JAM の主張は認められないものとなる。しかし JAM からするとこの主張は，組織の根幹にかかわるものである。なぜなら数は多くはないとはいえ，こうしたことによって所属産別を JAM から電機連合にかえた組合はこれまでに 10 単組以上に及ぶからである。逆に電機連合はこの構成組織加盟方式の変更は組合数を大きく減らすとともに組合員の減少をくい止めることに成功した。実はこうしたことは電機連合のみに生じているのではなく，たとえば自動車総連でも生じているのであり，こうした組織変更の方針は取っていなくても，もともとグループ労連単位での加盟方針を取っている産別組織では多かれ少なかれ起きることではあった。その意味では JAM の構成組織をめぐる争いは古くて新しい問題であったのである。それを 2003 年に電機連合がそうした方針転換をしたことによって再び新たな問題とした。JAM と電機連合，他の産別組合がどのようにこの問題を解決しようとしているかは判然とはしない。今後の課題とせざるをえない。

注
1) 本章で使用する JAM 傘下労組を対象とした企業組織再編調査データは，文部科学省科学研究費補助金（基盤研究 C，課題番号 20530194）の交付を受けて JAM と共同で実施したものである。
2) 昨今の M&A による企業組織再編が，組合員の雇用や労働条件，労働組合の組織や活動にきわめて大きな影響を与えるという認識は 2004 年に起きた東急観光労組の事例によっている。この顛末については伊藤栄一（2000）に詳しい。また海外における企業組織再編が雇用や労働条件，組合活動に与える影響については，ILO（2001）では「企業の合併・買収とそれの雇用へのインパクトに関する統計はほとんどない」と指摘しており，客観的なデータを得ることは簡単ではないようである。それは組合の組織形態が原則として企業別に形成されている日本と異なり，たとえばアメリカのように事業所別であるならともかく，職種別であったり，ドイツのように企業横断的であったり，産業別であったりした場合，個別企業ごとに生じる組織再編の影響は判別しづらいことが影響していると推察される。しかし必ずしも客観的なデータは得られないながらも，90 年代後半以降の経済のグローバル化，国際的な企業間競争の激化のもとで，

欧米企業にあっても合併・買収による企業組織再編は急速に進みつつあり，そのことが組合に対しても無視できない影響を与えつつあるという認識が生じている。そうした動向を示すものとしてILOは2001年に銀行と金融サービス業について，さらに2003年には商業分野において，2007年には食料品分野でM&Aの雇用及び組合活動に与える影響とそれへの対応に関するシンポジウムを開催し，報告書(ILO 2001, 2003)を作成している。ただそこでの議論の中身をみると，一部他産業，他業種にわたる合併・買収が含まれるものの，多くは同一産業，同一業種での合併・買収であり，その限りではいわば秩序だった企業組織再編のイメージである。そしてそうした企業組織再編の影響は，もっぱら雇用へのマイナスの影響を危惧する声が圧倒的に多く，組合組織へのマイナスの影響という視点は希薄である。ただし組織形態が日本と類似するアメリカにおいては，ファンドによる買収の結果，組合の存続が危うくなるなどへの強い懸念は表明されている(Teamster, 2007)。
3) この点については坂(2005, 2006)を参照。
4) 電機連合は「全日本電機・電子・情報関連産業労働組合連合会」の略称。
5) JAMはJapanese Association of Metal, Machinery, and Manufacturing workersの略称。
6) 同様のことは久本憲夫・電機総研(2005)においても指摘されている。しかし当事者においてもなされているこの評価は，十分に慎重になされるべきと思われる。後に詳しくみるが，1999年のJAMの結成以降，合理化問題，雇用問題が進行した。そうした事態のもとで企業組織再編が，経営危機の打開策としてなされたという面もみられる。この点は電機産業のそれが，「選択と集中」のもとでの事業の再構築という色彩が強いのと大きな違いである。JAMにおいて，場合によってはそうした努力が功を奏さず，倒産という形で企業組織再編を含めた一連の経緯が終了に至ることもあろう。ちなみに電機連合傘下の組合では，結成以来倒産に至った事例はごくわずかである。しかしJAMにおいては倒産は，けっして珍しいものではない。もちろん企業組織再編が関連しての倒産はけっして多くはない(JAM役員へのヒアリング結果)と思われるが，企業組織再編が企業再建の手段として取られ，かつ倒産に至った場合，組合が解散していれば調査の対象にはならない。つまり企業組織再編調査の対象となるのは，最悪の事態を免れた組合である。最悪の事態に立ち至った組合は除外された上で，企業組織再編の調査は実施され，その影響度合いをみた場合，組合にとってもあまり目立った影響はないという認識が成立することになる。最悪の事態に至らず存続している組合についてみれば，影響度は大きくないのは事実であるにしても，それは必ずしもJAMにおける企業組織再編のすべてを示しているわけではない。
7) 筆者のヒアリングによれば，電機連合職員の間では，これを「ミニ産別化」と称している。

参考文献
伊藤栄一(2000)「『掠奪ファンド』に包囲網を」労働者学習センター『ひろばユニオン』

No. 466

岩崎馨(2004)『日本の労働組合の現状と課題』社会経済生産性本部
ILO(2001) "The employment inpact of merge and acquisitions in the banking and financial services sector".
ILO(2003) "Enployment effects of merge and acquisitions in comerce".
JAM(1999)「雇用対策指針」
JAM(2001)「単組緊急雇用対策」
JAM(2003)「企業再編に伴う雇用問題と組織問題に対する具体的対応」
JAM(2004)「JAM雇用対策本部報告書」
JAM(2007)「企業組織再編調査(第1次)の集計結果報告」
JAM(2008a)「企業組織再編，企業・経営問題への対応マニュアル」
JAM(2008b)「企業組織再編調査集計結果報告」(第10回定期大会報告別冊)
久本憲夫・電機総研(2005)『企業が割れる！電機産業に何がおこったか―事業再編と労使関係―』日本評論社
久本憲夫(2005)「企業組織再編への対応」中村圭介編『衰退か再生か：労働組合活性化への道』第4章，勁草書房
兵藤釗(1997)『労働の戦後史』(上)(下)，東京大学出版会
電機連合(2004)「構造改革・連結経営下の労使関係研究会報告」『調査時報』第346号，電機連合
電機連合(2000)「経営・雇用対策指針」
電機連合(2009)「経営・雇用対策指針」
坂幸夫(2005, 2006)「企業別労働組合における系列と非系列」(上)(下)，富山大学経済学部『富大経済論集』第51巻第1号及び第2号
坂幸夫(2006)「現代の企業組織再編と労働組合」北川隆吉監修『企業社会への社会学的接近(シリーズ現代の産業・労働第2巻)』学文社
坂幸夫(2010)「中小企業における企業内コミュニケイション」『中小企業研究入門』文化書房博文社
Teamster Working Group On Financial Markets (2007) "Privet Inequity: A Case Study of KKR and CD&R's US. Foodservice".
電機連合ホームページ：http://www.jeiu.or.jp/　2015年1月閲覧
JAMホームページ：http://www.jam-union.or/　2015年1月閲覧

第4章 企業組織再編調査結果から

　JAM加盟全組合を対象とした第1次企業組織再編調査を2007年に実施した。この調査では，純粋持ち株会社の設置，企業合併，企業分割，営業(事業)譲渡などの企業組織再編の動向と外資・投資ファンドによる株式所有状況を把握した。回答労組数は669と全体の3割余りにとどまるが，規模別では500～999人規模で60.0％，1,000人以上規模で78.1％の回収率となり，企業組織再編の影響を受けやすい層を7割見当で網羅している。

　第1次調査結果に基づいて，何らかの企業組織再編を経験し，外資・投資ファンドが株式を所有している214組合を対象に，より詳細な設問内容の第2次調査を実施し135労組から回答を得た。回答には同一組合からのものが若干含まれているのでおよそ調査対象の6割から回答が集約されたことになる。また，第2次調査の補足として，企業組織再編の類型をもとに，5組合にヒアリング調査を実施した。

　第1次調査の調査票検討段階から最終報告仕上げ段階までの全過程で，富山大学経済学部・坂幸夫教授，連合総研・大谷直子研究員(JAMから出向)の協力を得た。この調査を基礎データにする「企業組織再編と労働組合，労使関係」という坂教授の研究テーマは，文部科学省の科学研究費補助金の交付対象(基盤研究C，課題番号20530194)となっている。

　当章は第1次，第2次調査の集計結果報告とヒアリング結果，及び調査票を収録した。この調査で得られた企業の情報は集計結果だけを公開し，企業名は伏せているが，貴重なデータ・ベースとして保管し，単組からの問い合わせには個別に対応したい。

この調査の目的は，企業組織再編の実態把握を通して，対応方針作成に役立てることであるが，JAMが，企業組織再編を巡る法律的な側面や会社法制定に絡んだ当面の対応方針を取り扱ったものとして，次の2つがあるので参考にしていただきたい。
①「会社法の問題整理と当面の対応」(『月刊JAM』2007年6月号)
②『企業組織再編，企業・経営問題への対応マニュアル』(パンフレット，2008年7月発行)

　以下に，この調査から得られた示唆を総括的に示す。

1. 増加する組織再編とファンド・外資の株所有

　この調査を通じて，機械金属製造業を中心に組織するJAMの足下でも，合併，分割，営業(事業)譲渡，純粋持ち株会社の設置などの企業組織再編と，株式買収を通じた事業買収が進んでいる実態が浮き彫りになった。企業組織再編としては，企業分割がもっとも多く(8.2%)，持ち株会社の設置もそれなりの数(7.6%)で行われている。共通しているのは，電気機械，非鉄金属，精密機械で比率が高く，1,000人以上の規模で比率が高いという点である。
　投資ファンド・外資の株所有については，所有していると答えた組合は全体の1割程度で多くはないが，ここ5年のタームでみてファンド・外資の株所有が「増加している」と答えた組合が半数を超えており，その動向には注意を要する。

2. 情報取得が重要な企業組織再編への対応

　この調査の結果からみえてきたことは，純粋持ち株会社の設置から，合併，分割，営業(事業)譲渡にいたる企業組織再編や投資ファンドによる株式取得などへ対応するために重要なことは，労働組合による十分な事前の情報取得であり，その取得時期には，その後労働組合が十分に，そして適切に対応しうる時間という意味で，絶妙なタイミングがあるということである。

労働組合にとってもっとも有用な情報源は自社であるが、調査では必ずしもすべての組合が十分な情報を得られる状況ではないこと、この種の情報は通常の労使のコミュニケーションと別の取り扱いをされている場合が多いことが明らかになった。企業が労働組合へ適切に情報を提供する労使関係を、常日頃から作り上げていることが重要であり、また、そうした問題意識の上に労働組合が情報提供を経営側に強く求めることも必要である。

　さらに、労働組合自身による各方面での情報の収集や事態発生の折には、JAMの協力を得ながら対応していくことも重要である。

　企業組織再編や投資ファンドによる株式取得は、企業を取り巻く経済・法制度などの環境が変化することに連動して、今後も多様な形で進行すると思われるので、JAM本部、地方JAM、単組の連携した注視と実態把握、その上での点検が必要である。

3. 投資ファンドの利用と注意

　第1次、第2次調査を通して、JAM内でもかなりの投資ファンドが株式を所有している実態が明らかとなった。そのなかで投資ファンドが経営を支配することができる持ち株比率に達している場合でも、今回の調査では企業再生に寄与する事例をみただけで、労働者や労働組合に危害を及ぼすハゲタカ・タイプのファンドは見出せなかった。その点からすると、企業再生のノウハウやネットワークを蓄積している投資ファンドは、雇用や労働条件を維持するという労働組合の目的に利用でき、有用であるといえよう。問題は当該のファンドがどのような中身をもつファンドなのかを正確に把握することである。この点においてもJAM本部を含めた各方面からの情報収集が重要である。

　サブプライムローンの焦げ付きからM&Aの総額は減少する傾向にあり、大型のM&Aも鳴りを潜めているが、反面、日本においては、中規模、小規模のM&Aは増加しているとのデータもある。JAMのなかでも、突然、投資ファンドによる大量株式所有が明らかになることも散見されている。第2次調査でも投資ファンドの株式取得が敵対的に行われたという報告もあった。投資フ

ァンドは概して短期的な利益を求めるものであり，そのために企業資産を切り売りしたり，雇用・労働条件に悪影響を及ぼす事態を引き起こす場合もあるので，こうした投資ファンドには注意を要する。

企業組織再編調査(第1次)の集計結果報告

JAM 組織・調査グループ

Ⅰ. 調査の概要

調査目的
① 過去10年のJAM傘下企業における企業組織再編の実態把握
② 投資ファンド・外資の実態把握
③ 企業組織再編,ファンド・外資がもたらす労使関係,労働組合組織への影響
④ 労働組合としての対応指針の確立への寄与

調査対象　全単組

回収状況　669単組(2007年10月1日現在)

回答集約上での注意事項
① 同一企業の複数単組・支部などから回答が寄せられた場合も,一旦はそのまま集計し,細目を問うた項目で重複が確認できるものはその段階で重複を除いた。
② 率は原則として無回答を含めた回答単組数を母数として算出した。重複を除く第2ステップの設問では,回答労組数を母数として率を示した。

Ⅱ. 調査結果

1. 回答労組の属性値（業種別・規模別）

会社の業種について（回収数／回収率％）

1. 鉄鋼	45／30.2	2. 非鉄金属	52／44.0	3. 金属製品	95／29.9	合計	669／31.5
4. 一般機械	245／37.1	5. 電気機械	80／29.4	6. 輸送用機械	93／33.6		
7. 精密機械	21／25.6	8. その他	38／542				

会社の常用従業員数について（回収数／回収率）

1. 49人以下	76／9.8	2. 50～99人	115／29.7	3. 100～299人	214／39.5	合計	669／31.5
4. 300～499人	83／52.8	5. 500～999人	81／60.0	6. 1,000人以上	100／78.1		
＊規模記載なしは組織名簿で補記							

注）組合数からNAを除いた数を母数として計算している。

　2007年10月1日段階で669単組から回答があった。回収された調査票を業種別にみると、鉄鋼45（全回収数に占める割合6.7％），非鉄金属52（同7.8％），金属製品95（同14.2％），一般機械245（同36.6％），電気機械80（同12.0％），輸送用機械93（同13.9％），精密機械21（同3.1％），その他38（同5.7％）であった（図表4－1）。

　また規模別では49人以下76（同11.4％），50～99人115（同17.2％），100～299人214（同32.0％），300～499人83（同12.4％），500～999人81（同12.1％），1,000人以上100（同14.9％）であった（図表4－2）。

　なお，規模の記載がないものは組合員数で置き換えた。

　全体の回収率は単組数比で31.5％と高くはないが，規模別では，500～999

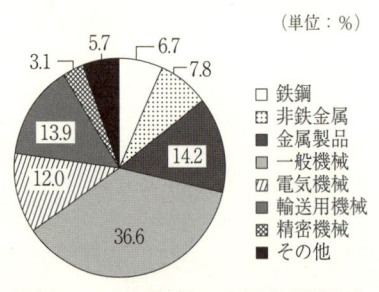

図表4－1　回答労組の属性値（業種別）

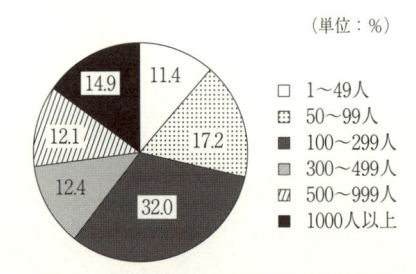

図表4－2　回答労組の属性値（従業員数）

人規模で60.0％，1,000人以上規模で78.1％の回収率となり，企業組織再編の影響を受けやすい層を7割見当で網羅しているものと推測される。

2. 過去10年の企業組織再編について

過去10年の企業組織の再編について，持ち株会社，企業合併，企業分割，営業譲渡，株式買収の5つの視点から調査した。

持ち株会社について

持ち株会社が作られた	1．はい	51	2．いいえ	604	回答数	655
以下重複除く	1．はい	31				
持ち株会社との事実上の交渉は	1．できる	9	2．できない	20	回答数	29
グループ企業の経営情報は	1．開示される	21	2．開示されない	7	回答数	28

(1) 持ち株会社への移行について

総計では「はい」（＊1）は51労組(7.6％，＊2)にとどまっているが，業種別にみると非鉄金属(21.2％)で，規模別では1,000人以上(20.8％)で，比率が高めである(図表4－3)。

これら持ち株会社のうち，重複を除いた31労組を対象にして，持ち株会社

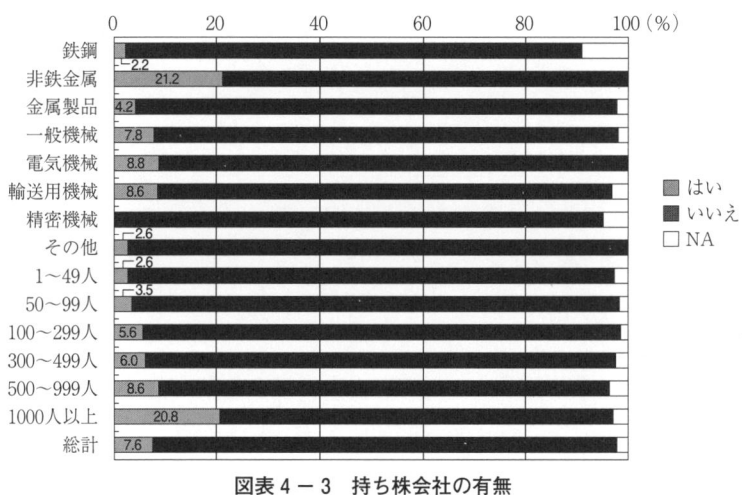

業種・規模	はい(%)
鉄鋼	2.2
非鉄金属	21.2
金属製品	4.2
一般機械	7.8
電気機械	8.8
輸送用機械	8.6
精密機械	－
その他	2.6
1～49人	2.6
50～99人	3.5
100～299人	5.6
300～499人	6.0
500～999人	8.6
1000人以上	20.8
総計	7.6

図表4－3　持ち株会社の有無

と事実上の交渉ができるのは回答労組の内31.1％と3分の1弱であるが、グループ企業の経営情報が提供されているのは回答労組の72.4％に及んでいる。シチズン傘下の例として、持ち株会社との距離の遠近で開示される・されないが分かれるケースが見受けられ、労組側からする切迫した必要性の有無も影響しているものと推測される。

* 1 「はい」との回答のなかには、ホームページからの調査によると、完全子会社と記載されているケースがあり、純粋持ち株会社との混同が一定数含まれているものと推測される。事業持ち株会社を除く純粋持ち株会社と限定しなかった設問にも不備があった。
* 2 全国に支部を有する単組の回答で重複回答と判断されるもの（ジーエス・ユアサ、北川鉄工、ジェイテクト、ヤンマー、三協アルミ関連）を除くと31労組、4.6％となる。

(2) 合併について

他社を「吸収合併した」は6.9％(*1)、逆に「吸収合併された」は3.1％(*2)、そして「対等合併した」は4.3％(*3)である。「吸収合併した」では、業種による差はさほどでなく、規模別で500～999人と1,000人以上の2区分で10％を超える。「対等合併した」では、電気機械(7.5％)、1,000人以上(9.9％)が他に比べて高い数値を示している（図表4－4、図表4－5）。

企業合併について　（合併に絡んだ労組数　81）

吸収合併した	1. はい			46	2. いいえ			564	回答数	610
以下重複除く	1. はい			44						
	時期不明		4	99年以前		4	00年	4	01年	2
	02年	3	03年	3	04年	2	05年	4	06年	3	07年	13
吸収合併された	1. はい			21	2. いいえ			211	回答数	232
以下重複除く	1. はい			20						
	時期不明		1	99年以前		1	00年	0	01年	2
	02年	2	03年	2	04年	3	05年	2	06年	1	07年	6
対等合併した	1. はい			29	2. いいえ			196	回答数	225
以下重複除く	1. はい			23						

「吸収合併」についてそれぞれが実施された時期を年別でみると,「吸収合併した」では07年が13件と10年間の全体の3割を占める。「吸収合併された」でも同様に3割となる。07年に入って動きが加速されつつあることが見て取

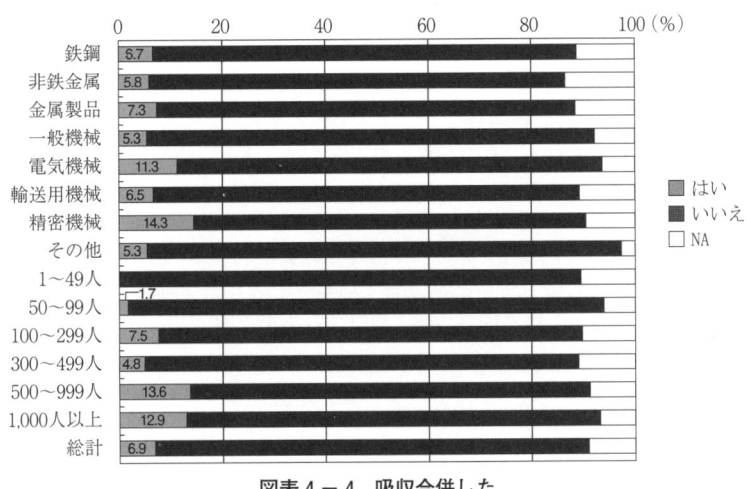

図表4－4　吸収合併した

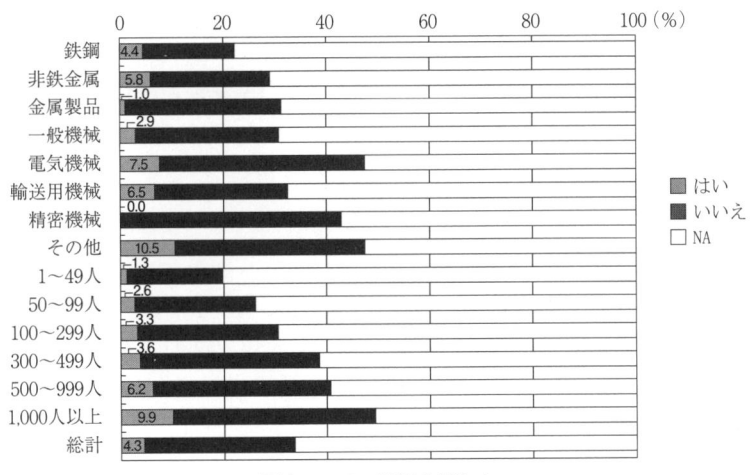

区分	はい(%)
鉄鋼	6.7
非鉄金属	5.8
金属製品	7.3
一般機械	5.3
電気機械	11.3
輸送用機械	6.5
精密機械	14.3
その他	5.3
1～49人	1.7
50～99人	
100～299人	7.5
300～499人	4.8
500～999人	13.6
1,000人以上	12.9
総計	6.9

図表4－5　対等合併した

区分	はい(%)
鉄鋼	4.4
非鉄金属	5.8
金属製品	1.0
一般機械	2.9
電気機械	7.5
輸送用機械	6.5
精密機械	0.0
その他	10.5
1～49人	1.3
50～99人	2.6
100～299人	3.3
300～499人	3.6
500～999人	6.2
1,000人以上	9.9
総計	4.3

第4章　企業組織再編調査結果から

れる。

　3つの形態を通じて，いずれかの企業合併に絡んだ単組数は81（全体の12.1％）である。

- ＊1　「吸収合併した」の回答は，全国に支部を有する単組の回答で重複回答と判断されるもの（ホシザキ電機，トキコ）を除くと44労組6.5％となる。
- ＊2　「吸収合併された」の回答は，全国に支部を有する単組の回答で重複回答と判断されるもの（トキコ）を除くと20労組2.9％となる。
- ＊3　「対等合併した」の回答は，全国に支部を有する単組の回答で重複回答と判断されるもの（ジーエス・ユアサ，ジェイテクト，ホシザキ電機）を除くと23労組3.4％となる。
- ＊　「吸収合併された」「対等合併した」では無回答が400を超えるが，ほとんどは「いいえ」に属するものと推定される。
- ＊　吸収合併，対等合併が混同されているケースが見受けられたが，確認は2次調査に委ね，回答内容のまま集計する事を原則とした。

(3)　企業分割について

企業分割について

分割した		1．はい	55	2．いいえ	564	回答数	610
以下重複除く 分割後の状態		1．はい	45				
	1．持ち株会社で一括	5	2．連結対象の独自会社	28	回答数	50
	3．連結外の独自会社	12	4．その他	2		

　企業「分割した」は総計で8.2％(＊1)であるが，業種別では精密機械(14.3％)，非鉄金属(13.5％)，規模別では300人以上から1,000人以上の3区分で比率が高い。1,000人以上で23.8％，500人〜999人で14.8％に達する(図表4－6(1))。分割後の企業の状態としては，「連結対象の独自会社」が回答数比で63.6％とほぼ3分の2を占めている(図表4－6(2))。

- ＊1　全国に支部を有する単組の回答で重複回答と判断されるもの（クボタ，日本精工，三協アルミ）を除くと「分割した」は45労組8.1％となる。

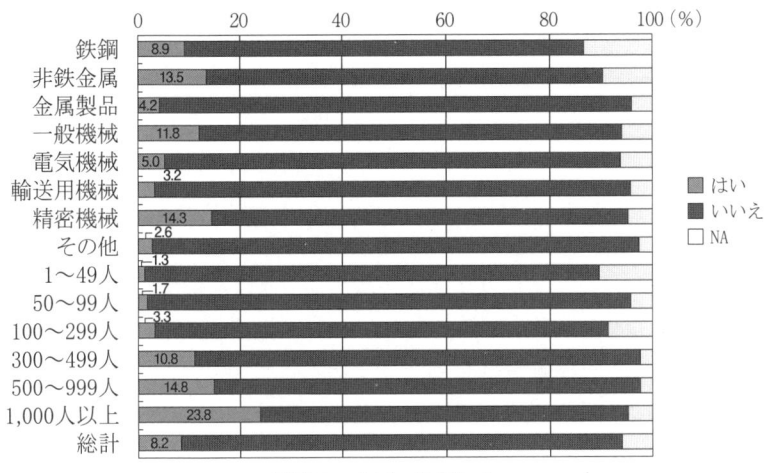

図表4-6(1) 分割した

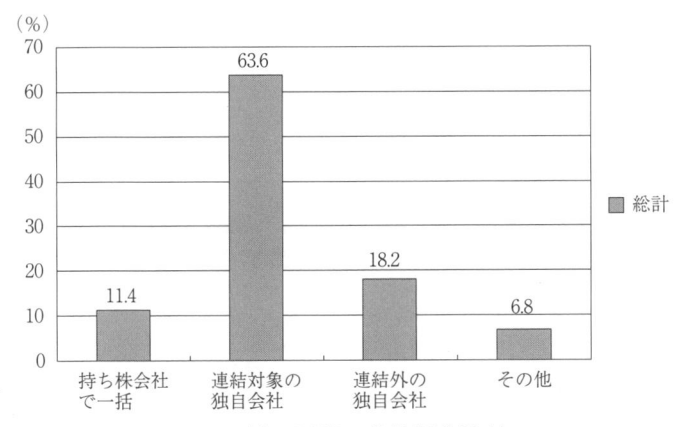

	はい
鉄鋼	8.9
非鉄金属	13.5
金属製品	4.2
一般機械	11.8
電気機械	5.0
輸送用機械	3.2
精密機械	14.3
その他	2.6
1～49人	1.3
50～99人	1.7
100～299人	3.3
300～499人	10.8
500～999人	14.8
1,000人以上	23.8
総計	8.2

図4-6(2) 分割後の状態（重複除く）

	総計(%)
持ち株会社で一括	11.4
連結対象の独自会社	63.6
連結外の独自会社	18.2
その他	6.8

(4) 営業(事業＊1)譲渡について

営業譲渡について　　（営業譲渡に絡んだ労組数　46）

部分を譲渡した	1.はい	46	2.いいえ	585	回答数	631
以下重複除く	1.はい	32				
部分の譲渡を受けた	1.はい	18	2.いいえ	304	回答数	322
以下重複除く	1.はい	17				
譲渡後の状態	1.独立した部門で維持	3	2.部門全体を既存部門と統合	11	回答数	17
	3.部門を分割して吸収	1	4.その他	2		

　営業譲渡に関しては，「部分を譲渡した」と「部分の譲渡を受けた」の2つに分けて質問した。「部分を譲渡した」ところが46労組 6.9％[*2]，「部分の譲渡を受けた」ところが18労組 2.7％[*3]である。とくに「譲渡した」では，従業員規模1,000人以上で比率が21.8％に達し，業種別では，精密機械で19.0％と突出している（図表4－7）。

　なお「部分の譲渡を受けた」と回答した18労組について，譲渡後の状態をみると，その大半（11組合）が「部門全体を既存部門と統合」としている。

　「（部分を）営業譲渡した」「（部分の）営業譲渡を受けた」を含めて何らかの営業譲渡に絡んだ労組数は46であることから，部分の譲渡を受けた企業のすべ

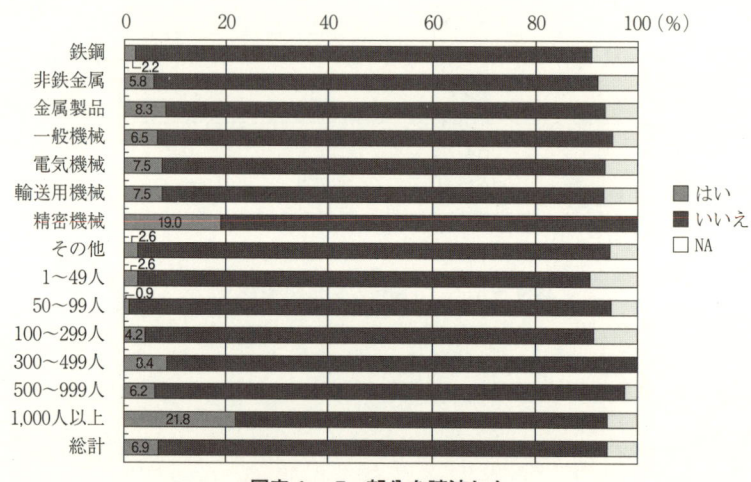

業種・規模	はい(%)
鉄鋼	2.2
非鉄金属	5.8
金属製品	8.3
一般機械	6.5
電気機械	7.5
輸送用機械	7.5
精密機械	19.0
その他	2.6
1～49人	2.6
50～99人	0.9
100～299人	4.2
300～499人	0.4
500～999人	6.2
1,000人以上	21.8
総計	6.9

図表4－7　部分を譲渡した

てが，部分の譲渡も行っていることが確認できる。

- *1 会社法の成立により旧来の営業譲渡は事業譲渡と呼び方が変更されるようになったが，過去10年間を調査対象期間としたので営業譲渡という用語を用いた。
- *2 「部分を譲渡した」では，全国に支部を有する単組の回答で重複回答と判断されるもの（ダイキン，クボタ，トキコ，アーレスティ）を除くと32労組，4.7％となる。
- *3 「部分の譲渡を受けた」では，全国に支部を有する単組の回答で重複回答と判断されるもの（ミツミユニオン）を除くと17労組，2.5％となる。

(5) 株式買収について

株式買収（50％を超える株式の買収）について　　（株式買収に絡んだ労組数　46）

株式買収を行った	1. はい	34		2. いいえ	589	回答数	623
以下重複除く	1. はい	24					
買収先企業の性質	1. 重要な仕事上の関係先		イ．	商社など販売にかかわる関係先	2		
	イロハの回答なし	1	ロ．	原材料の供給先	3		
			ハ．	その他重要な仕事上の関係先	5	回答数	22
	2. 同業種の企業				9		
	3. 異業種の企業				2		
	4. その他				0		

株式買収を受けた	1. はい	22		2. いいえ	513	回答数	535
以下重複除く	1. はい	21					
相手先の性質	1. 重要な仕事上の関係先		イ．	商社など販売にかかわる関係先	0		
			ロ．	原材料の供給先	0		
			ハ．	その他重要な仕事上の関係先	4	回答数	17
	2. 同業種の企業				5		
	3. 異業種の企業				3		
	4. その他				5		

「株式買収を行った」は34労組5.1％（*1）である。これを業種別にみても大きな差異はみられないが，規模別では1,000人以上で17.8％が目立っている。なお買収先の企業としては，22の回答有りのなかでみて，「重要な仕事上の関

係先」が 50.0%,「同業種の企業」が 40.9% である。業務ベースで実行されていることが推測される。

次に「買収を受けた」は 22 労組 3.3%(*2)にとどまっている。

 *1 「株式買収を行った」では,全国に支部を有する単組の回答で重複回答と判断されるもの(ダイキン,ホシザキ電機,日本精工)を除くと 3.5% となる。

 *2 「株式買収を受けた」では,全国に支部を有する単組の回答で重複回答と判断されるもの(東急車輛)を除くと 3.1% となる。

(6) グループ内(自社以外)の企業再編について

グループ内(自社以外)の企業再編について

企業再編があった	1. はい	162	2. いいえ	457	回答数	619
事業・企業の買収があった	1. はい	49	2. いいえ	558	回答数	607
複数ある場合はその件数	件数(60)÷回答数(29) = 平均件数(2.07)					
事業・企業の統合があった	1. はい	107	2. いいえ	496	回答数	603
複数ある場合はその件数	件数(132)÷回答数(69) = 平均件数(1.91)					
事業・企業の分割があった	1. はい	58	2. いいえ	539	回答数	597
複数ある場合はその件数	件数(57)÷回答数(37) = 平均件数(1.54)					
その他の再編があった	1. はい	31	2. いいえ	545	回答数	576
複数ある場合はその件数	件数(22)÷回答数(13) = 平均件数(1.69)					

 グループ内の企業再編の有無では,「はい」が 162 労組 24.2% と約 4 分の 1 に及ぶ。ただ,この設問では,再編の中身を問わず,且つグループ内では複数の企業が存在するであろうから,比率が高めになると思われる。業種別では非鉄金属(30.8%),精密機械(28.6%),輸送用機械(25.8%),一般機械(25.3%)で高く,規模別では 500 人以上規模で多く,500～999 人で 38.3%,1,000 人以上では 59.4% と半数を超えている。

 再編の内訳としては,「事業・企業買収」が 49 労組(7.3%),「事業・企業統合」が 107 労組(16.0%),「事業・企業分割」が 58 労組(8.7%),「その他の再編」が 31 労組(4.6%)となっており,グループ内再編としては「事業・企業統合」が中心であることがわかる。グループ内の企業再編のそれぞれについて複数の事案があり,且つその件数を答えた組合で平均件数をとると,「事業・企業買収」が 2.07 件,「事業・企業統合」が 1.91 件,「事業・企業分割」が 1.54

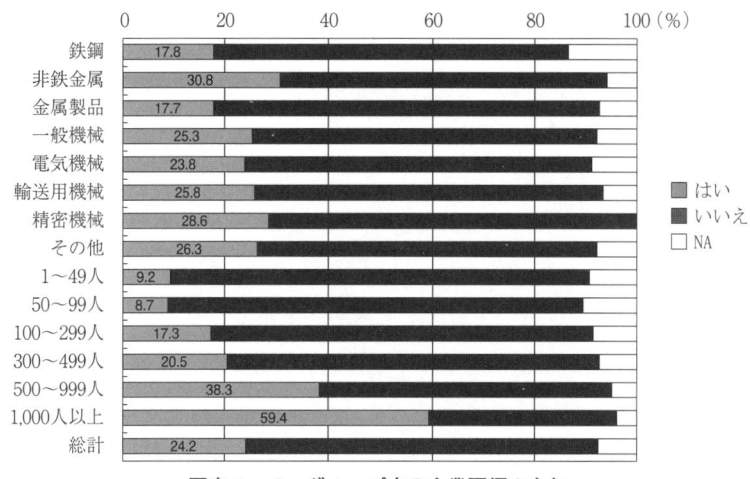

```
                0    20    40    60    80   100(%)
         鉄鋼   17.8
       非鉄金属   30.8
       金属製品   17.7
       一般機械   25.3
       電気機械   23.8
      輸送用機械   25.8
       精密機械   28.6
        その他   26.3
       1～49人   9.2
       50～99人  8.7
     100～299人  17.3
     300～499人  20.5
     500～999人  38.3
     1,000人以上  59.4
         総計   24.2
```

凡例: ■ はい　■ いいえ　□ NA

図表 4 − 8　グループ内の企業再編の有無

件であった。

「事業・企業統合」は規模による差異が明瞭であり，500〜999 人では 38.3％，1,000 人以上では 59.4％が「はい」と答えた（図表 4 − 8）。

3. 主要な株主構成の変化

(1) 株式の公開

株式の公開

1．上場している	190
2．上場していないが公開している	14
3．公開していない	439

| 回答数 | 643 |

まず株式公開の状況であるが，「上場している」は 190 労組 28.4％，これに「上場してないが公開している」の 14 労組 2.0％を加えると，〈株式を公開している〉ところは 204 労組 30.4％とほぼ 3 分の 1 である。

第 4 章　企業組織再編調査結果から　　137

(2) 5年間の株主構成の変化

ここ5年間の株主構成の変化について

1．発行済み株式の20％を超える大株主の構成に変化があった	73	回答数	613
重複除く	66		
2．20％未満の主要株主の構成に変化があった	62		
3．大きな変動はなく株主構成は安定している	384		
4．株主構成をつかんでいない	94		

　ここ5年間の変化をみると，「20％超の大株主の構成に変化があった」が73労組(10.9％＊)，「20％未満の主要株主の構成に変化があった」が62労組(9.2％)で，合計すると2割ほどの企業で株主構成の変化があったことになる。

　大株主の構成に変更があった企業のなかで，株式買収を受けた企業は14社で重複を除く対象66社を母数とすれば21.2％となる。同様に，ファンド・外資が自社株を所有する企業は21社で重複を除く対象66社との割合は31.8％となる。また，自社そのものが何らかの企業組織再編に絡んだ企業数も21社である。

　　＊「大株主の構成に変更があった」では，全国に支部を有する単組の回答で重複回答と判断されるもの(クボタ，シチズン，ホシザキ電機)を除くと66労組9.8％となる。

4．投資ファンド・外資のかかわり

(1) 投資ファンドの自社株式所有

投資ファンドが自社の株を所有している	1．はい	67	2．いいえ	470	回答数	639
	3．わからない	102				
以下重複除く	1．はい	51				
07年3月末現在の持ち株比率	平均 13.06％	5％未満 16	10％未満 10		回答数	42
	20％未満 1	30％未満 3	(30～50％以上) 3 (内100％ 0)			
持ち株比率の1年間の動き	1．急増した 4	2．漸次増加した 16			回答数	46
	3．変化なし 21	4．漸次減少した 5				
持ち株比率の5年間の動き	1．急増した 10	2．漸次増加した 12			回答数	42
	3．変化なし 18	4．漸次減少した 2				
投資ファンドと実業とのかかわり	1．企業運営の実績がある 2				回答数	40
	2．企業運営の実績はない 24					
	3．不明 14					

次にいわゆる投資ファンドや外資が，JAM 傘下企業の株をどの程度所有しているのかをみていく。

まず投資ファンドが株を「所有している」という回答は，総計では回答単組数で 67（10.0％＊）であるが，業種別では電気機械で 16.3％，精密機械で 14.3％と高く，規模別では 500 人以上の区分，とくに 1,000 人以上で 34.7％と 3 分の 1 を超える（図表 4 - 9(1)）。重複を除く「はい」と答えた 51 労組における，07 年 3 月末日現在の持ち株比率の単純平均は 13.06％であるが，約半数は 10％未満の範囲内に収まっている。

「わからない」という回答が全体の 15％余りを占めるが，これは投資ファンドそのものが実態を含めて，社会的に充分認知されていないことにも影響されていると推量される。

「所有している」と回答したところについて，この 1 年間の動きをみると，「急増した」は 4 労組（8.6％）であるが，「漸次増加した」は 16 労組（34.7％）と 3 分の 1 を超える。またこれを 5 年間の変化でみると，「急増した」が 10 労組（23.8％），「漸次増加した」が 12 労組（28.6％）となっており，この 5 年間でみれば「増

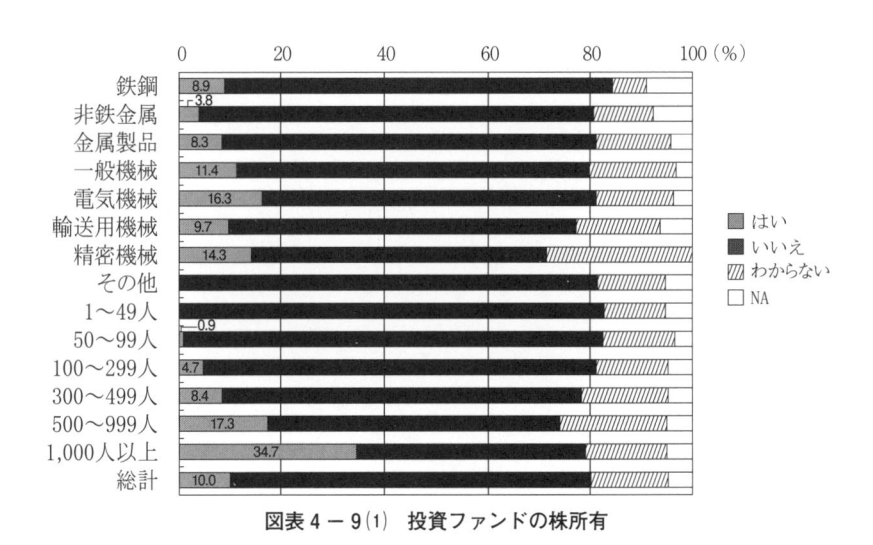

図表 4 - 9(1) 投資ファンドの株所有

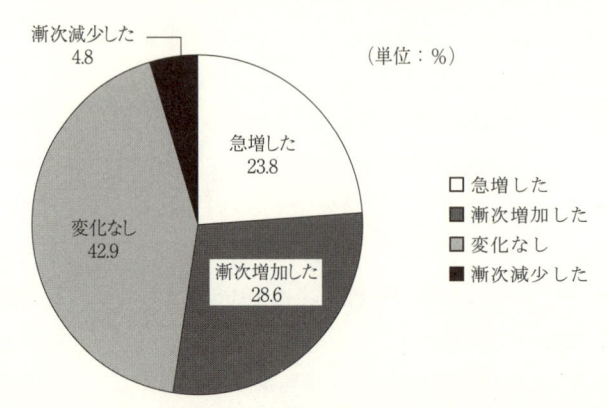

```
             漸次減少した
               4.8
                                    (単位：%)
                    急増した
                     23.8
                                          □ 急増した
                                          ■ 漸次増加した
        変化なし                             □ 変化なし
         42.9                             ■ 漸次減少した
                   漸次増加した
                      28.6
```

図表4－9(2)　投資ファンドの持ち株比率の5年間の変化（全体）

加」したところの多さが目だっている（図4－9(2)）。

同じく所有していると回答のあったところについて，それらファンドと実業とのかかわりをみると，「企業経営の実績はない」が24労組ある。

* 　「投資ファンドが自社株を所有している」では，全国に支部を有する単組の回答で重複回答と判断されるもの（クボタ，ダイキン，帝国ピストンリング，日本トムソン，ジーエス・ユアサ）を除くと51労組7.6％となる。

(2) 外資の自社株所有

外資が自社株を所有している	1. はい 60　2. いいえ 390 3. わからない 75	回答数	525
以下重複除く	1. はい 46		
07年3月末現在の持ち株比率	平均 31.14%　5%未満 14　10%未満 3 20%未満 4　30%未満 3　50%以上 10 （内100% 5）	回答数	36
持ち株比率の1年間の動き	1. 急増した 3　2. 漸次増加した 14 3. 変化なし 19　4. 漸次減少した 0	回答数	36
持ち株比率の5年間の動き	1. 急増した 6　2. 漸次増加した 14 3. 変化なし 15　4. 漸次減少した 0	回答数	35
外資と実業とのかかわり	1. 企業経営の実績がある 11 2. 企業経営の実績はない 14 3. 不明 12	回答数	37

次に外資が自社株を「所有している」という回答は総計で60労組9.0%であり，多くは「いいえ」(58.2%)と回答している。精密機械(19.0%)，電気機械(15.0%)で割合が高く，ファンドの場合と似て，500人以上の区分で割合が高い(図表4－10)。

これら外資の1年間の動きをみると，「急増した」が3労組で回答数の8.3%，「漸次増加した」が14労組で38.8%となっており，両者合わせると5割に近づく。さらにこれを5年間の動きでみると，「急増した」は6労組(17.1%)，「漸次増加した」が14労組(40.0%)で，両者をあわせて所有株式が増えたところが6割に近づく。

07年3月末現在の外資の持ち株比率は単純平均で31.14%であるが，5%未満(14労組)と50%以上(10労組)のゾーンに集中する。100%を外資が所有する企業も5社あった。

これらの外資と実業とのかかわりをみると，「企業経営の実績はない」が14労組(37.8%)で，「企業経営の実績がある」は11労組(29.7%)である。不明と合わせて「企業運営の実績の有無」はほぼ三等分している。

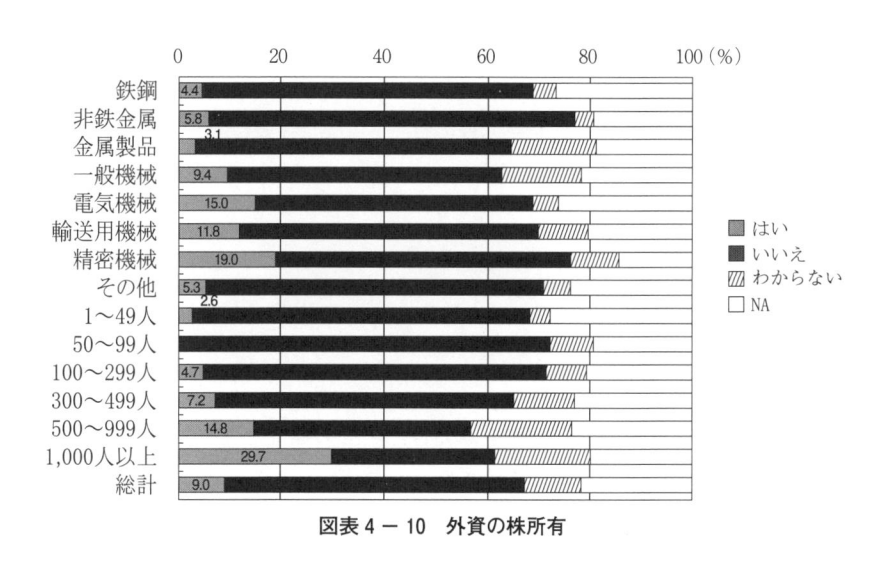

図表4－10　外資の株所有

第4章　企業組織再編調査結果から

(3) 投資ファンド・外資の経営参画と要求

投資ファンド・外資の経営への参画について

1. 参画している	イ. 代表取締役を派遣	0		
回答なし　1	ロ. 取締役の半数以上を派遣	2		
	ハ. 取締役の半数未満を派遣	3		
	ニ. 取締役以外の役員（監査役・執行役員等）を派遣	0	小計	合計回答数
	ホ. 役員以外を派遣	1	7	82
2. 参画していない		75		

投資ファンド・外資からの要求について

1. 株主提案があった	イ. 増配要求があった	1		
回答なし　0	ロ. 人事への提案があった	0		
	ハ. 事業計画への提案や修正提案があった	5		
	ニ. その他の提案や要求があった	1	小計	
	ホ. 表立った動きはない	0	7	
2. 株主提案や要求はない		68		
3. 水面下での動きがあった		1		
4. 水面下での動きもない	イ. 経営側から情報を得ていない	3	小計	合計回答数
回答なし　3	ロ. 経営側から情報を得ているが動きはない	1	7	83

　すでにみたように，投資ファンドや外資がJAM傘下の企業の株を所有している割合は，前者で10.0％（67労組），後者で9.0％（60労組）といったところであった。それらの投資ファンドや外資の経営への参画の状況についてみたところ，「取締役の半数未満を派遣している」が3，「取締役の半数以上を派遣」が2であった。

　またこれらの投資ファンド・外資の経営への要求についてみると，「事業計画への提案や修正提案があった」が5，「増配要求があった」が1であった。現状においては，いずれも関与の割合はわずかである。

　以上，企業組織再編調査の結果をみてきた。その概要をまとめるとともに，組合として留意すべき点をふれておきたい。
　まず組織再編の動向を全体としてながめてみると，自社に関わる再編として

は「企業分割」(8.2%)がもっとも多く，以下「持ち株会社への移行」(7.6%)，「吸収合併した」「部分を営業譲渡した」(ともに6.9%)，「対等合併した」(4.3%)などがあげられている。

　これらを業種別，規模別にみると，共通しているのは業種としては，「電気機械」「非鉄金属」「精密機械」などで比率が高く，規模別では500人以上，とりわけ1,000人以上の組合で比率が高いという点である。なお「グループ内(自社以外)の企業再編」は24.2%で目立って多いが，これは既述のように再編の内容を区分けせずに質問していることに加えて，グループ内では企業が複数あることよると思われる。むしろここでも企業規模が大きいほど比率が急激に高まっていることに注目すべきであろう。

　再編そのものではないが，株式買収についてみると，「買収を行った」は5.1%であるが，これも1,000人以上で比率が高い。他方自社の株主構成の変化では，この5年ほどで約2割の組合で「株主構成に変化があった」としている。

　さらに投資ファンド・外資とのかかわりをみると，投資ファンドが自社の株を「所有している」という回答は1割程度であるが，なかでも電気機械，精密機械，規模としては1,000人以上で比率が高く，これらの比較的規模が大きい電気機械，精密機械関連の業種が投資対象となっていることがわかる。これらの投資ファンドによる株所有の動向をみると，この5年間で(株式所有が)「増加した」ところが半数を超えている。また外資による株所有では「所有している」は9.0%で，投資ファンドよりは少なめであるが，ここでもこの5年間での(株式所有の)動向をみると，「増加した」は6割弱と，投資ファンド以上に動きは急であることが示されている。なお07年3月末現在の持ち株比率(該当企業の平均)は投資ファンドで13.1%，外資で31.1%である。ちなみに金融監督庁(現金融庁)への株式の大量保有報告書の提出が義務づけられているのは，特定の保有者による新たな保有が5%を超えた場合である。こうして投資ファンド・外資による株式所有は近年において着実に進んでいることがみてとれるが，これらの投資ファンド・外資による経営への参画や要求といった点では未だ目立った動きは生じていないようである。

このようにJAM傘下組合における企業組織再編を概観すると，さまざまな形での再編が進行しつつあり，とくに電気機械，非鉄金属，精密機械などの業種で，規模としては大きい企業であるほど顕著であることがわかる。また再編には至らないものの，投資ファンド・外資による株式所有も近年ジワジワと広がってきつつあることもみてとれる。これらの投資ファンド・外資のすべてが問題であるわけではないし，また現状をみても経営への参画や要求といった点でも未だ目立った動きは生じていない。とはいえ，これらファンドによる株式所有を含めた企業組織再編は，JAM傘下組合においても着実に広がりつつあるのは明瞭であり，それらがしばしば労働者の生活や組合活動に深刻な影響を与えていることを考慮すれば，組合としても今後の動きを注意深くみていく必要があるとともに，それへの法的側面，労使関係的側面の具体的な対応方針を早急に確立する必要があることはいうまでもない。

企業組織再編調査(第2次)の集計結果報告

JAM 組織・調査グループ

Ⅰ. 調査の概要

1. 調査内容と調査の目的

　この第2次企業組織再編調査は，2007年6月から9月にかけて実施された第1次の企業組織再編調査において，過去10年間において何らかの企業組織再編を経験したと回答した組合，およびファンド・外資が自社株を所有していると回答した組合に対して実施したものである。企業組織再編に関しては，そうした問題をめぐっての組合と会社との意思疎通の状況，労働条件面での変化，組合活動に与えた影響，組合による関与などである。

　またファンド・外資による株所有に関しては，そうした株所有にかかわる情報提供の有無，組合としての危機感の有無，ファンド・外資の株所有の方法・意図についての組合としての認識，ファンド・外資の株所有への企業側の防衛策の有無などを質問した。本調査報告はそれらを詳細に検討し，今後のJAMにおける企業組織再編への対応方針策定の基礎資料を得ることを目的にしている。

2. 調査の実施時期

　第2次企業組織再編調査　　　　2007年12月～2008年1月
　5労組を抽出した聴き取り調査　2008年5月～7月

3. 調査の対象組合

　既述したように，今回調査対象となった組合は，前回調査において企業組織再編を経験した組合，及びファンド・外資が自社株を所有していると回答した組合である。それぞれの対象組合としては組織再編が151組合，ファンド・外

資による株所有が82組合である。ひとつの組合で両方に回答している場合もあるので，調査対象となった組合数としては214組合である（図表4－11を参照）。

4. 調査票の回収状況

前項で示したように，合計214組合に対して調査票を送付し，回答を求めた。その結果，2008年6月までに回答があった組合は，企業組織再編関係が91組合，ファンド・外資による株所有が44組合であった。なお第1次調査において複数の組織再編があったと回答した組合では，もっとも重要度が高いと判断する企業組織再編について回答してもらった案件のみを集計した。

図表4－11　第2次調査の対象労組数

企業組織再編があった労組数			
持ち株会社	33	151	214
合併	74		
企業分割	46		
事業譲渡	48		
ファンド・外資の株所有		82	

5. 回答組合の企業規模・業種

組織再編とファンド・外資による株所有では回答組合は異なるので，それぞれについて企業規模と業種について，簡単にふれておく。

(1) **組織再編に回答があった組合の企業規模と業種**（図表4－12，図表4－13）

まず企業規模であるが，図表4－12に示したように「1,000人以上」が32.2％でもっとも多く，次いで「100-299人」が27.8％となっている。JAM傘下全組合を対象とした第1次調査では，企業組織再編とファンド・外資の自社株所有を分けた分析は行っていないが，回答組合の全体として，「100-299人」が32.0％でもっとも多く，「1,000人以上」は14.9％にとどまっていたことと比較すると，第2次調査の回答組合が属する企業規模はかなり大きめである。ち

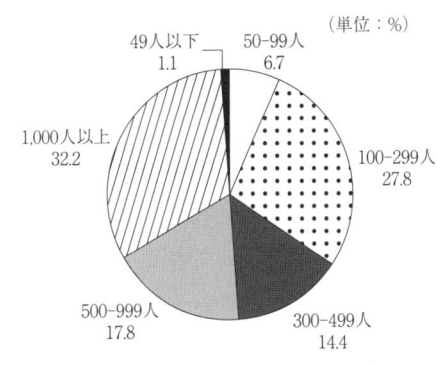

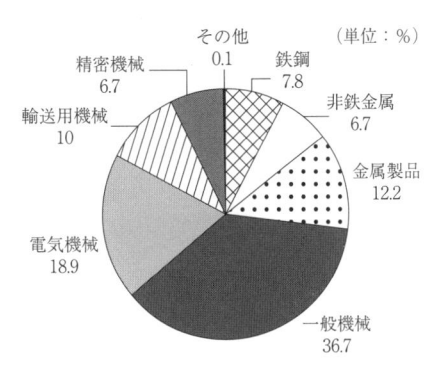

図表4－12　組織再編回答組合の企業規模

図表4－13　組織再編回答組合の業種

なみにこの結果から従業員数の中央値を計算すると第1次調査は252.8人なのに対し，今回は500.0人とほぼ倍の規模になっている。

次に業種であるが，もっとも多いのは「一般機械」の36.7％，次いで「電気機械」が18.9％，「金属製品」が12.2％で，もっとも少ないのは「精密機械」の6.7％であった。前回の第1次調査(128頁参照)では「一般機械」が36.6％，「金属製品」が14.2％，「電気機械」が12.0％，そしてもっとも少ないのは「精密機械」の3.1％となっており，業種構成に関しては大きな違いはみられない。

(2) **ファンド・外資の株所有に回答があった組合の企業規模・業種**
　　(図表4－14，図表4－15)

他方，ファンド・外資による株所有に回答があった組合の企業規模と業種であるが，規模としては，「1,000人以上」が40.2％と一段と多く，次いで「500-999人」と「100-299人」がともに26.2％である。中央値を計算すると819人となる。

業種としては，「一般機械」が28.6％でもっとも多く，次いで「電気機械」が26.2％，もっとも少ないのは「精密機械」の4.8％である。

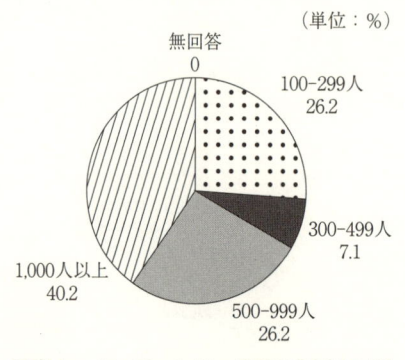

図表4－14 ファンド・外資の株所有回答組合の企業規模

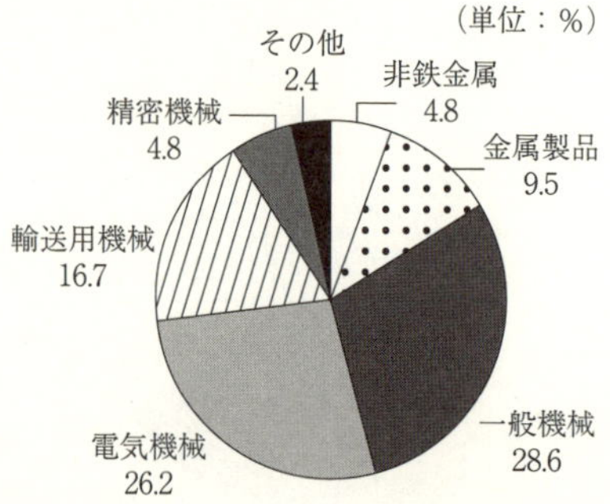

図表4－15 ファンド・外資の株所有の回答組合の業種

Ⅱ．調査結果

1．組織再編と組合活動

(1) 会社からの事前の労組への情報提供の有無(図表4－16)

まず会社から事前に再編に関する情報提供があったかどうかという点であるが(図表4－16)，回答組合全体としては，「あり」が80.2％と大多数を占め，「情

図表4－16 事前の情報提供の有無

(単位：率％)

企業組織再編の種類	情報提供があった		情報提供はなかった		無回答		総計	
	単組数	率	単組数	率	単組数	率	単組数	率
純粋持ち株会社の設置	6	66.7	3	33.3		0.0	9	100.0
吸収合併した	24	85.7	4	14.3		0.0	28	100.0
吸収合併された	25	92.6	1	3.7	1	3.7	27	100.0
対等合併した	6	60.0	3	30.0	1	10.0	10	100.0
企業分割	0	0.0	1	100.0			1	100.0
部分を譲渡した	8	80.0	1	10.0	1	10.0	10	100.0
部分の譲渡を受けた	4	66.7	2	33.3		0.0	6	100.0
総　　計	73	80.2	15	16.5	3	3.3	91	100.0

報提供はなかった」は16.5%である。この「情報提供はなかった」と回答した15組合のうち，4組合は再編の種類として「吸収合併した」であり，また「対等合併」と「純粋持ち株会社の設置」がそれぞれ3組合であった。つまりこれら10組合については，再編が組合には大きな影響を与えないと(会社が)考え，事前の情報提供はしなかったとも考えられる。しかし，その他は「吸収合併された」「企業分割」「部分を譲渡した」など組合活動への深刻な影響が予測されるものであり，組合としては問題ありというべきであろう。

(2) 日常的な労使のコミュニケーション(図表4－17，図表4－18)

こうした情報提供はいうまでもなく日常の労使のコミュニケーションのあり方とも深く関わっていると思われる。そこで図表4－17はそうした労使のコミュニケーションの状況をみたものである。回答組合全体としては，「情報交換は緊密で良好」が50.5%と半数を占めているものの，「関係は悪くないが提供される情報は限られる」も37.4%と少なくない。労使の関係は良好であっても必ずしも情報提供は十分ではない場合がけっして少なくないことがわかる。

そこで図表4－18は，先の事前の情報提供の有無別に，日常のコミュニケ

図表4－17　日常的な労使のコミュニケーションの状態

(単位：率%)

企業組織再編の種類	情報交換は緊密で良好		関係は悪くないが提供される情報は限られる		特殊な経営情報は入手できない		その他		無回答		総計	
	単組数	率	単組数	率	単組数	率	単組数	率	単組数	率	単組数	率
純粋持ち株会社の設置	3	33.3	4	44.4	2	22.2		0.0		0.0	9	100.0
吸収合併した	12	42.9	14	50.0	2	7.1		0.0		0.0	28	100.0
吸収合併された	15	55.6	7	25.9	4	14.8	1	3.7		0.0	27	100.0
対等合併した	3	30.0	6	60.0		0.0		0.0	1	10.0	10	100.0
企業分割	1	100.0		0.0		0.0		0.0		0.0	1	100.0
部分を譲渡した	7	70.0	2	20.0		0.0		0.0	1	10.0	10	100.0
部分の譲渡を受けた	5	83.3	1	16.7		0.0		0.0		0.0	6	100.0
総計	46	50.5	34	37.4	8	8.8	1	1.1	2	2.2	91	100.0

図表4−18　情報提供の有無別にみた日常のコミュニケーション

(単位：率%)

情報提供の有無	情報交換は緊密で良好		関係は悪くないが情報は限られる		特殊な情報は入手できない		その他		無回答		総計
	単組数	率	単組数	率	単組数	率	単組数	率	単組数	率	率
情報提供あり	40	54.8	26	35.6	7	9.6		0.0		0.0	100.0
情報提供なし	5	33.3	8	53.3	1	6.7	1	6.7		0.0	100.0
無回答	1	33.3		0.0		0.0		0.0	2	66.7	100.0
総計	46	50.5	34	37.4	8	8.8	1	1.1	2	2.2	100.0

ーションの状況がどのようなものであるのかをみたものである。「事前の情報提供あり」では「情報交換は緊密で良好」が54.8％と半数を超えている。これに対し「情報提供なし」ではこの回答は33.3％(5組合)に低下している。日常の労使のコミュニケーションのありようによって，再編の情報提供の有無も影響をうける可能性が高いことがわかる。と同時に，この表からは日常の労使のコミュニケーションがたとえ「緊密で良好」であったとしても，必ずしも再編の情報が事前に提供されるとは限らないということを示しており，組合による積極的な目配りが肝要といえよう。

(3)　情報を得た結果としての労働組合の対応
① 組合での取り扱いの有無(図表4−19)

では，企業側から事前に再編の情報を受け取った組合は，その後どのような対応を取ったのであろうか。まず組合での取り扱いの有無であるが，全体としては「取り扱った」が67.0％と3分の2に及び，「取り扱っていない」は17.6％にとどまっている。再編の種類別では「吸収合併された」や「部分を譲渡した」では「取り扱った」が8割に達しているが，これは事の性格からして当然の結果であろう。むしろ少数ではあれ，そうした再編の場合であっても，「取り扱っていない」組合がみられる点に課題が残っているというべきであろう。

図表 4 − 19　組合での扱い

(単位：率%)

企業組織再編の種類	取り扱った		取り扱っていない		無回答		総計	
	単組数	率	単組数	率	単組数	率	単組数	率
純粋持ち株会社の設置	5	55.6	2	22.2	2	22.2	9	100.0
吸収合併した	18	64.3	5	17.9	5	17.9	28	100.0
吸収合併された	22	81.5	3	11.1	2	7.4	27	100.0
対等合併した	6	60.0	1	10.0	3	30.0	10	100.0
企業分割		0.0		0.0	1	100.0	1	100.0
部分を譲渡した	8	80.0	2	20.0		0.0	10	100.0
部分の譲渡を受けた	2	33.3	3	50.0	1	16.7	6	100.0
総　計	61	67.0	16	17.6	14	15.4	91	100.0

② 取り扱った機関（図表 4 − 20）

次に，何らかの機関で取り上げた場合，どのような機関かという点であるが，全体としては「執行委員会」が89.8％でもっとも多く，次いで「三役会議」が54.2％，「代議員会」が47.5％，「大会」が42.4％となっている。「代議員会」や「大会」といった議決機関で取り上げられた割合でみれば，回答組合の半数を下回っている。

図表 4 − 20　取り扱った機関（複数選択）

(単位：率%)

企業組織再編の種類	三役会議		執行委員会		代議員会		大会		無回答		総計	
	単組数	率	単組数	率	単組数	率	単組数	率	単組数	率	単組数	率
純粋持ち株会社の設置	1	20.0	5	100.0	2	40.0	4	80.0		0.0	5	100.0
吸収合併した	11	61.1	14	77.8	3	16.7	4	22.2		0.0	18	100.0
吸収合併された	9	42.9	19	90.5	11	52.4	8	38.1	1	4.8	21	100.0
対等合併した	4	66.7	6	100.0	4	66.7	1	16.7		0.0	6	100.0
企業分割	1	100.0	1	100.0		0.0		0.0			1	100.0
部分を譲渡した	5	83.3	5	83.3	4	66.7	2	33.3		0.0	6	100.0
部分の譲渡を受けた	1	50.0	1	50.0	1	50.0	2	100.0		0.0	2	100.0
総　計	32	54.2	53	89.8	28	47.5	25	42.4	1	1.7	59	100.0

③ 見解・対案の取りまとめの有無(図表4－21)

図表4－21　見解・対案の取りまとめの有無

(単位：率%)

企業組織再編の種類	まとめた		まとめていない		無回答		総計	
	単組数	率	単組数	率	単組数	率	単組数	率
純粋持ち株会社の設置	2	33.3	1	16.7	3	50.0	6	100.0
吸収合併した	14	58.3	4	16.7	6	25.0	24	100.0
吸収合併された	20	80.0	2	8.0	3	12.0	25	100.0
対等合併した	6	100.0		0.0		0.0	6	100.0
企業分割		0.0		0.0		0.0		100.0
部分を譲渡した	5	62.5	1	12.5	2	25.0	8	100.0
部分の譲渡を受けた	2	50.0		0.0	2	50.0	4	100.0
総計	49	67.0	8	11.0	16	21.9	73	100.0

そして，取り扱った結果，何らかの対案をとりまとめたかどうかをみたのが図表4－21であるが，全体としては「まとめた」組合が67.0%，「まとめていない」組合が11.0%である。再編の種類別ではサンプル数が少ない対等合併を除くと，「吸収合併された」や「部分を譲渡した」など組合や組合員に深刻な影響を与えることが予想される場合には，「とりまとめた」が6～8割と高めである。

④ 相談先(図表4－22)

なお，その際の相談先としてあげられているのは，「産別・連合」が42.5%で断然多く，次いで「企業連組織」が17.8%である。なお「無回答」が31.5%とかなり多いが，その多くは相談しなかったと考えられよう。

図表4－22　相談先

(単位：率%)

企業組織再編の種類	企業連組織		業種別共闘組織		産別・連合		弁護士・コンサルタント		証券会社・銀行など		業界情報紙・誌の記者など		無回答		総計	
	単組数	率	単組数	率	単組数	率	単組数	率	単組数	率	単組数	率	単組数	率	単組数	率
純粋持ち株会社の設置	1	16.7		0.0	2	33.3	1	16.7		0.0		0.0	3	50.0	6	100.0
吸収合併した	4	16.7	2	8.3	3	29.2	2	8.3	1	4.2	2	8.3	8	33.3	24	100.0
吸収合併された	2	8.3	2	8.3	11	62.5	5	20.8		0.0	1	4.2	5	20.8	24	100.0

	単組数	率	単組数	率	単組数	率	単組数	率	単組数	率	単組数	率	単組数	率	単組数	率
対等合併した	3	50.0	1	16.7	4	83.3		0.0		0.0		0.0		0.0	6	100.0
企業分割		0.0		0.0		0.0		0.0		0.0		0.0	1	100.0	1	100.0
部分を譲渡した	2	25.0		0.0	4	100.0	1	100.0		0.0		0.0	4	50.0	8	100.0
部分の譲渡を受けた	1	100.0		0.0	1	25.0		0.0		0.0		0.0	2	50.0	4	100.0
総計	13	17.8	5	6.8	28	42.5	9	12.3	1	1.4	3	4.1	23	31.5	73	100.0

(4) 労使の交渉

今回の調査では，事前の情報提供があったと回答した組合に対して，その後の交渉の状況を質問した。しかしヒアリングなどの結果では，事前の情報提供がない場合も交渉は行われている。今回のアンケート調査では，そうした部分の回答は得られていないことを断った上で，労使の交渉についてみていく。

① 交渉の有無（図表4－23）

まず交渉の有無であるが，全体としては「交渉した」が61.6％と過半数を超え，「交渉しなかった」は32.9％である。再編の種類別にみると，「対等合併」では全組合（6組合）が「交渉した」と回答している。この場合は組合としても交渉に取り組みやすいという事情が考えられよう。同様に「交渉した」という回答が多いのは「部分を譲渡した」の75.0％（6組合）や「吸収合併された」の68.0％（17組合）などであるが，これらの場合はむしろ再編による組合や組合員への影響が大きく，取り組まざるをえないという深刻な事情が背景にあったと思われる。

図表4－23　交渉の有無

(単位：率％)

企業組織再編の種類	交渉した		交渉してない		無回答		総計	
	単組数	率	単組数	率	単組数	率	単組数	率
純粋持ち株会社の設置	3	50.0	2	33.3	1	16.7	6	100.0
吸収合併した	11	45.8	13	54.2		0.0	24	100.0
吸収合併された	17	68.0	7	28.0	1	4.0	25	100.0
対等合併した	6	100.0		0.0		0.0	6	100.0
企業分割		0.0		0.0		0.0		100.0
部分を譲渡した	6	75.0	1	12.5	1	12.5	8	100.0

部分の譲渡を受けた	2	50.0	2	25.0	1	25.0	4	100.0
総　計	45	61.6	15	32.9	4	3.3	73	100.0

② 会社提案の修正の有無と合意の有無(図表4－24,図表4－25)

では会社提案に対して修正はあったのであろうか。全体では「修正があった」は27.4％にとどまり，「修正はなかった」が57.5％である。これを再編の種類別にみると，「修正はなかった」は「部分を譲渡した」で75.0％(6組合)とさらに多い。いうまでもなく「部分を譲渡した」場合，当該組合員への影響は少なくないと思われる。この点に関してヒアリング調査の事例では，組合と会社との事前の交渉が十分に行われた上で，合意していることがみてとれた。今回の調査結果における「修正はなかった」のなかにはこうした事前の組合との調整や協議を経た後の提案も含まれているものと推察される。

図表4－24　提案の修正の有無

(単位：率%)

企業組織再編の種類	修正があった		修正はなかった		無回答		総計	
	単組数	率	単組数	率	単組数	率	単組数	率
純粋持ち株会社の設置	2	33.3	2	33.3	2	33.3	6	100.0
吸収合併した	6	25.0	14	58.3	4	16.7	24	100.0
吸収合併された	8	32.0	15	60.0	2	8.0	25	100.0
対等合併した	2	33.3	3	50.0	1	16.7	6	100.0
企業分割		0.0		0.0		0.0		100.0
部分を譲渡した	1	12.5	6	75.0	1	12.5	8	100.0
部分の譲渡を受けた	1	25.0	2	50.0	1	25.0	4	100.0
総　計	20	27.4	42	57.5	11	15.1	73	100.0

そこで合意の有無をみると(図表4－25)，「合意した」が78.1％と大多数を占め，「合意しなかった」はわずか2.7％である。再編の種類別にみると，「吸収合併された」で「合意した」が84.0％(21組合)と一層多い。いうまでもなく「吸収合併された」場合は，合併後の労働条件などが確定・明示されていることが組合としては必須のことであり，先にふれたような事前の十分な交渉がこうした結果に結びついていると思われる。

図表 4 − 25　提案の合意の有無

(単位：率％)

企業組織再編の種類	合意した		合意していない		無回答		総計	
	単組数	率	単組数	率	単組数	率	単組数	率
純粋持ち株会社の設置	4	66.7		0.0	2	33.3	6	100.0
吸収合併した	19	79.2		0.0	5	20.8	24	100.0
吸収合併された	21	84.0	1	4.0	3	12.0	25	100.0
対等合併した	5	83.3			1	16.7	6	100.0
企業分割		0.0				0.0		100.0
部分を譲渡した	6	75.0			2	25.0	8	100.0
部分の譲渡を受けた	2	50.0	1	25.0	1	25.0	4	100.0
総　　計	57	78.1	2	2.7	14	19.2	73	100.0

(5)　労働条件，要員面での影響

　以上のような経過を経て，組織再編が実施された結果，労働条件や要員数，組合組織にはどのような影響が生じたのであろうか。

　まず労働条件や要員面での影響であるが，ここでは賃金，一時金，退職金，労働時間，組合員の企業籍上の扱い，要員削減の有無についてみていく。

　①　賃金，一時金，退職金(図表 4 − 26，図表 4 − 27，図表 4 − 28)

　賃金に関しては，全体としては「変化なし」が73.6％と大多数を占め，次いで「新たな賃金制度が導入された」が8.8％，「傾向として上がった」が7.7％で，趨勢としては大きな変化はないという結果である。こうして主な労働条件では，組織再編による影響はあまり生じてはいないという事情がみてとれる。既述したように今回の調査対象組合では，組織再編の形態として合併や企業分割のウエイトが高い(ほぼ3分の2)ので，これらは労働契約承継法などの規制によって，もともと変化が生じにくいという事情が考えられる。

　次に，一時金でも「変化なし」が73.6％と多数を占め，次いで「上がった」が7.7％である．月々の賃金同様，一時金においても基本的には「変化なし」という結果である。

第4章　企業組織再編調査結果から

図表 4 − 26 賃金の変化

(単位:率%)

企業組織再編の種類	傾向として上がった		変化なし		傾向として下がった		新たな賃金制度が導入された		わからない		無回答		総計	
	単組数	率	単組数	率	単組数	率	単組数	率	単組数	率	単組数	率	単組数	率
純粋持ち株会社の設置	1	11.1	7	77.8		0.0		0.0		0.0	1	11.1	9	100.0
吸収合併した	2	7.1	24	85.7		0.0	1	3.6	1	3.6		0.0	28	100.0
吸収合併された	2	7.4	20	74.1	2	7.4	3	11.1		0.0		0.0	27	100.0
対等合併した	2	20.0	5	50.0		0.0	1	10.0	1	10.0	1	10.0	10	100.0
企業分割		0.0	1	100.0		0.0		0.0		0.0		0.0	1	100.0
部分を譲渡した		0.0	5	50.0	1	10.0	3	30.0		0.0	1	10.0	10	100.0
部分の譲渡を受けた		0.0	5	83.3		0.0		0.0	1	16.7		0.0	6	100.0
総計	7	7.7	67	73.6	3	3.3	8	8.8	3	3.3	3	3.3	91	100.0

図表 4 − 27 一時金の変化

(単位:率%)

企業組織再編の種類	傾向として上がった		変化なし		傾向として下がった		新たな決定システムが導入された		わからない		無回答		総計	
	単組数	率	単組数	率	単組数	率	単組数	率	単組数	率	単組数	率	単組数	率
純粋持ち株会社の設置	1	11.1	7	77.8		0.0		0.0		0.0	1	11.1	9	100.0
吸収合併した	1	3.6	26	92.9		0.0		0.0	1	3.6		0.0	28	100.0
吸収合併された	3	11.1	17	63.0	4	14.8	2	7.4		0.0	1	3.7	27	100.0
対等合併した	1	10.0	6	60.0		0.0	1	10.0	1	10.0	1	10.0	10	100.0
企業分割		0.0	1	100.0		0.0		0.0		0.0		0.0	1	100.0
部分を譲渡した	1	10.0	5	50.0	1	10.0	2	20.0		0.0	1	10.0	10	100.0
部分の譲渡を受けた		0.0	5	83.3		0.0		0.0	1	16.7		0.0	6	100.0
総計	7	7.7	67	73.6	5	5.5	5	5.5	3	3.3	4	4.4	91	100.0

　退職金に関しても,全体としては「変化なし」が82.4%とさらに多く,「新たなシステムを導入した」が6.6%である。
　こうして,賃金,一時金,退職金に関しては,総じて「変化なし」が大勢であるが,これを再編の種類別にみると,「吸収合併された」場合のみ,他の再

編ではほとんどみられない「下がった」という回答がみられる。すなわち賃金では7.4%(2組合)，一時金では14.8%(4組合)，退職金では11.1%(3組合)といった具合である。

図表4－28　退職金の変化

(単位：率%)

企業組織再編の種類	傾向として上がった		変化なし		傾向として下がった		新たな決定システムが導入された		わからない		無回答		総計	
	単組数	率	単組数	率	単組数	率	単組数	率	単組数	率	単組数	率	単組数	率
純粋持ち株会社の設置		0.0	8	88.9		0.0		0.0		0.0	1	11.1	9	100.0
吸収合併した		0.0	26	92.9		0.0	1	3.6		0.0	1	3.6	28	100.0
吸収合併された	1	3.7	22	81.5	3	11.1	1	3.7		0.0		0.0	27	100.0
対等合併した			7	70.0			1	10.0	1	10.0	1	10.0	10	100.0
企業分割			1	100.0									1	
部分を譲渡した	1	10.0	6	60.0		0.0	3	30.0		0.0		0.0	10	100.0
部分の譲渡を受けた		0.0	5	83.3		0.0		0.0	1	16.7		0.0	6	100.0
総　　計	2	2.2	75	82.4	3	3.3	6	6.6	2	2.2	3	3.3	91	100.0

②　労働時間(図表4－29)

次に労働時間であるが，ここでも「変化なし」が82.4%と大多数を占め，次いで「延長した」が6.6%である。「延長した」と回答した組合は6組合であったが，そのうち5組合は再編の種類としていずれも「吸収合併された」となっている。要するに「吸収合併された」結果，相手側の労働時間に合わせて，「延長された」というように解釈できよう。

主な労働条件では，組織再編による影響はあまり生じてはいないという結果が確認できる。既述したように今回の調査対象組合では，組織再編の形態として合併や企業分割のウエイトが高く，こうした再編において労働条件は原則として一般承継されることが法で定められているため，「変化なし」が多数を占めることはうなずける。一般承継が適用されない「部分を譲渡した」で，回答した10組合のうち，労働時間を除く賃金・一時金・退職金の3つの指標では，半数近い4組合で何らかの変化が生じていることが注目される。

図表4－29 労働時間の変化

(単位：率%)

企業組織再編の種類	延長した		変化なし		短縮した		その他		わからない		無回答		総計	
	単組数	率	単組数	率	単組数	率	単組数	率	単組数	率	単組数	率	単組数	率
純粋持ち株会社の設置		0.0	8	88.9		0.0		0.0		0.0	1	11.1	9	100.0
吸収合併した		0.0	26	92.9	1	3.6		0.0	1	3.6		0.0	28	100.0
吸収合併された	5	18.5	20	74.1		0.0	2	7.4		0.0		0.0	27	100.0
対等合併した		0.0	7	70.0	1	10.0	1	10.0		0.0	1	10.0	10	100.0
企業分割		0.0	1	100.0									1	
部分を譲渡した	1	10.0	8	80.0			1	10.0		0.0			10	100.0
部分の譲渡を受けた		0.0	5	83.3				0.0	1	16.7		0.0	6	100.0
総　　　計	6	6.6	75	82.4	2	2.2	4	4.4	2	2.2	2	2.2	91	100.0

③　組合員の企業籍上の扱い（図表4－30）

　組合員の企業籍上の扱いに関しては，全体としては「変化なし」が64.8％と多いが，変化が生じている場合，「転籍」が22.0％，「出向」が7.7％である。こうした企業組織再編においてもっぱら行われるのは従業員の転籍だが，出向による身分保障の仕組みも一部とはいえ活用されている点も確認できる。もちろん再編の種類によっても大きく異なっている。すなわち「吸収合併された」場合は，「転籍」が44.4％（12組合）で，「変化なし」（37.0％，10組合）を上回っている。また「出向」も14.8％（4組合）で，他の再編より多めである。

図表4－30　組合員の企業籍上の扱い

(単位：率%)

企業組織再編の種類	変化なし		出向		転籍		派遣		その他		無回答		総計	
	単組数	率	単組数	率	単組数	率	単組数	率	単組数	率	単組数	率	単組数	率
純粋持ち株会社の設置	7	77.8		0.0	1	11.1		0.0		0.0	1	11.1	9	100.0
吸収合併した	23	82.1	2	7.1	2	7.1		0.0		0.0	1	3.6	28	100.0
吸収合併された	10	37.0	4	14.8	12	44.4		0.0		0.0	1	3.7	27	100.0
対等合併した	8	80.0	1	10.0		0.0				0.0	1	10.0	10	100.0
企業分割	1	100.0											1	100.0
部分を譲渡した	6	60.0		0.0	3	30.0			1	10.0		0.0	10	100.0

| 部分の譲渡を受けた | 4 | 66.7 | | 0.0 | 2 | 33.3 | | 0.0 | | 0.0 | | 0.0 | 6 | 100.0 |
| 総計 | 59 | 64.8 | 7 | 7.7 | 20 | 22.0 | | 0.0 | 1 | 1.1 | 4 | 1.1 | 91 | 100.0 |

④ 要員削減の有無(図表4－31)

要員削減に関しては，全体としては「なし」が90.1％と圧倒的に多く，「あり」と回答した組合はわずか6組合である。しかしこの6組合のうち，半数の3組合は，再編の中身でみるといずれも「吸収合併された」である。「吸収合併された」組合の要員削減の状況としても「なし」が88.9％と大多数を占めているが，わずかな数でしかない要員削減「あり」の多くは，「吸収合併された」なかで生じていることに留意すべきであろう。

図表4－31　要員削減の有無

(単位：率％)

企業組織再編の種類	あり		なし		無回答		総計	
	単組数	率	単組数	率	単組数	率	単組数	率
純粋持ち株会社の設置		0.0	8	88.9	1	11.1	9	100.0
吸収合併した	1	3.6	26	92.9	1	3.6	28	100.0
吸収合併された	3	11.1	24	88.9		0.0	27	100.0
対等合併した	1	10.0	8	80.0	1	10.0	10	100.0
企業分割		0.0	1	100.0		0.0	1	100.0
部分を譲渡した	1	10.0	9	90.0		0.0	10	100.0
部分の譲渡を受けた		0.0	6	100.0		0.0	6	100.0
総計	6	6.6	82	90.1	3	3.3	91	100.0

(6) 組織への影響

次に組織再編が，組合組織に与えた影響についてみていく。

① 合併・分割などの場合の全体への影響(図表4－32)

まず合併・分割などの場合の全体への影響であるが，図表4－32では合併・分割だけでなく，純粋持ち株会社の設置や部分の譲渡も含まれているため，再編の種類のなかの3種類の合併(した，された，対等)と分割に焦点をあててみていく。同表によれば再編の種類に関わりなく，多いのは「従来どおり独立し

た単組としてある」という回答で，6～7割を占めている。「吸収合併された」場合でも，「従来どおり独立した単組としてある」という回答が，7割を占めていることは注目に値する。次いで「統合先で統合した組合となった」が若干みられる。

図表4－32　合併・分割などの場合の全体への影響

(単位：率％)

企業組織再編の種類	所属する産別が変わった		所属するグループ労連が変わった		統合先で統合した組合となった		統合先の組合傘下に入った		従来どおり独立した単組としてある		その他		無回答		総計	
	単組数	率	単組数	率	単組数	率	単組数	率	単組数	率	単組数	率	単組数	率	単組数	率
吸収合併した	1	3.6	0	0.0	5	17.9	1	3.6	16	57.1	3	10.7	2	7.1	28	100.0
吸収合併された	0	0.0	1	3.7	2	7.4	1	3.7	19	70.4	4	14.8	0	0.0	27	100.0
対等合併した	0	0.0	0	0.0	1	10.0	0	0.0	6	60.0	0	0.0	3	30.0	10	100.0
企業分割	0	0.0	0	0.0	0	0.0	0	0.0	1	100.0	0	0.0	0	0.0	1	100.0

② 分割・事業譲渡などの場合の部分への影響(図表4－33)

企業分割・事業譲渡などで，企業組織が分割された場合，組合の一部も分割される可能性がある。ここではその際の影響をみていく。

図表4－33のなかでは再編の種類として「企業分割」と「部分を譲渡した」が検討対象となるが，「企業分割」は1組合しか回答がないため，「部分を譲渡した」(10組合)という組合の回答に注目する。それによると「分社・分割・統合先で独立した組合となった」が4組合(40.0％)でもっとも多く，次いで「分社・分割・統合先の組合傘下に入った」が2組合(20.0％)である。無回答が4組合あるとはいえ，部分を譲渡したケースでは何らかの組合組織の分離が行われていることがみてとれる。

図表4－33　分割・営業譲渡などの場合の部分への影響

(単位：率％)

企業組織再編の種類	分社・分割・統合先で独立した組合となった		分社・分割・統合先の組合傘下に入った		分社・分割・統合先で組合がなくなった		従来どおり，本体の傘下にある		わからない		その他		無回答		総計	
	単組数	率	単組数	率	単組数	率	単組数	率	単組数	率	単組数	率	単組数	率	単組数	率
企業分割	0	0.0	0	0.0	0	0.0	1	100.0	0	0.0	0	0.0	0	0.0	1	100.0

部分を譲渡した	4	40.0	2	20.0		0.0		0.0		0.0		0.0	4	40.0	10	100.0
部分の譲渡を受けた		0.0		0.0		0.0	1	16.7	1	16.7	1	16.7	3	50.0	6	100.0
企業分割		0.0		0.0		0.0		0.0	1	100.0		0.0	1	100.0

③ 企業再編に伴う組合員数の変化（図表4-34）

どのような組織再編であれ，組合にとって避けたいのは組合員数の減少である。

そうした組合員数への影響をみたのが図表4-34である。全体として「変わらない」が82.4％の圧倒的多数を占め，残りは「非組合員の組合員化があった」が6.6％（6組合），「組合員の非組合員化があった」が5.5％（5組合）である。このうち「組合員の非組合員化があった」と回答した5組合のうち3組合は「吸収合併された」組合である。

図表4-34　企業組織再編に伴う組合員数の変化

(単位：率%)

企業組織再編の種類	非組合員の組合員化があった		組合員の非組合員化があった		変わらない		無回答		総計	
	単組数	率	単組数	率	単組数	率	単組数	率	単組数	率
純粋持ち株会社の設置		0.0		0.0	7	77.8	2	22.2	9	100.0
吸収合併した	4	14.3	1	3.6	22	78.6	1	3.6	28	100.0
吸収合併された		0.0	3	11.1	24	88.9		0.0	27	100.0
対等合併した	1	10.0	1	10.0	6	60.0	2	20.0	10	100.0
企業分割				0.0	1	100.0		0.0	1	100.0
部分を譲渡した	1	10.0		0.0	9	90.0		0.0	10	100.0
部分の譲渡を受けた				0.0	6	100.0		0.0	6	100.0
総計	6	6.6	5	5.5	75	82.4	5	5.5	91	100.0

(7) 企業組織再編を振り返って

こうして企業組織再編は，一部深刻な影響を組合に与えつつも，総じてみれば決定的な影響を与えるまでには到っていないように思える。もちろん，それは調査対象になった組合が再編を経験しつつも依然としてJAMにとどまっている組合であるからこその結果ともいえよう。そのような結果を振り返って，

組合としてはどのような評価を与えているのかについて，みてみる。

① 経営側が再編の実施理由にあげた項目（図表4－35）

全体として，「収益構造の改善」が52.7％でもっとも多く，次いで「グループ・業界の再編に伴い」が33.0％，「市場でのシェアの確保」が30.8％，「商品力の強化」が28.6％などとなっている。このうち「収益構造の改善」は再編の種類としては「部分を譲渡した」(70.0％，7組合)や「吸収合併された」(69.2％，18組合)で多く見られることからわかるように，どちらかといえば事業の縮小によって，不採算から脱する手段として取られる再編である。それに対し「市場でのシェアの確保」は，再編の種類としては「部分の譲渡を受けた」で66.7％(4組合)と多く，もっぱら積極的な経営拡大を伴う再編である可能性が高いといえよう。

図表4－35　経営側が組織再編の実施理由にあげたポイント（3つ以内選択）

(単位：率%)

企業組織再編の種類	コスト低減		市場でのシェア確保		商品力の強化		収益構造の改善		既存事業以外の部門の取り込み		グループ・業界の再編に伴い		自社にない技術・ノウハウの取り込み		その他		無回答		総計	
	単組数	率	単組数	率	単組数	率	単組数	率	単組数	率	単組数	率	単組数	率	単組数	率	単組数	率	単組数	率
純粋持ち株会社の設置	2	22.2		0.0	2	22.2	4	44.4		0.0	5	55.6			1	11.1	1	11.1	9	100.0
吸収合併した	8	28.6	11	39.3	10	35.7	14	50.0	7	25.0	7	25.0	7	25.0		0.0	1	3.6	28	100.0
吸収合併された	10	38.5	7	26.9	5	19.2	18	69.2	3	11.5	8	30.8	5	19.2	3	11.5		0.0	26	100.0
対等合併した	2	20.0	3	30.0	3	30.0	4	40.0			6	60.0					1	10.0	10	100.0
企業分割	1	50.0	1	50.0			1	50.0		0.0		0.0			1	16.7			2	100.0
部分を譲渡した	4	40.0	2	20.0	4	40.0	7	70.0		0.0	2	33.3				0.0		0.0	6	100.0
部分の譲渡を受けた		0.0	4	66.7	2	33.3		0.0	1	16.7	2	33.3			1	16.7		0.0	6	100.0
総計	27	29.7	28	30.8	26	28.6	48	52.7	11	12.1	30	33.0	12	13.2	6	6.6	3	3.3	91	100.0

② 労働組合としての関心の中心（図表4－36）

では労働組合としては，これまで経験した再編のなかでどのような事に関心をもって対応したのであろうか。

全体としては，「賃金・労働条件の維持」と「企業・事業の将来性」がとも

に53.8％(49組合)でトップにあげられ，ついで「雇用の維持」が48.4％(44組合)で続いている。それに比べると「労組組織の維持」はわずか13.2％(12組合)と多くはないが，これを選んだ12組合のうち，5組合は再編の種類が「吸収合併された」であり，「吸収合併された」場合には組合員の減少と併せて組合の組織そのものに深刻な影響を与える可能性が高いことが感じられる。また「雇用の維持」が上位にあげられていることは既にふれたが，とりわけ「部分を譲渡した」場合(70.0％，7組合)と「部分の譲渡を受けた」場合(66.7％，4組合)でともに高率である。このうち前者に関しては納得できるが，後者が高率であることの理由は必ずしも明瞭ではない。今後より深い聞き取りと検討が必要であろう。

図表4－36　労組としての関心の中心(2つ以内選択)

(単位：率％)

企業組織再編の種類	雇用の維持		賃金・労働条件の維持		労働協約の継承		労組組織の維持		企業・事業の将来性		その他		無回答		総計	
	単組数	率	単組数	率	単組数	率	単組数	率	単組数	率	単組数	率	単組数	率	単組数	率
純粋持ち株会社の設置	3	33.3	6	66.7		0.0		0.0	7	77.8		0.0	1	11.1	9	100.0
吸収合併した	13	46.4	15	53.6	2	7.1	4	14.3	15	53.6		0.0	1	3.6	28	100.0
吸収合併された	15	57.7	12	46.2	2	7.7	5	19.2	15	53.6		0.0		0.0	26	100.0
対等合併した	2	20.0	8	80.0		0.0		0.0	3	30.0		0.0	2	20.0	10	100.0
企業分割		0.0		0.0		0.0	1	50.0	1	50.0		0.0		0.0	2	100.0
部分を譲渡した	7	70.0	7	70.0		0.0	1	10.0	4	40.0		0.0		0.0	10	100.0
部分の譲渡を受けた	4	66.7	1	16.7		0.0		0.0	4	66.7		0.0		0.0	6	100.0
総計	44	48.4	49	53.8	5	5.5	12	13.2	49	53.8		0.0	4	4.4	91	100.0

③　現段階としての組合の評価(図表4－37)

では結局，組合としては，以上の組織再編についてどのように評価しているのであろうか。

図表4－37によれば，全体としては「諸事情を考慮すればやむをえない」が34.1％とほぼ3分の1を占め，次いで「将来を展望すると積極的に評価できる」が28.6％となっており，やむをえない派と積極的評価派に大きく2分されている。しかし同時に「評価は定まらない」(20.9％)として，評価を保留する組合も少なくないことも見逃せない。組織再編が原因と結果に多様な側面をもつ

以上，評価は困難であるという意見も当然ありえるであろう。むしろ組織再編の複雑さを垣間見せている結果ともいえよう。

これを再編の種類別にみると，「諸事情を考慮すればやむをえない」は当然のこととはいえ，「吸収合併された」で48.1％(13組合)と一段と多い。これに対し「将来を展望すると積極的に評価できる」は「吸収合併した」で39.3％(11組合)と多い。また「評価が定まらない」は「純粋持ち株会社の設置」で44.4％(4組合)と多めである。持ち株会社の設置は，その限りで労使関係や労働条件など組合と組合員に対し，直接の影響を与えることは少ない。また持ち株会社設置の理由や狙いは一様ではなく，その後の更なる企業再編をにらんでいる場合もあり，再編自体が長期化することも考えられる。ゆえに断定的な評価がしづらいものと思われる。

図表4－37　現段階での労組の評価

(単位：率％)

企業組織再編の種類	まったく評価できないし事業的にも失敗		評価は定まらない		評価する立場にない		諸事情を考慮するとやむをえない		将来を展望すると積極的に評価できる		その他		無回答		総計	
	単組数	率	単組数	率	単組数	率	単組数	率	単組数	率	単組数	率	単組数	率	単組数	率
純粋持ち株会社の設置		0.0	4	44.4		0.0	1	11.1	2	22.2	1	11.1	1	11.1	9	100.0
吸収合併した		0.0	6	21.4	2	7.1	8	28.6	11	39.3	1	3.6		0.0	28	100.0
吸収合併された		0.0	4	14.8	2	7.4	13	48.1	6	22.2	1	3.7	1	3.7	27	100.0
対等合併した		0.0	2	20.0			4	40.0	2	20.0		0.0	2	20.0	10	100.0
企業分割		0.0	1	100.0		0.0						0.0		0.0	1	100.0
部分を譲渡した		0.0	1	10.0	2	20.0	4	40.0	2	20.0				0.0	10	100.0
部分の譲渡を受けた		0.0	1	16.7	2	33.3	1	16.7	2	33.3		0.0		0.0	6	100.0
総計		0.0	19	20.9	8	8.8	31	34.1	26	28.6	3	3.3	4	4.4	91	100.0

2．ファンド・外資による株所有と組合活動

(1)　企業側からの株式情報の提供について

① 情報提供の有無(図表4－38)

まずファンドや外資の株式の所有に関して，企業側からどの程度情報提供がなされているのか，という点であるが，「詳細にある」という組合は29.5％に

とどまり,「部分的にある」が50.0%である。さらに「一切ない」という組合も18.2%と2割程度である。ファンドや外資による株所有に関して,企業から組合に対する情報提供はけっして十分なものではない。

図表4－38 情報提供の有無

(単位：率%)

	詳細にある		部分的にある		一切ない		無回答		総計	
	単組数	率	単組数	率	単組数	率	単組数	率	単組数	率
総　　計	13	29.5	22	50.0	8	18.2	1	2.3	44	100.0

② 株主からの要求についての情報提供(図表4－39)

他方,株主からの要求についての情報提供は「一切ない」が40.9%を占め,情報提供がある場合も「部分的にある」(38.6%)が大半であって,「詳細にある」はわずか11.4%である。こうして株主の要求に関する情報提供は,株所有の一般的な情報以上に企業のガードは固いという印象である。

図表4－39 株主からの要求についての情報提供

(単位：率%)

	詳細にある		部分的にある		一切ない		無回答		総計	
	単組数	率	単組数	率	単組数	率	単組数	率	単組数	率
総　　計	5	11.4	17	38.6	18	40.9	4	9.1	44	100.0

③ インサイダー取引に関連した守秘義務の扱い(図表4－40)

インサイダー取引に関連した守秘義務の扱いに関しては,「強く要請されている」が25.0%,次いで「基準がある」が18.2%である。要するに4割近くで,インサイダー取引に関連して守秘義務を求められたり,何らかの基準を作っている。株式ないし株主に関わる情報が内部から漏れることによる問題の発生を未然に防ぐ意味で,当然予想される扱いというべきであろう。これに対し「特別の仕組みはない」は9.1%と少ないが,無回答が3割近くに及んでおり,この回答は実際には「特別な仕組みはない」と同義の可能性が高いように思われる。したがって,先の9.1%と合わせて4割近くは手だてが講じられていない可能性がある。

図表4-40　インサイダー取引に関連した守秘義務の扱い

(単位：率%)

	協定している		基準がある		強く要請されている		情報開示者を限定		特別の仕組みはない		無回答		総計	
	単組数	率	単組数	率	単組数	率	単組数	率	単組数	率	単組数	率	単組数	率
総　計	1	2.3	8	18.2	11	25.0	7	1.6	4	9.1	13	29.5	44	100.0

3. ファンド・外資の株所有についての労働組合の対応について

(1) **独自の情報源**(図表4-41)

ファンド・外資の株所有に対する組合独自の情報源についてであるが，もっとも多いのは「情報収集せず」の45.5%で，次いで「マスコミ・業界紙など」が31.8%で，組合関連では「産別・連合」が13.6%である。要するにファンド・外資の株所有に関しては，どちらかといえば，一般のマスコミを活用する程度であり，組合の上部団体などの活用までには至っていないのが現状である。

図表4-41　独自の情報源

(単位：率%)

	マスコミ・業界紙		グループ労連		業種共闘		地域関連団体		産別・連合		情報収集せず		無回答		総計	
	単組数	率	単組数	率	単組数	率	単組数	率	単組数	率	単組数	率	単組数	率	単組数	率
総　計	14	31.8	2	4.5	0	0.0	0	0.0	6	13.6	20	45.5	2	4.5	44	100.0

(2) **労働組合の危機感**(図表4-42)

こうして組合の対応は必ずしも積極的ではない印象をうけるが，それは組合自身こうしたファンドや外資の株所有に関してあまり深刻な危機意識を有していないということが背景にあると考えられる。実際，図表4-42によれば危機感「あり」と答えた組合は36.4%にとどまり，危機感「なし」が56.8%と過半数を占めている。こうした危機意識の薄さの理由のひとつは，第1次調査でみたように一部の組合を除けば総じてファンド・外資の所有株数が少ないという点にもあろう。

図表 4 － 42　労組としての危機感

(単位：率%)

	なし		あり		無回答		総計	
	単組数	率	単組数	率	単組数	率	単組数	率
総　　計	25	56.8	16	36.4	3	6.8	44	100.0

(3)　**労働組合としての自社株所有**(図表 4 － 43)

図表 4 － 43 は組合としての自社株所有についてみたものである。組合として自社株を所有しているとした組合は 11.4% である。残りの組合は自社株を持っていないが，ただ「所持を検討している」組合も 27.3% と 3 割ほどはみられ，今後自社株の購入がある程度は進む要素もみられる。

図表 4 － 43　労組としての自社株所有

(単位：率%)

	所持している		所持を検討している		所持を検討していない		無回答		総計	
	単組数	率	単組数	率	単組数	率	単組数	率	単組数	率
総　　計	5	11.4	12	27.3	26	59.1	1	2.3	44	100.0

(4)　**従業員持ち株会の有無とそれへの発言力**(図表 4 － 44，図表 4 － 45)

他方，従業員持ち株会の有無をみると，「あり」が 90.9% と圧倒的多数を占め，「なし」はわずか 4.5% である。

また図表 4 － 45 は従業員持ち株会への組合の発言力をみたものであるが，「一定の発言ができる」と答えた組合が 18.2%，これに「一定の影響力がある」の 2.3% を加えると，2 割の組合で何らかの発言力を有していることになる。なお前問で持ち株会ありと答えた組合は 40 組合であり，他方従業員持ち株会の有無をみると，「あり」が 90.9% と圧倒的多数を占め，「なし」はわずか 4.5% である。

図表 4 － 44　従業員持ち株会の有無

(単位：率%)

	なし		あり		無回答		総計	
	単組数	率	単組数	率	単組数	率	単組数	率
総　　計	2	4.5	40	90.9	2	4.5	44	100.0

第 4 章　企業組織再編調査結果から

図表 4 − 45　持ち株会への発言力

(単位：率%)

	一定の影響力がある		一定の発言ができる		かかわりはない		無回答		総計	
	単組数	率	単組数	率	単組数	率	単組数	率	単組数	率
総計	1	2.3	8	18.2	30	68.2	5	11.4	44	100.0

4. 会社のファンド・外資対策

(1) 買収防衛策導入の有無（図表 4 − 46）

まず買収防衛策導入の有無であるが，「導入していないし，予定していない」が59.1％，「導入していないが，検討中」が13.6％となっており，合計すると「導入していない」が72.7％の大多数となる。他方，既に「導入した」という回答は合計25.0％である。このうち防衛策発動の要件としてはもっとも多いのは「取締役会議決議」で，全体の9.1％（「導入した」を母数にした比率では36.4％）となっている。

図表 4 − 46　買収防衛策導入の有無

(単位：率%)

	導入した								検討中		予定していない		無回答		総計	
	発動の要件															
	取締役会議決議		第3者機関決定		株主総会決議		その他									
	単組数	率	単組数	率	単組数	率	単組数	率	単組数	率	単組数	率	単組数	率	単組数	率
総計	4	9.1	3	6.8	3	6.8	1	2.3	6	13.6	26	59.1	1	2.3	44	100.0

(2) ファンド・外資の主な株取得の方法（図表 4 − 47）

ファンド・外資の株取得の方法としては，半数以上の54.5％が「わからない」と回答しており，2でみたようにファンド・外資による株取得についての情報提供が多くの場合「部分的にある」程度にとどまっていることを反映した結果といえよう。そうしたなかで「一方的」という回答が25.0％と少なくない。必ずしも「敵対的」ではないにせよファンド・外資による株取得が（取得株数にもよるとはいえ）会社の察知しないところで行われるケースが協議の上で行われるケースを上回り，2倍に及んでいる。

図表4－47　ファンド・外資の主な株取得の方法(主要なファンド・外資について)

(単位：率％)

	協議の上		一方的		敵対的		わからない		その他		無回答		総計	
	単組数	率	単組数	率	単組数	率	単組数	率	単組数	率	単組数	率	単組数	率
総　計	6	13.6	11	25.0	1	2.3	24	54.5	2	4.5	0	0.0	44	100.0

(3) ファンド・外資の主な参入目的(図表4－48)

　では，ファンド・外資の株取得はどのような目的でなされたと考えられているのであろうか。もっとも多いのは「純粋な投資」の43.2％であり，「事業支配」や「事業参入」を選んだ組合は皆無である。しかしそれらが実態として存在しないというのではなく，残りの組合の大多数は「わからない」(40.9％)としており，むしろ先の情報不足から正確には把握できていないというのが実際なのではないかと思われる。

図表4－48　ファンド・外資の主な参入目的(主要なファンド・外資について)

(単位：率％)

	純粋な投資		事業参入		事業支配		わからない		その他		無回答		総計	
	単組数	率	単組数	率	単組数	率	単組数	率	単組数	率	単組数	率	単組数	率
総　計	19	43.2	0	0.0	0	0.0	18	40.9	6	13.6	1	2.3	44	100.0

(4) ファンド・外資の株所有の結果(図表4－49)

　そして結局ファンド・外資の株所有の結果もたらされたこととしては，「何かにつけて株主を意識するようになった」が43.2％でもっとも多く，次いで「配当性向が高まる傾向にある」が25.0％，「時価総額が意識されるようになった」が18.2％と続いている。これに対し「変化はなく，意識されていない」は22.7％である。ファンド・外資の株式所有は，先にみたような情報不足のもとにあっても，会社にとっては否応なく意識せざるをえない事態となっていると組合は考えているわけである。

図表4-49　ファンド・外資の株所有の結果(複数選択)

(単位：率%)

	何かにつけて株主を意識するようになった		配当性向が高まる傾向にある		時価総額が意識されるようになった		安定株主作りが行われるようになった		変化はなく、意識されてない		その他		無回答		総計	
	単組数	率	単組数	率	単組数	率	単組数	率	単組数	率	単組数	率	単組数	率	単組数	率
総計	19	43.2	11	25.0	8	18.2	12	27.3	10	22.7	7	15.9	3	6.8	44	100.0

5．まとめ

(1) 企業組織再編問題

　まず企業組織再編に関わる情報であるが、8割の組合は事前に情報を得ているものの、これを日常の労使のコミュニケーションとの関係でみると、情報提供がない組合は日常の労使コミュニケーションそのもので少なからず問題を抱えている。一方、労使関係が良好であるからといって必ず情報提供があるわけではなく、経営側にとってはこの種の情報は別扱いする対象として位置づけられていることが推測される。

　組合の対応ではまずは、何らかの機関で取り上げるのが通常(7割弱)であるが、その場合の機関としては、「執行委員会」(89.9%)がもっとも多く、「大会」「委員会」などの決議機関で取り上げる組合は4割台にとどまっている。組合の見解・対案については7割弱の組合が取りまとめを行っているが、会社提案に対して何らかの交渉を行った組合は6割であり、さらに会社提案に対して「修正があった」組合は3割にとどまっている。ヒアリング結果から判断すると、組合の見解・対案は再編の是否そのものではなく、再編に伴う労働条件面の扱い、及び雇用形態の変更などへの組合意見の表明である場合が多いと思われる。そしてそうした意見表明は、会社提案に前後して一定程度行われており、それゆえに提案に対して「修正がなかった」可能性は高い。実際「修正はなかった」が多いなかで、「合意した」は8割近くに達し、事前の十分な(ないしはそれなりの)意思疎通が感じられる。

　そして以上のような労使の事前の調整ないしは実質的な交渉に加えて、今回調査における再編の形態としては企業分割や合併が多く、それゆえに法的には

労働条件面での変化は生じにくいという事情もあって，賃金，一時金，退職金，労働時間といった労働条件面では，7～8割の組合は「変化なし」と回答しているが，吸収合併されたケースで労働条件の変更が行われた比率が高くなる。また，要員削減も「なかった」が圧倒的に多く，組合員の数も「変わらない」が8割を占めている。ただしこれらの労働条件や要員数などの変化は，あくまでも再編の直截な影響として質問したものであり，その後において中・長期的にどのような推移を経るかはまた別の局面がありうるという点も留意すべきであろう。

　これに対して組合組織への影響では，再編の種類に係わりなく，多いのは「従来どおり独立した単組としてある」であるが，そうしたなかではやはり「部分を譲渡した」場合が深刻で，「分社・分割・統合先の組合傘下に入った」が4割に及んでいる。ただし合併，分割等再編によってJAMを離脱した場合，当該組合は組織の存続そのものを含めてさまざまな困難を抱える可能性があろう。そうした事例が今回の調査では対象とはなっていない点にも留意する必要がある。

　再編に際して組合がもっとも関心を払ったのは「賃金・労働条件の維持」と「企業・事業の将来性」（ともに5割強）であり，次いで「雇用の維持」（5割弱）があげられている。「労組組織の維持」を選択したのは13.2%にとどまる。

　結局，組合の評価としては，「諸事情を考慮すればやむをえない」という消極的評価が3分の1を占め，次いで「積極的に評価できる」が3割弱である。とくに「吸収合併した」場合は，「積極的評価」がほぼ4割である。ただ「評価は定まらない」として考えを留保する組合が2割に及んでいる点も見逃せない。多様な原因と結果を有している上に，必ずしも短期的に結末が明らかになるわけではないので，組合が評価に慎重な面があるのもうなずけるところである。

(2) ファンド・外資の自社株所有の問題

　次にファンド・外資による株所有であるが，ここでも株式情報の提供からみていくと，会社からの情報提供が「部分的にある」が5割を占め，「詳細にあ

る」は3割ほどである。ましてや株主からの要求に関する情報提供では「詳細にある」は1割強に減り，「一切ない」が4割を占めている。それに関連してインサイダー取引に関する何らかの仕組みが考えられているのは4割程度であり，この問題についての労組の関心はいまひとつである。

ファンド・外資の株所有に関する組合の対応であるが，「情報収集せず」が半数近い。また危機感を有している組合は4割を切っている。総じて組合の関心はいまひとつという印象である。それとの関連で従業員持ち株会があるところは9割と多いが，持ち株会に関しては「かかわりはない」が7割を占める。また労組として自社株を所有している組合は1割強にとどまっているが，所持を検討中と回答した組合は3割弱ある。

他方，会社の買収防衛策では「導入していない」が7割強である。こうして組合にせよ，会社にせよ，ファンド・外資の株所有に関して，さほど深刻には受け止められていないのが実態である。その理由としては，ファンド・外資の株取得が「敵対的」(2.3%)であると考える組合はごくわずかであり，取得の目的も多くは「純粋な投資」(4割強)と考えられているからと思われる。しかし取得の方法にしても目的にしても，「わからない」という回答が4～5割に達していて，いわば情報不足の側面も示されており，この点の改善がまずは急務

図表4-50 株式情報の有無別にみた危機感の有無，認識度

株式情報の提示の有無	労組の危機感			ファンド・外資の株取得方法					ファンド・外資の参入目的				ファンド・外資の株所有の結果					
	なし	ある	無回答	協議の上	一方的に	敵対的に	わからない	無回答	純粋な投資	わからない	その他	無回答	株主を意識するようになった	配当性向が高まる傾向	時価総額が意識されるようになった	安定株主作りが行われるようになった	変化なし・意識されてない	無回答
詳細にある	53.9	38.5	7.7	15.4	30.8	0.0	46.2	7.7	61.5	23.1	15.4	0.0	38.5	15.4	0.0	15.4	15.4	7.7
部分的にある	54.6	40.9	4.6	13.6	22.7	4.6	54.6	4.6	40.9	36.4	18.2	4.6	59.1	9.1	4.5	0.0	13.6	4.5
一切ない	75.0	25.0	0.0	12.5	12.5	0.0	75.0	0.0	12.5	87.5	0.0	0.0	12.5	12.5	0.0	25.0	37.5	12.5

といえよう。
　ちなみに図表4－50は，既に検討した株式情報の提示の有無によって労組の危機感や株の取得方法，参入目的などの認識がどのように異なっているのかをクロス集計によってみたものである。明らかに情報がある場合の方が危機感は強く，株取得方法や参入目的などは明瞭に認識している。それに対し情報が「一切ない」組合では危機感は希薄であり，取得方法や参入目的では「わからない」という回答が7～8割と目立って多い。株所有の結果でも「意識されていない」が4割となっており，情報提供されている場合には1割台にとどまっているのとは大きな違いである。
　組織再編における情報の重要性はいうまでもないことであるが，従来比較的関心度が低かった株所有に関する情報も今後は大いに注視するべきであろう。

事例その1

一般機械製造，純粋持ち株会社設立による経営統合と合併

(1) 概　要

2005年に純粋持ち株会社を設立し，A社，B社，C社の3会社を経営統合した。その1年後に持ち株会社を含めて4会社が合併した。組合員数はA労組が約1,000人，B労組が約400人，C社はA社の100%子会社で従業員はA社からの出向者であり，A労組の組合員である。A社は1980年にB社に資本参加した。A労組とB労組は経営統合以前から交流があった。

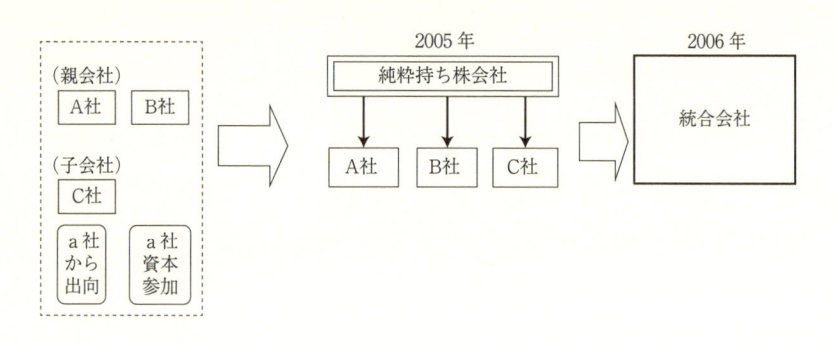

(2) 持ち株会社設立についての情報提供

　A労組

純粋持ち株会社設立と3社の経営統合については，会社からプレス発表の直前に連絡があった。この時点では，1年後の3社の合併についてまでは聞かなかった。

　B労組

表だって知らされたのはプレス発表直前だったが，公表以前に会社から話は委員長に内々にあったようだ。

(3) 経営統合の理由

同業の国内大手2社との競争関係があり，トップ企業は他社を吸収合併して大きくなっていたので，当社としてはそれに負けてはいけない。B社（A社）がもつA社（B社）の不得意な分野の製品群をもつことで，グループとしてのアライアンスを強化しシェア拡大をすることが大きな目的と説明された。

(4) 持ち株会社との関係

ホールディングスとはまったく交渉はやらなかった。両組合の交渉はそれぞれの会社と行い，両組合の労働条件や労働協約は従前どおりだった。

(5) 4会社の合併

2006年の年明けすぐ（1月）に，プレス発表の直前に会社から知らされた。その後すぐに，2労組間で話し合いの場をもった。発表後に春闘に入っていったので，春闘は2労組で足並みを揃えてやろうと話した。

春闘後に労働条件に関して，A社，B社の人事担当と労働組合4者間で2週間に一度ほどの間隔で協議を開始した。協議を通じて，労働条件・手当は高い方に合わせることで合意ができた。計算方法に違いがあった通勤手当について，B社にとってはマイナスとなる例外はあったが，その他では高いほうに合わせることができた。賃金制度はB社が1年前に変更したばかりで，まだ定着していない時期だったので，A社に合わせた。労災補償はB社の方が高かったのでB社に合わせた。労働時間は同じだった。B労組はA労組の労働条件に合わせながらやってきたという合併前からの経緯があり，労働条件に大きな違いはなかった。このことが労働条件のすり合わせを容易にした。

B労組は，人事担当者と一緒に海外赴任者や国内拠点にも赴き労働条件の変更について説明をし，組合員の理解を得た。

現在，各工場で製品の重複したラインを製品別に一貫したラインに再編中である。まだ，合併前の製品がすべて残っているので，同種の製品が並存している。後継機の開発では，融合開発として，両社機種の強みを生かした開発を行

っている。

　合併後，旧A社工場と旧B社工場との間での組合員の配置換えなどは一部であるものの，大きな異動はない。

　合併に伴う現在の課題として，旧B社工場で生産システムの違い，規程などの決まりごとの多さなど環境の変化によるプレッシャーから管理職を中心にメンタルヘルス上の問題が発生している。

(6) 労働組合

　合併に伴い，2労組の三役が話し合いを進め統合し新労働組合を結成した。

　これは，組合統一に向けて事前にA，B労組代表が同席のもと地方JAMの顧問弁護士に組合統一方法を相談し，手続き上の手順，コスト，期間を熟慮，合議した結果，A労組を存続法人として名称を変更し，B労組の法人登記を抹消することとした。統一に当たっては，新しい労組結成とし，対等合同することとしての両労組個々の規約に則り会社合併初日に併せた規約改正を行い，同時に統一結成大会とした。

　B労組は財産をどう処理するかで議論があったが，最終的には，新労組に持ち込むこととした。

　組合費は，B労組が基本給の1,000分の10，A労組が1,000分の15と違っていたが，新労組は1,000分の15とした。B労組の組合員にとっては値上げとなってしまうが，活動をさらに充実すると説得した。実際に，現在の活動内容は組合員にとって満足してもらっていると思っている。

　合併後の労働組合の活動の変化としては，B労組は専従が委員長1人だったので，執行部もどうしても仕事中心になり，組合活動はボランティア的な意識になってしまい，対外的な活動も限られていた。それに対して，A労組はいろいろな機関紙を発行・配布し，各種機関会議も頻繁に行われ，地方JAMや地方連合の役員など対外的活動も，B労組から見れば，そんなところまでやるのか，という活動であった。現在は，A労組の活動と変わっていない。統合時は，これを機会に新しいことをもっとやっていこうという夢もあったが，と

りあえず，Ａ労組の活動のところまでＢ労組の人もいこうということでやってきたのが新労組としてのこの２年間だった。

　新労組の専従者はＡ労組３人，Ｂ労組１人だったので，現在４人である。役員体制はＡ労組が委員長１人，副委員長１人，書記長１人，執行委員５人で，Ｂ労組の委員長を副委員長として，新労組では委員長１人，副委員長２人，書記長１人，執行委員７人という構成である。

(7) **労使関係**

　労働組合として経営情報を知ることの必要性を感じている。今回の経営統合，合併は本当に前日まで情報を出してこなかった秘密主義だったが，それほど大きな影響を与えるものではなかった。しかし，他社を吸収合併するとか，分社化して労働条件を分けていくというような企業再編についてはもっと会社から事前にどういう風にやるのか，それは適法かという情報や相談があれば，もっと組合として対応できる。

　経営統合前から経営協議会などで，Ａ組合委員長がＢ社と一緒になって，巧くすみ分けて同業他社，とくに大手２社に対抗していけ，と会社にことあるごとにいっていた。そのようななか，経営統合と合併の話が出てきて，会社も同じことを考えていると思った。

　経営協議会で中期経営計画の説明はするが，具体的にどうやっていくのかというところまでは会社は情報を出さない。会社は同業他社に経営施策が漏れることを懸念している。だから会社からの情報提供は限定されている。

　合併前は労働組合が経営方針にメスを入れるということはタブーだったが，新労組では経営方針にも組合がものをいうというスタンスでやっていきたい。しかし，そのためには会社が事前に組合に相談してくれるということがなければうまくいかない。会社が事前に経営情報を提供し相談してくれるような労使関係を作っていくのがこれからの課題だ。

　そのため月１回，労務担当重役との懇談会をやっているが，合併前の労使の間ほどコミュニケーションがとれていない。

(8) **本事例のポイント**

　経営統合から合併へという企業組織再編の推移のなかで，長年の両社と両労働組合の関係から，多少の摩擦はあるものの労働組合の統合も労働条件の統一も比較的うまくいっている。

　しかし，企業組織再編などの経営情報については，同業他社へ情報が漏れることを会社が懸念して，十分に提供されていない。労働組合は，企業組織再編や重要な経営方針に対応するために，会社が事前に十分な経営情報を提供することの必要性を感じている。そのためには，それを可能にする労使関係を形成していくことが重要だと認識している。

事例その2

金属製品製造，会社分割と合併

(1) 概　要

　2003年12月，A社から住宅建材事業部門を会社分割し，総合住宅設備メーカーであるB社の子会社・C社に承継，新会社を発足させた。新会社の従業員規模は約1,800人。これにより関連商品のシェアは31％を見込み，業界トップの競合メーカーの32％に並ぶことが想定された。

　A社側の関係部署　全国4箇所の製造拠点と本社の事業関連営業部門を含み，従業員規模で約800人。労働組合は工場別に組織され，連合会（当時の組合員は9,600人規模）を作っていた。今回の事業再編には1労組の全体と4労組の一部が該当した。

　B社側の関係部署　全国でD工場（B社からの出向者），E工場（工場別労組を組織，産別加盟は不詳），F工場（工場別労組を組織，産別加盟は不詳）の3箇所の製造拠点を中心に営業部門を含んで約1,000人が関与した。

　2003年12月の新会社設立当初は出向として旧の労働条件を維持した状態で従業員が移動し，2年近くをかけて労働条件を一本化し（B社側は工場ごとに別会社であり，労働条件が異なっていたので4つの労働条件を一本化したことになる），

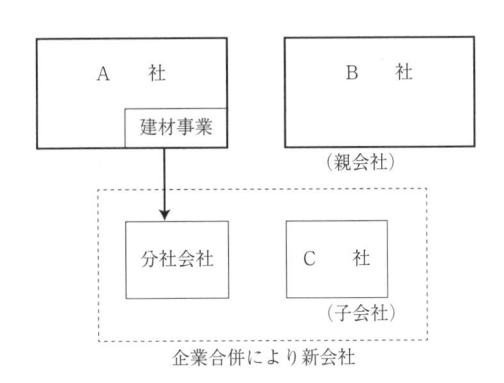

転籍扱いとなった時点(2005年10月1日)で組合組織も一本化した。組合の空白期間はつくらないと互いに意思一致して進めた。その点では会社側にも異議はなかった。

産業別組合加盟については，A社の労組がJAMから，C社D工場労組は電機連合からそれぞれ離脱し，統一後の労働組合は企業内組合となった。その後統一された新労組は，2005年秋にA社労組の企業連合会が緩やかなくくりで組織したA社グループ労組総連合会に加盟し現在に至っている。但し，新労組は，B社労連，その上のくくりのG社労連にも同様に顔出しをしている。

(2)　当時の経営状況

A社の住宅・建材関係の事業部は，1996年は黒字だったが，1997年から2002年まで6年連続の赤字が続いた。2003年に黒字化見込みとなったが，黒字の幅は一桁(億円)と小さく何とか水面上に顔を出した程度で1996年の10分の1程度だった。売り上げ自体の先行きの見通しも暗く期待できなかった。一工場の努力で解消できる範囲の事情ではなかった。2年前の2001年には住宅関連の別会社を手放すという出来事もあった。

A社全体の業績も芳しくなく，同期間中に2度の希望退職を実施し，たとえば1997年の連結売上高約1兆円に対して，営業利益は100億円(売上高営業利益率で1.3%)に過ぎず，売上高営業利益率10%を超える2007年度の決算に比べても当時の悪さが理解される。全社的には，別製品でのカルテル問題，商法違反事件，年金の積立不足などもあり経営を圧迫していた。

(3)　会社からの情報提供と交渉

事態がプレス発表されたのは2003年8月5日で，組合に対しては同年5月14日に関係労組の委員長と連合会の三役に対して建材事業の分離と合併の意向が伝えられた。この種の問題は労使協議会や経営協議会では取り上げられない。公式の場は事前に根回しされて決まったことが再確認される場となっている。だから，そうした席以外での会社からの報告も公式の報告と理解している。

プレス発表までの期間は，組合員や単組の執行委員クラスにも公表せず，会社と協議した。中心テーマは，①事業継続できない理由は，②継続する方法はないか，③分割後の事業見通しは，④建材事業に魅力はないのか，⑤製造拠点をどうするのか，⑥従業員の身分をどうするのか，などであった。

情報の提供された時期は，振り返ってみて適切だったと評価している。ばたばたはしたが，課題を整理したり対応をまとめる時間はあったと判断している。余りに早いと，相手方との関係で事態が揺れ動き，労使協議もそれに振り回される可能性が大きい。インサイダー取引の問題もあり，情報の守秘にも問題がおきかねない。

会社から必要な情報は開示されたし，意図的な情報隠しや操作があったとは考えていない。連合会の三役会議は会社から情報が伝えられた5月14日から始まっている。

(4) プレス発表後の交渉内容

8月5日のプレス発表の日に組合の中央委員会も開かれ，事態が正式に機関に報告された。該当する建材関連の労組の執行委員会に報告されたのは，8月の頭ないし7月の末ごろだと思う。プレス発表の日を境に交渉内容は明確に変わった。8月5日以降は，事業の分離と合併は決まったこととして，そのなかでいかに組合員が新しい仕事を円滑に進めることができるのか，新しい会社が発展していくにはどうすればよいのかを中心に交渉を進めた。

(5) 新会社設立後の交渉

新会社の設立は2003年12月であるが，2005年10月までの間は出向で対応した。2年弱の期間で4つの労働条件の統一について，新会社を相手に交渉した。交渉にはA社側はA社労働組合連合会が対応した。当然，労連の役員として関係単組の代表者らも参加した。

労働条件が定まったところで，一般的には相対的に高かったA社側の条件を下げることになったので，移行措置をA社自身と交渉した。労働条件の低

下分の一部を転籍一時金で支払い，補填するなどの措置を取りまとめて実施した。

(6) 事業形態の変更とその後の経営

合併後もドラスティックな変更はないが，4工場で一部のラインの閉鎖を行った。新会社の滑り出しは順調だったが，業界全体の事情が厳しく2008年3月決算では再び低迷している。

B社は営業主体の会社であり，組合役員も営業職から多く選ばれていた。A社は現業系主体の組合であり，基本的なスタンスがB社と相違していたため，労働条件の統一に当たっても微妙な違いがあった。

営業拠点と営業システムは主としてB社側のものが残された。

(7) 労使関係の変化

労使関係そのものに変化があるとはいえないが，かつての工場閉鎖などでは従業員を他の事業所に吸収することが交渉の主眼だった。今回の事態を通じて，雇用は守りながら別会社へ異動させるという選択肢が新しく生まれた。

労働条件問題などでも余り突っ張りすぎると分社化などが起こることも，組合として心配もしなければならなくなった。

オールA社で労働条件は同じということで長年進めてきたが，それではやっていけないということになって，一時金は事業部の業績を反映する方式が取り入れられ，現在に引き継がれている。

現状では，旧の労働組合役員が残存しており，A社グループ労連でつながっているが，日常業務を通じた関連は薄く，時間と共に関係が希薄化しないように心がけている。

(8) 本事例のポイント

大規模な分社と統合についての情報提供の時期と方法，組合側での情報管理，プレス発表前後の交渉内容の区分けなど参考にすべき情報が豊富に提供され

聞き取りであった。プレス発表の3ヶ月前という情報の開示時期について，具体的な回答として，「2ヶ月や4ヶ月と比べてどうかといわれると3ヶ月の適正さを説明はできないが，少なくとも1ヶ月では短か過ぎるし，6ヶ月では早すぎる」という回答があった。早すぎる根拠は本文中にも記載したとおりであり，同時並行で会社間でも交渉や細部の煮詰めが続けられており，その関係から労働組合側に提案するに足る事態の概要が確定する時期がおのずから存在する。本件ではその時期が実質的な情報開示の時期(プレス発表の3ヶ月前)と大きくかけ離れてはいなかったという単組サイドの判断に基づくものと推測される。

事例その3

輸送用機械製造，事業譲渡

(1) 再編の概要

X社の歴史は，戦中に設立された国策会社に遡る。戦後は，外国企業と提携をしながらも，独自の技術力を高め，国内市場における主要企業として一定のシェアを維持し続けていた。90年代に入り，グローバル競争が激化，業界各社が世界戦略を打ち出すなかで，国内外で業界再編が活発化していった。この流れのなか，X社は事業の集中と選択という方針によって，2001年7月，Y社と合弁で新会社・Z社を設立した。両社はそれぞれのV事業部門をZ社へ事業譲渡することを決定した。

なお，事業譲渡当該部門の従業員はそれぞれX社のXa工場は約360人，Y社のYa工場は約700人であった。

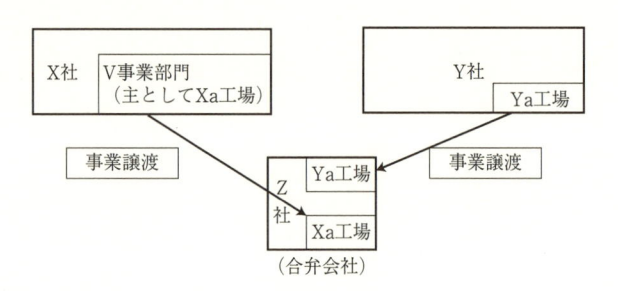

```
┌─────────────────────┐           ┌─────────────────┐
│ X社                 │           │ Y社             │
│   ┌───────────────┐ │           │   ┌───────────┐ │
│   │ V事業部門     │ │           │   │ Ya工場    │ │
│   │ (主としてXa工場)│ │           │   └───────────┘ │
│   └───────────────┘ │           └─────────────────┘
└─────────────────────┘                    │
         │                                 │
    ┌─────────┐        ┌──────────┐   ┌─────────┐
    │ 事業譲渡 │        │ Z  Ya工場 │   │ 事業譲渡 │
    └─────────┘    ───▶│ 社 ─────  │◀───└─────────┘
                        │    Xa工場 │
                        └──────────┘
                        (合弁会社)
```

(2) 労使交渉の特徴

新会社設立及びV事業部門の譲渡について，X労働組合としては，企業戦略として受け止める一方で，雇用保障を基本スタンスとして対応することとした。基本的に，労使交渉は，これまでのX労働組合の運動の積み重ねと，それに裏打ちされた労使の信頼関係が土台となり進んだ。

X労働組合は，当初，労働組合全体として交渉に当たっていたが，途中から

当該事業部門に支部体制を敷いた。対象となる組合員からの意見集約をより徹底し，労働組合全体と支部との連携による対応の強化を図ることが狙いのひとつであったが，同時に，将来的に単組を結成し，単独でJAMに加盟することも視野に入れていた。このXa支部は現在のZ労働組合である。なお，Y社には他産別に加盟するY労働組合が存在していたが，交渉過程での連携はなかった。

　新会社への転籍，雇用，賃金・労働条件などの交渉は，X労働組合とX社との間で行われた。事業譲渡契約の内容についてはX社とY社間の交渉事項であった。Z社設立にあたっては，外資への一部株の売却問題が絡んでいたことや事業譲渡の内容に関する企業間の交渉状況が影響し，事業譲渡に伴って生じる従業員の出向及び転籍を含む労働条件の変更について，会社から十分な内容が提示されなかった。また，転籍及び出向の対象者についても二転三転した。とくに，交渉の過程で，新会社へ転籍扱いとなる職場と，期限なし・出向扱いでYa工場へ転勤扱いとなる職場とで，職場間で異なる状況が発生した。このような事態の詳細がはっきりとしない状況に，さしあたって，X労働組合は，明らかにすべき事項を挙げ，会社に対して説明するよう求めた。

(3) **交渉の経過**
① 出向・転勤・転籍問題

　X労働組合には公式発表前に合弁会社設立と事業譲渡の説明があり，2000年11月，労使委員会においてX社から正式に報告を受けた。2001年7月の新会社設立以降，事業部門の従業員は当面出向扱いとなった。同年12月，事業部門全従業員を対象に転籍とすること，雇用についてはX社が責任を持って対応するとの見解が示された。

　その後，2002年1月，出向・転籍，及び，新会社における賃金・労働条件の大枠の提案が会社よりなされた。併せて，X社当該部門が製造していた製品の一部をY社の遠隔地にあるYa工場に移管し，一部従業員がYa工場へ転勤するとの方針が提示された。さらに，この転勤には期間の定めがなく，「未来

永劫」で，Z社への転籍ではなく，出向扱いにするとされた。Xa工場には地域出身者が多く，転居を伴う転勤を前提として就職した従業員は少なかった。また，兼業農家の従業員もおり，この転勤は雇用にかかわる問題であった。2002年8月には，第1陣のYa工場への転勤が開始された。やむをえず退職をする従業員も出てきた。

　X労働組合としては，重大な問題であるとして，転勤に期間を設けるよう繰り返し会社に要請をした。交渉の結果，製造部門については，転勤期間を最大3年とすることができた。どうしても転勤できない従業員に対しては，その理由を考慮し，X社が雇用を確保することとなった。Ya工場への転勤対象者133名のうち約10名はX社で雇用を確保した。転勤期間を定めるよう交渉するのに並行して，Ya工場への移管そのものについても，取引先との関係や効率的な生産という視点から，本当に必要性があるのか，会社に対して問題点を整理・再検討するよう要請した。結果，移管は1年延期とされた後，2005年3月には，移管を中止することが正式に決定された。

　この移管中止によって，転勤していた組合員は，出向ではなくZ社への転籍となった。この際の転籍は，2003年に既に会社との間で合意した転籍条件に沿って行われた。

　② 賃金・労働条件及び転籍条件

　2002年1月に会社から示された新会社の賃金・労働条件は，Y社の人事制度に合わせることを趣旨とした内容であった。Y社の賃金制度に合わせた場合，数人を除き，ほぼ全員について賃金がダウンすることが判明した。月例賃金は，平均3万円，多い人だと13万円も減少するものだった。作業服や安全靴の支給のあり方などの細かな項目も含めて，X社と比較すると，全般的に労働条件が下がることが分かった。労働組合は，このような条件では到底転籍に応じることはできないとして，会社から出された案を突っぱねた。その後，X社から賃金低下の差額分の補填について提示がなされた。X労働組合にとっては納得できる水準ではなかったが，いったん会社からの回答を引き取り，職場集会で議案としてかけた結果，否決となった。この結果を持って，会社との交渉に臨

んだ。その後，数回の交渉を経て，2003年5月，転籍及び出向に関する条件について労使合意に至った。賃金ダウンへの対応は，月例賃金の差額分について，額と年齢を勘案して，1～12年間分を割増退職金として補填されることとなった。賃金制度はY社の制度を引き継いだものとはなったが，Ya工場では適用されている地域別賃金は導入しないことで合意された。地域別賃金を導入すると，賃金水準は20％程度引き下げられることになる。退職金は精算することとなった。

(4) 現在の企業状況と労使関係

現在の経営状況は，繁忙感があり，順調である。企業再編によってユーザーが拡大したことも貢献していると考えている。主要な製品については，国内では圧倒的なシェアを占めている。

事業所内の労使関係は良好である。職場労使懇談会を月1回，労使委員会を年2回，開催している。また，Ya工場も含めて会社全体へのかかりわりも，合同での話し合いの場を持ち始めている。経営情報については，執行部に対して口頭のみで行われているが，組合のスタンスとしては，一般組合員への提示を求め取り組んでいる。X社はその後他社と企業統合しW社となった。これに合わせて関係する労働組合はW連合会を結成し，Z労働組合も加盟している。Y労働組合との関係であるが，しばらく開催されていなかったが，懇談の場をもつことを予定している。

(5) 本事例のポイント

雇用問題にもかかわる遠隔地への転勤と労働条件切り下げという厳しい条件をどう押し返していくのか。事業譲渡に際して，X労働組合及びXa支部が直面した難題であった。X労働組合がこれまで積み重ねてきた運動が，十分な交渉を進める上でもっとも重要であった。また，途中から当該事業部門に支部体制を敷き，対象となる組合員からの意見集約の徹底を図り，労働組合全体との連携のなかで交渉にあたったことも注目すべき点である。

もうひとつのポイントは，組合活動への影響という点からは，企業再編後も単独の労働組合として組織を維持し，W連合会に加盟，また，JAMの単組として，連携を維持していることである。これは，これまでの組合活動の蓄積のほかに，新会社のZ社において，Xa工場とYa工場でそれぞれ旧会社の独自商権で事業を展開しているという実情も反映されていると考えられる。

事例その4

電気機械製造，経営陣と従業員による買収，企業グループからの独立

(1) 企業概要と企業組織再編の種類

精密電気機械製造，従業員数は110人。資本金1億円。

MEBO（経営陣と従業員による買収）による買収・独立。Kユニオンの立場では労働組合組織範囲内では企業組織，労働組合組織ともにほとんど変化が生じていないため，組織再編とは認識されていない。

(2) 主な経緯

外資であるF社の100％出資日本子会社PR社を2006年，MEBO（経営陣と従業員による企業買収）によって買収，独立した。独立の方法は金融機関（3銀行）による融資，経営陣（6名），従業員による出資によって，新会社K社を設立。同社がF社よりPR社の株式を買収することにより吸収・合併した。

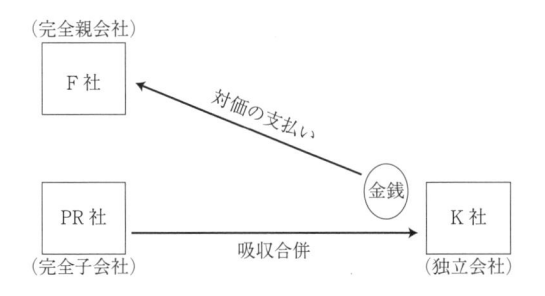

```
（完全親会社）
   F社 ←──対価の支払い──┐
                        │
                      （金銭）
   PR社 ──吸収合併──→   K社
（完全子会社）         （独立会社）
```

(3) 買収の経緯と会社からの情報提供，組合の対応

① 会社との意思疎通

会社との労使関係は良好であり，会社側との意思疎通もできていた。代々社長はF社日本法人の事業部長が非常勤の形で同社の社長を兼任していた。会

社とは月に一度の労使懇談会，3ヶ月一度の労使協議会を開催し，意思疎通を図っていた。

今回の件については，独立より2年前の2004年頃より社長(当時社長はF社関係者から交替し，PR社のプロパー役員が就任していた)より，「きな臭い動きがある」という非公式な情報提供はあった。しかし細かい内容は社長も明確には把握していなかった模様。F社からのMEBOの提案が2005年にあった。その後検討期間を経て2006年8月に独立した。

② 買収の詳細と労働組合の対応

2005年10月，F社よりMEBOの実施が決定した，との連絡が同社に届き，同時に組合にも伝えられた。直ちに執行委員会が開催され，どのタイミングで組合員に伝達するか，組合員には組合が対応することで，会社側とタイアップする形をとった。

会社は，当初売上額同などの10数億円程度の買収価格を想定，資金を融資してくれる金融機関を探したが見つけることができなかった。その後F社側が想定している買収価格が，予想の6割程度であることが判明した。この買収価格に対してどのように対応すべきか，労働組合にも相談があった。結局組合としては，組合員の出資負担分を一律基本給2ヶ月分とした。尚，この間の買収予定金額の変化について，組合は「社長が値切った」としている。組合としては，今回のMEBOは一種の自主再建型企業再生と考えた。

会社側との交渉で，大きくもめたということはないが，多くの時間を費やした。新たに営業所を設置することになったが，転勤者の処遇をどうするかなど，労働条件を詰めたがすぐ決着した。

会社側は，融資先を探し複数の金融機関の協力を取り付け，マネージャーグループをとりまとめ，買収資金を調達した。さらに従業員を説得するため，従業員の家族に事情説明の手紙を書くなどを行い，組合側は全員集会などで組合員に周知し，組合としての意向を伝えるなど，会社側と役割分担をしたという面がある。重要なコーディネーター役を社長が担った。

(4) 持ち株会

　今回の従業員による出資に関しては，従業員持ち株会を設立し，役員を組合側2名，管理職などの非組合側2名とした。持ち株会の持ち株比率は，全株式の41.7％（25,000株／60,000株）であり，残りの全株式はマネージャーグループが所有している。株主総会には組合委員長が持ち株会理事長として出席し，発言している。ただし労働条件などについての発言は，慎重に行い，会社との関係を尊重している。

(5) 組合上部団体について

　今回の件ではJAM本部役員にも度々相談をして助言を得た。組合としては，MEBOの知識が少ないため，本部の助言は会社との交渉のなかで役立ち，大変心強く感じた。

(6) 組合への影響

　既述したような既存の日本法人丸ごとの買収・独立であるため，組合組織への影響はない。また既述のように一部転勤者が出たが，大きな問題は生じなかった。

(7) 今後の展望

　金融機関への返済は，第1回目について行ったが，かなり大変だというように組合としては認識している。事業の展開では同一分野での新製品開発に力を入れているが，今のところ必ずしも順調とはいえない部分もある。

(8) 組合として大事な点

　なによりもいち早く情報をえることが必要。そのためには日頃の会社との良好な関係づくりが重要である。組合員への情報の伝達は早い方がいいが，タイミングを計ることも求められる。

　今回の出来事以前に，2回リストラを経験している。うち1回は指名解雇が

なされており，この経験は会社，組合ともに厳しく，つらいものであった。今回の出来事においては，そうした経験を踏まえ，会社，組合ともに何としても犠牲を出さずに乗り切ることを最大の目標とした。そのために会社と十分な意思疎通と信頼関係の維持に努力した。F社も買収がスムーズに運ぶよういろいろ配慮してくれたと考えている。しかし，もしMEBOが失敗したら，F社は強硬な手段をとるであろうことは想定されており，失敗は許されなかった。今回の出来事を契機に，会社と労働組合の信頼関係は一層深まったと考えている。

(9) **本事例でのポイント**

今回の一連の出来事は，企業の立場からみれば，F社という大企業グループからの離脱・独立である。しかし組合としては，一連の出来事を企業の組織再編とは認識していない。その大きな理由は，現K社としては，実質的に再編は生じていないため，組合組織も既存のままだからである。このKユニオンの事例で注目すべきなのは，大手企業グループから企業単体が独立するに際して，社長がコーディネーターとなりながら労使が緊密に連携して，地元金融機関の融資を得ながら，さらに従業員自ら出資するなどして企業の再建の形を築いたことであろう。これを労働組合としては自主再建型企業再生と認識しているが，独立後も持ち株会を設立することによって，会社に対する一定の発言権を確保していることも見逃せない。

事例その5

金属製品製造，外資ファンドによる企業買収と企業再建

(1) 企業概要

創業は戦前，業種は金属製品製造，荷役運搬用チェーンブロック，クレーンの製造・販売。資本金39億65百万円，従業員数680人。

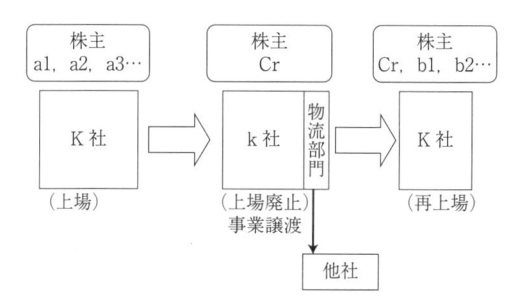

```
株主           株主         株主
a1, a2, a3…    Cr          Cr, b1, b2…

  K社    ⇒    k社   物流    K社
                    部門
 (上場)      (上場廃止)     (再上場)
             事業譲渡
                     ↓
                    他社
```

(2) 組織再編の種類

外資系ファンドによる企業買収と企業再建，一部事業譲渡。

(3) 主な経緯

90年代後半の景気後退のもとで業績が急速に悪化，1999年までに3回のリストラを経験した。

2004年に打開策としてメインバンクより外資系ファンドのCr社を紹介された。Cr社はK社に対して友好的TOB（株式公開買付け）を提案し，K社はこれを受け入れた。2004年8月Cr社はTOBを実施し，株式の90％以上を取得し，TOBは成功した。当時株式のほぼ50％はK社創業家が所有しており，当時の経営者はその株のCr社への売却に協力した。このCr社の株買収はK社経営陣の了解のもとに実施されたものであり，いわゆるMBO（経営側による企業買収ないしは経営側の提案・了解による株主の移動）に該当する。

Cr社はこの買収によって実質的経営権を握ったが，旧経営陣をそのまま残し，日常的業務運営は彼らにまかせ，Cr社はいわば黒子に徹していた。K社は同年10月上場を廃止した。

　Cr社は，まずK社の経営改革および生産工程改革に着手した。後者に関してはCr社が紹介した(株)OSと業務提携し，生産工程における在庫削減，多品種少量生産品に関する受注生産化などに取り組んだ。

　さらに赤字経営の主要因であった物流部門の事業譲渡を実施し，本体のスリム化を図った。この結果，業績は急速に回復し，2005年から黒字に転換し，2007年には再上場を果たした。この上場によって，Cr社は株式の大半を売却したが，現在も約20％の株式を所有しており，筆頭株主であることに変わりない。

(4) 会社と労働組合との関係

　この一連の出来事における労働組合の役割を考える上で，会社と組合との関係についてふれておく必要がある。まず組合設立の経緯であるが，経営側からの組合設立の提案を受けて設立されている。これは当時の社長が，従業員も団結し，自らの労働条件などについて，相互理解の立場に立って，言いたいことがあれば発言すべきであるという考えに基づいていた。そのような組合設立の経緯ゆえに，会社と組合との関係はすこぶる良好であり，相互の意思疎通は密である。

　日常的には月1回労使懇談会が開催され，その内容は組合ニュースに掲載し，配布されるとともに，基本的に翌日開催される職場委員会に報告される。そして昼休みに職場討議にかけられる。また労使懇談会以外にも必要に応じて，労使協議会の名称で労使の協議がもたれる。

(5) 一連の経過における組合の関与

　Cr社によるTOB提案とそれに対する会社側の受け入れ発表は東京本社で行われたが，その場に組合役員も集められ，会社側から事情説明を受けた。会社による提案の受け入れ決定の発表と組合への説明は同時になされており，そ

の決定には組合の一定程度の意見表明が影響している。TOB受入決定に先立ってK社各部門における帳簿類の一斉検査が実施された。しかし会社は，それを金融機関から融資をうけるための検査と説明したため，委員長を除く組合役員は，それがTOBを前提とした検査(デリージェンス)だとはまったく気づかなかった。

　物流部門の営業譲渡に関しては，それが長期にわたる赤字状態の主要因であったことは組合も承知しており，何らかの対策が必要であると考えていた。そのため売却に関しては組合としてもやむを得ないという判断であった。問題は譲渡に際しての従業員，組合員の雇用と一定の処遇の確保にあった。この点については，組合としてもほぼ満足のいく結果(直近上位の賃金水準，退職金算定における勤続年数の扱いなど)が得られたと考えている。

　企業改革，生産改革に関して，在庫の問題については組合としても従来からその削減が必要と考えていたので，Cr社の方針に基本的に賛成であり，積極的に協力した。今までであれば，取り組みは中途半端に終わることが多かったが，Cr社のやり方は徹底しており，評価できる。一連の改革は生産の効率化はもちろんのことであるが，従業員の意識改革という点でもっとも大きな効果であったと思う。

(6)　**今後の問題に関して**
　Cr社は現在でも約20%の株式を有しており，筆頭株主である。組合委員長の感触としては，Cr社はこの株を売却すると思われる。問題はどこに売却するかである。この点に関しては組合としても深い関心をもって推移を見守っている。

(7)　**一連の経過のなかでの産別の役割について**
　TOBに関しては，JAMに相談していない。物流部門の事業譲渡に際してはJAM本部に相談した。事業譲渡実施前に組合役員に対して研修会を開き，その場でJAM本部に注意すべき点などを話してもらった。実施1ヶ月前の情報公開の規定などは知らなかったので，大いに役にたった。

(8) 労働組合のよって立つスタンスについて

　組合は雇用と労働条件の確保に最大の努力をすべきであり，そのためには一時的に譲歩することも必要である。メンツにこだわるべきではない。そのためには労使間の良好な労使関係は必須である。

(9) 本事例において注目すべき点

　ひとつには組合委員長の強いリーダーシップが感じられる。委員長の基本的な姿勢は労使の信頼関係に奢ることなく是々非々の立場で議論し，判断していくことにある。その姿勢がそのまま組合員に受け入れられているかどうかは，判断できない。いまひとつはファンドの姿勢である。Cr社はTOB後も黒子に徹しながら，積極的に企業改革を主導し，それが再上場に結びついている。この事例からはファンドがどのような意図をもって企業を買収しようとしているのか，正確に把握することが極めて重要であることがわかる。K社の場合，ファンドはメインバンクの紹介でもあり，かつ社長が米国のファンドについて詳しいという事情が，プラスに作用したように思われる。その点でいえばCr社は，企業再建に関する人材，ネットワーク，豊富な経験などの要素を有しており，比較的高い評価を与えられよう。その一方組合は，Cr社の今後の所有株の売却には強い関心をもって注視している。たとえ信頼しうるファンドであったとしても，再建が成し遂げられ，ファンドとしての役割がほぼ終了した今，ファンドによる株売却について，組合の立場から問題意識をもって注視する姿勢は，組合としては当然の対応と思われる。

　多くの企業，とりわけ中小規模の企業にとって，ファンドは未知の分野ではないだろうか。本事例は，ファンドが参加することによって，組合の立場からみても一定の評価が下せる再建が可能であることを示している。しかしその前提にあるのは，組合として会社任せではない，主体的な対応であり，たとえば情報の収集といったことでもそのことの重要性が感じられる。

企業組織再編　調査表 (データが必要な組合はお申し出下さい)

JAM組織・調査グループ (07年6月作成)

　　企業再編が多発しさらに加速されようとしています。貴組合が所属する企業のここ10年の実態を調査し、今後の対応指針作成に活用するための調査です。不明な点があれば可能な限り会社へ問い合わせて回答してください。回答は回答記入欄へご記入下さい。正方形の回答欄には用意した回答の番号・記号を記入してください。枝番の回答欄には最初の質問で「1.はい」を選択した組合が続いてお答え下さい。

地方名 [　　　]　　回答組合名 [　　　　　　　]

記入者名 [　　　　]　　役職名 [　　　]　　問合せ先電話番号 [　　　　　]

1. 会社の常用従業員数について　　　　　　　　　　　　　　　　回答欄
　　1. 49人以下　　　　2. 50〜99人　　　　3. 100〜299人　　a1 [　]
　　4. 300〜499人　　　5. 500〜999人　　　6. 1000人以上

2. 過去10年の企業再編について
① 持ち株会社について
　　持ち株会社が作られた　　　　1. はい　　　2. いいえ　　　a2 [　]
　　(「はい」と答えた労組のみ以下にお答え下さい)
　　いつ（西暦で記入してください）　　　　　　　　　　　　a2-1 [　]年[　]月
　　何社を合わせて　　　　　　　　　　　　　　　　　　　　a2-2 [　]社
　　持ち株会社との事実上の交渉は　1. できる　　 2. できない　a2-3 [　]
　　グループ企業の経営情報は　　　1. 開示される 2. 開示されない a2-4 [　]
② 企業合併について
　　吸収合併した　　　　　　　　　1. はい　　　2. いいえ　　a31 [　]
　　　いつ（西暦で記入してください）　　　　　　　　　　　a31-1 [　]年[　]月
　　　相手先企業名　　　　　　　a31-2 [　　　　　　　　]
　　吸収合併された　　　　　　　　1. はい　　　2. いいえ　　a32 [　]
　　　いつ　　　　　　　　　　　　　　　　　　　　　　　　a32-1 [　]年[　]月
　　　相手先企業名　　　　　　　a32-2 [　　　　　　　　]
　　対等合併した　　　　　　　　　1. はい　　　2. いいえ　　a33 [　]
　　　合併前企業名　　　　　　　a33-1 [　　　　　　　　]
　　　合併後の企業名　　　　　　a33-2 [　　　　　　　　]
　＊複数ある場合は用紙をコピーしてすべてをご記入下さい
③ 企業分割について
　　分割した　　　　　　　　　　　1. はい　　　2. いいえ　　a4 [　]
　　　いつ（西暦で記入してください）　　　　　　　　　　　a4-1 [　]年[　]月
　　　分割した部門　　　　　　　a4-2 [　　　　　　　　]
　　　分割後の状態　　　　　1. 持ち株会社　2. 連結対象の　　a4-3 [　]
　　　　　　　　　　　　　　　　で一括　　　　独自会社
　　　　　　　　　　　　　　　3. 連結外の独　4. その他
　　　　　　　　　　　　　　　　自会社　　　 [具体的に　　　　　　]
　＊複数ある場合は用紙をコピーしてすべてをご記入下さい
④ 営業譲渡について
　　部分を譲渡した　　　　　　　　1. はい　　　2. いいえ　　a51 [　]
　　　いつ（西暦で記入してください）　　　　　　　　　　　a51-1 [　]年[　]月
　　　譲渡した部門　　　　　　　a51-2 [　　　　　　　　]

譲渡先	a51-3		
部分の譲渡を受けた	1．はい　2．いいえ	a52 □	
いつ（西暦で記入してください）		a52-1 □年□月	
譲渡を受けた部門	a52-2		
譲渡後の状態	1．独立した部門で維持　2．部門全体を既存部門と統合	a52-3 □	
	3．部門を分割して吸収　4．その他		
	具体的に		

⑤ 株式買収（50%を超える株式の買収）について

　株式買収を行った　　　　1．はい　　2．いいえ　　a61 □
　いつ（西暦で記入してください）　　　　　　　　　a61-1 □年□月
　買収先企業名　　　　　a61-2
　買収先企業の性質　　　1．重要な仕事上　イ．商社等販売にかかわる関係先　　a61-3 □-□
　　　　　　　　　　　　　の関係先
　　　　　　　　　　　（枝も選んでください）
　　　　　　　　　　　　　　　　　　　　ロ．原材料の供給先
　　　　　　　　　　　　　　　　　　　　ハ．その他重要な仕事上の関係先
　　　　　　　　　　　2．同業種の企業
　　　　　　　　　　　3．異業種の企業
　　　　　　　　　　　4．その他　具体的に

　株式買収を受けた　　　1．はい　　2．いいえ　　a62 □
　いつ（西暦で記入してください）　　　　　　　　　a62-1 □年□月
　買収を受けた相手先名　a62-2
　相手先の性質　　　　　1．重要な仕事上　イ．商社等販売に係わる関係　　a62-3 □-□
　　　　　　　　　　　　　の関係先
　　　　　　　　　　　（枝も選んでください）
　　　　　　　　　　　　　　　　　　　　ロ．原材料の供給先
　　　　　　　　　　　　　　　　　　　　ハ．その他重要な仕事上の関係先
　　　　　　　　　　　2．同業種の企業
　　　　　　　　　　　3．異業種の企業
　　　　　　　　　　　4．その他　具体的に

⑥ グループ内（自社以外）の企業再編について

　事業・企業の再編があった　　1．はい　　2．いいえ　　a71 □
　事業・企業の買収があった　　1．はい　　2．いいえ　　a72 □
　　複数ある場合はその件数　　　　　　　　　　　　　　a72-1 □件
　事業・企業の統合があった　　1．はい　　2．いいえ　　a73 □
　　複数ある場合はその件数　　　　　　　　　　　　　　a73-1 □件
　事業・企業の分割があった　　1．はい　　2．いいえ　　a74 □
　　複数ある場合はその件数　　　　　　　　　　　　　　a74-1 □件
　その他の再編があった　　　　1．はい　　2．いいえ　　a75 □
　　複数ある場合はその件数　　　　　　　　　　　　　　a75-1 □件

3．主要な株主構成の変化について

① 株式の公開
1. 上場している
2. 上場していないが公開している
3. 公開していない　　　　　　　a81 ☐

上場	証券取引所で売買が認められている株式を指します
公開	東証マザーズ、ナスダック・ジャパンなどの証券市場をはじめとして証券会社の店頭で株式の売買ができる株式を指します

② ここ5年間の株主構成の変化について
1. 発行済み株式の20％を超える大株主の構成に変化があった
2. 20％未満の主要株主の構成に変化があった
3. 大きな変動はなく株主構成は安定している
4. 株主構成をつかんでいない　　a82 ☐

4．投資ファンド・外資の係わりについて

投資ファンド	投資信託などの形態で、投資家から委託を受けた資金の運用を行う投資顧問会社、投資事業組合等を指します

① 投資ファンドが自社の株を所有している
1. はい　　2. いいえ
3. 分からない　　　　　　　　　a91 ☐

（「はい」と答えた労組のみ以下にお答え下さい。複数ある場合は用紙をコピーしてすべてを記入してください）

投資ファンドの名称　　　a91-1 _____
投資ファンドの所属国　　　　　　a91-2 _____
07年3月末現在の持ち株比率　　　　　　　　　a91-3 ☐ ％
持ち株比率の1年間の動き
1. 急増した　　2. 漸次増加した
3. 変化なし　　4. 漸次減少した　a91-4 ☐

持ち株比率の5年間の動き
1. 急増した　　2. 漸次増加した
3. 変化なし　　4. 漸次減少した　a91-5 ☐

投資ファンドと実業とのかかわり
1. 企業運営の実績がある
2. 企業運営の実績はない
3. 不明　　　　　　　　　　　　a91-6 ☐

② 外資が自社株を所有している
1. はい　　2. いいえ
3. 分からない　　　　　　　　　a92 ☐

（「はい」と答えた労組のみ以下にお答え下さい。複数ある場合は用紙をコピーしてすべてを記入してください）

外資の名称　　　a92-1 _____
個人・法人の別　　1. 個人　　2. 法人　　a92-2 ☐
外資の所属国　　　　　　a92-3 _____
07年3月末現在の持ち株比率　　　　　　　　　a92-4 ☐ ％
持ち株比率の1年間の動き
1. 急増した　　2. 漸次増加した
3. 変化なし　　4. 漸次減少した　a92-5 ☐

持ち株比率の5年間の動き
1. 急増した　　2. 漸次増加した
3. 変化なし　　4. 漸次減少した　a92-6 ☐

外資と実業とのかかわり
1. 企業運営の実績がある
2. 企業運営の実績はない
3. 不明　　　　　　　　　　　　a92-7 ☐

③ 投資ファンド・外資の経営への　1．参画している　　　イ．代表取締役を　a63 ☐-☐
　　参画について　　　　　　　　　（枝も選んでください）　　派遣
　　（投資ファンド・外資が株を所　　　　　　　　　　　　　ロ．取締役の半数
　　有している労組のみ以下にお答　　　　　　　　　　　　　　以上を派遣
　　え下さい）　　　　　　　　　　　　　　　　　　　　　　ハ．取締役の半数
　　　　　　　　　　　　　　　　　　　　　　　　　　　　　　未満を派遣
　　　　　　　　　　　　　　　　　　　　　　　　　　　　ニ．取締役以外の
　　　　　　　　　　　　　　　　　　　　　　　　　　　　　　役員（監査役・
　　　　　　　　　　　　　　　　　　　　　　　　　　　　　　執行役員等）
　　　　　　　　　　　　　　　　　　　　　　　　　　　　　　を派遣
　　　　　　　　　　　　　　　　　　　　　　　　　　　　ホ．役員以外を派
　　　　　　　　　　　　　　　　　　　　　　　　　　　　　　遣
　　　　　　　　　　　　　　　　2．参画していない
④ 投資ファンド・外資からの要求　1．株主提案があっ　イ．増配要求があ　a64 ☐-☐
　　について　　　　　　　　　　　　た　　　　　　　　　　った
　　（投資ファンド・外資が株を所　（枝も選んでください）　ロ．人事への提案
　　有している労組のみ、ここ数年　　　　　　　　　　　　　　があった
　　間の動きについて以下にお答え　　　　　　　　　　　　　ハ．事業計画への
　　下さい）　　　　　　　　　　　　　　　　　　　　　　　　提案や修正提
　　　　　　　　　　　　　　　　　　　　　　　　　　　　　　案があった
　　　　　　　　　　　　　　　　　　　　　　　　　　　　　　　　　（具体的に）
　　　　　　　　　　　　　　　　　　　　　　　　　　　　ニ．その他の提案
　　　　　　　　　　　　　　　　　　　　　　　　　　　　　　や要求があっ
　　　　　　　　　　　　　　　　　　　　　　　　　　　　　　た
　　　　　　　　　　　　　　　　　　　　　　　　　　　　ホ．表立った動き
　　　　　　　　　　　　　　　　　　　　　　　　　　　　　　はない
　　　　　　　　　　　　　　　　2．株主提案や要
　　　　　　　　　　　　　　　　　　求はない
　　　　　　　　　　　　　　　　3．水面下での動
　　　　　　　　　　　　　　　　　　きがあった
　　　　　　　　　　　　　　　　4．水面下での動　イ．経営側から情
　　　　　　　　　　　　　　　　　　きもない　　　　　　　　報を得ていない
　　　　　　　　　　　　　　　　（枝も選んでください）　ロ．経営側から情
　　　　　　　　　　　　　　　　　　　　　　　　　　　　　　報を得ている
　　　　　　　　　　　　　　　　　　　　　　　　　　　　　　が動きはない

第2次企業組織再編調査の実施と回答記入のお願い

JAM組織・調査グループ（07年12月）

　企業組織再編調査（第1次・07年6月実施）の結果を踏まえて、（ア）何らかの企業組織再編があった、（イ）投資ファンド・外資が自社株を所有している、とお答えいただいた200労組余りと、（ウ）回答をいただかなかった労組の中で本部がファンド・外資による株所有があった事を承知している労組を対象に、第2次調査を実施します。企業組織再編時等の労使関係に焦点を当てた調査ですので、前回同様にご協力下さい。

1．回答記入の方法

　調査の対象とする企業組織再編は、①純粋持ち株会社の設置、②企業合併、③企業分割、④営業譲渡の4類型とし、複数ある場合はその中から2件をその重要度から単組が選択していただいて、その場合における実情を（回答用紙その1-1、その1-2）でご回答下さい。1件のみの場合は（回等用紙その1-1）のみにご記入下さい。
　投資ファンド・外資に関する質問には、該当する労組だけが（回答用紙その2）を使ってお答え下さい。
　回答はいずれも回答欄の枠内に選択肢の数字でご記入下さい。その他を選択された場合や回答の詳細をお尋ねする部分には、その内容を記入欄の枠内にご記入下さい。
　貴組合の第1次調査でのご回答の要旨を枠外に記載しています。

2．回収締め切り

　回収の締め切りは、2008年1月18日（金）とします。返信用封筒で直接JAMまでご返送下さい。

3．問合せ先

　本件へのお問い合わせはJAM組織・グループ（北方龍二・高橋友雄）までお願いします。
　電話　03-3451-2650　　FAX　03-3453-7868
　Email　soshiki.cyousa@jam-union.jp

　＊「企業組織再編調査（第1次）の集計結果報告」（『月刊JAM』12月号掲載予定）を同封しますのでご活用下さい。

回答労組データ

地方名　[　　　　]

回答組合名　[　　　　　　　　　　]

記入者名　[　　　　]　　役職名　[　　　　]　　以下の空欄も忘れずに記入してください

問合せ先電話番号　[　　　　　　]

第1次企業組織再編調査での貴労組の回答（1：あった、2：なかった又は無回答）

① 持ち株会社	② 企業合併			③ 企業分割
	吸収合併した	吸収合併された	対等合併した	

④ 営業譲渡		⑤ ファンド・外資の自社株所有	
部分を譲渡した	部分の譲渡を受けた	ファンドが所有している	外資が所有している

第4章　企業組織再編調査結果から

第2次企業組織再編　調査票（データが必要な場合はお申し出下さい）

回答用紙その1 （何らかの企業組織再編があった労組が労組にとって
もっとも重要と判断される再編に関してお答え下さい）　　　回答欄

1. 回答いただいた企業組織再編の種類
   1. 純粋持ち株会社の設置　　　　　　　　　　　　（2.4を選択した場合は枝番も）　☐-☐
   2. 企業合併　2-1. 吸収合併した　2-2. 吸収合併された　2-3. 対等合併した
   3. 企業分割
   4. 営業譲渡　4-1. 部分を譲渡した　4-2. 部分の譲渡を受けた
2. 事前の労組への会社からの情報提供の有無
   ① 事前の情報提供の有無
      1. 情報提供があった　　　2. 情報提供はなかった　　　　　　　　　　☐
   ② 日常的な労使のコミュニケーションの状態
      1. 情報交換は緊密で良好　2. 関係は悪くはないが提供される情報は限られる　☐
      3. 特殊な経営情報は入手できない　4. その他 [　　　　　]
3. 情報を得た結果としての労組の対応（2の①の質問で1を選択した労組のみお答え下さい）
   ① 機関での扱い
      1. 取り扱った　　2. 取り扱っていない　　　　　　　　　　　　　　☐
      [取り扱わなかった理由　　　　　　　　　　　　　　　　　]
   ② 取り扱った機関（①の質問で1を選択した労組のみお答え下さい）（複数選択可）
      1. 三役会議　　2. 執行委員会　　3. 代議員会　　4. 大会　　　　　☐
   ③ 組合としての見解や対案の取りまとめ（①の質問で1を選択した労組のみお答え下さい）
      1. まとめた　　2. まとめていない　　　　　　　　　　　　　　　　☐
      [まとめなかった理由　　　　　　　　　　　　　　　　　]
   ④ 相談先　　　　　　　　　　　　　　　　　　　　　（複数選択可）
      1. 企業連組織　2. 業種別共闘組織　3. 産別・連合　4. 弁護士・コンサルタント　☐
      5. 証券会社・銀行等　6. 業界情報紙・誌の記者等
      7. その他 [　　　　　　　　　　　　]
4. 労使の相互関係（2の①の質問で1を選択した労組のみお答えください）
   ① 交渉の有無
      1. 交渉した　　2. 交渉していない　　　　　　　　　　　　　　　　☐
      [交渉しなかった理由　　　　　　　　　　　　　　　　　]
   ② 提案の修正の有無
      1. 修正があった　　2. 修正はなかった　　　　　　　　　　　　　　☐
   ③ 合意の有無
      1. 合意した　　2. 合意していない
5. 労働条件面での影響
   ① 賃金
      1. 傾向として上がった　2. 変化なし　3. 傾向として下がった　　　　☐
      4. 新たな賃金制度が導入された　5. 分からない
   ② 一時金
      1. 上がった　　2. 変化なし　　3. 下がった　　　　　　　　　　　☐
      4. 新たな決定システムが導入された　5. 分からない

③ 退職金 □
 1. 上がった   2. 変化なし   3. 下がった
 4. 新たな決定システムが導入された 5. 分からない
④ 労働時間 □
 1. 延長した   2. 変化なし   3. 短縮した
 4. その他 [　　　　　　]   5. 分からない
⑤ 組合員の企業籍上の扱い   （2を選択した場合は枝番も）□-□
 1. 変化なし
 2. 変更があった 2-1. 出向 2-2. 転籍 2-3. 派遣 2-4. その他 [　　]
⑥ 要員削減の有無 □
 1. あり [その場合の人数　　　　　　人] 2. なし

6．組織への影響

① 合併・分割などの場合の全体への影響 □
 1. 所属する産別が変わった 2. 所属するグループ労連が変わった
 3. 統合先で統合した組合となった 4. 統合先の組合傘下になった
 5. 従来どおり独立した単組としてある
 6. その他 [　　　　　　　　　　　　]
② 分割・営業譲渡などの場合の部分への影響 □
 1. 分社・譲渡・統合先で独立した組合となった
 2. 分社・譲渡・統合先の組合傘下に入った
 3. 分社・譲渡・統合先で組合がなくなった
 4. 従来どおり，本体の傘下にある
 5. 分からない 6. その他 [　　　　　　　　　]
③ 企業組織再編に伴う組合員数の変化 □
 1. 非組合員の組合員化があった 2. 組合員の非組合員化があった
 3. 変わらない
④ 労働協約の継承 □
 1. 基本的に継承した 2. 一部を継承した 3. 白紙でスタートした
 4. その他 [　　　　　　　]

7．企業組織再編を振り返って

① 経営側が実施理由に挙げたポイント（3つまで選択可） □□□
 1. コスト低減 2. 市場でのシェア確保 3. 商品力の強化
 4. 収益構造の改善 5. 既存事業以外の部門の取り込み
 6. グループ・業界の再編に伴い 7. 自社にない技術・ノウハウの取り込み
 8. その他 [　　　　　　　]
② 労組としての関心の中心（2つまで選択可） □□
 1. 雇用の維持 2. 賃金・労働条件の維持 3. 労働協約の継承
 4. 労組組織の維持 5. 企業・事業の将来性
 6. その他
③ 現段階での労組の評価 □
 1. まったく評価できなし事業的にも失敗 2. 評価は定まらない
 3. 評価する立場にない   4. 諸事情を考慮するとやむをえない
 5. 将来を展望すると積極的に評価できる
 6. その他 [　　　　　　　　　]

第2次企業組織再編　調査票（データが必要な場合はお申し出下さい）

回答用紙その2　（投資ファンド・外資が自社株を所有している労組だけがお答え下さい）

回答欄

1．企業側からの株式情報の提示の状況
　① 企業からの情報提供の有無　□
　　　1.詳細にある　　　　2.部分的にある　　　3.一切ない
　② 株主からの要求についての情報提供　□
　　　1.詳細にある　　　　2.部分的にある　　　3.一切ない
　③ インサイダー取引に関連した守秘義務の扱い（②で情報提供があると答えた組合がお答えください）
　　　1.協定している　　　2.基準がある　　　　3.強く要請されている
　　　4.情報の開示者を限定している　　　　　　5.特別の仕組みはない

2．ファンド・外資の株所有についての労組としての対応
　① 独自の情報源　□
　　　1.マスコミ・業界紙誌等から　2.グループ労連から　3.業種共闘から
　　　4.地域の関連団体から　　　　5.産別・連合から　　6.情報収集を行っていない
　② 労組としての危機感　□－□
　　　1.なし　　2.あり　　その理由　[　　　　　　　　　　　　　　]
　③ 労組としての自社株所有の有無（2を選択した場合は枝番も）
　　　1.所持している　[株数　　株]　[発行株に占める割り合い　　％]
　　　2.所持していない　2-1.所持を検討している　2-2.所持を検討していない
　④ 従業員持ち株会の有無　□
　　　1.あり　[株数　　株]　[発行株に占める割り合い　　％]
　　　2.なし
　⑤ 従業員持ち株会への労組の発言力（前項で1と回答した労組がお答え下さい）
　　　1.一定の影響力がある　　2.一定の発言ができる　　3.かかわりはない
　　　4.その他　[　　　　　　　　　　　　　　]

3．会社のファンド・外資対策
　① 買収防衛策の導入の有無　　　　　　　　（1を選択した場合は枝番も）　□－□
　　　1.導入した　[いつ　　　年]
　　　　　　発動の要件　　1-1.取締役会決議　　1-2.第3者機関での決定
　　　　　　　　　　　　　1-3.株主総会議　　　1-4.その他
　　　　　　　　　　　　　　[　　　　　　　　　　　　　　　　　]
　　　2.導入を検討中　　　3.導入を予定していない
　② ファンド・外資の主な株取得の方法（主要なファンド・外資について）　□
　　　1.協議の上で　　2.一方的に　　3.敵対的に　　4.分からない
　　　5.その他　[　　　　　　　　　　　]
　③ ファンド・外資の主な参入目的（主要なファンド・外資について）　□
　　　1.純粋な投資として　　2.事業への参入　　3.事業への支配
　　　4.分からない　　　　　5.その他　[　　　　　　　　　　]
　④ ファンド・外資の株所有の結果　　　　　　　（複数選択可）　□
　　　1.何かにつけて株主を意識するようになった
　　　2.配当性向が高まる傾向にある
　　　3.時価総額が意識されるようになった
　　　4.安定株主作りが行われるようになった
　　　5.変化はなく、意識されていない
　　　6.その他　[　　　　　　　　　　　　　　　　　]

第5章 企業組織再編が労働組合に与える影響と今後の課題

　この問題が論点として浮上したのは，筆者による「企業組織再編が労働組合に与える影響及び労働組合による関与の研究」(基盤研究C，課題番号2053194)の過程であった。企業別組織再編が生じたのは，1960年代まで遡ることが出来るが，最近の動きに注目するなら，90年代後半からのそれが目立っている。とくに電機産業のそれは，"選択と集中"の言葉に代表されるように，事業再編と系列化のためにとくに激しいものであった。上記の研究は企業組織再編が労働組合や組合員にどのような影響を与え，また組合はどのような対応をしたのか，をまとめたものであった。

　電機産業のなかの産業別組合としての電機連合は，2004年ごろまで続く電機産業の系列化と企業組織再編のなかで，その波に乗り切れなかった企業別組合が続出し，電機連合を脱退する組合が相次いだ。このため電機連合は，90年代後半から毎年のごとくその加盟組合数と組合員を減らしていった。それは当然に電機連合の財政基盤に影響を与えるほどのものであり，それに対して何らかの対応を求める声が大きくなった。

　2003年，電機連合はそれまでの企業別組合に一任であった組合加盟方針を，グループ労連を形成している組合は，グループ一括加盟方式に改めた。これは要するにグループ労連を形成している組合は，原則すべての組合にわたってグループ労連の親組合が加盟する産業別組合に加盟する，つまり単組として電機労連に加盟することはやめ，また，他の産業別組合に入っていた単組はその産業別組合をやめることを意味した。この結果，2004年に電機連合に加盟する組合は320組合であったが，2005年には302組合，2007年には282組合と数を減らしたが，組合員数は下げ止まった。以降そうした組合が続出した。それ

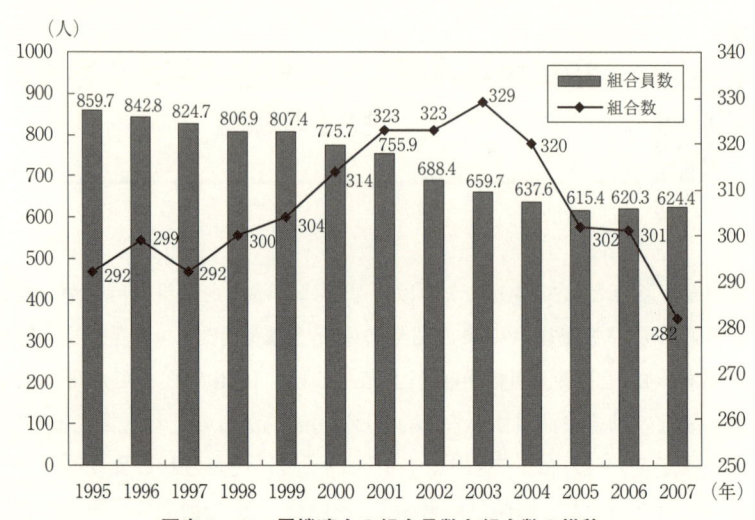

図表5−1　電機連合の組合員数と組合数の推移

出所）電機連合ホームページ：http://jeiu.or.jp/　2014年7月閲覧

までグループ労連に加盟していても，他の産業別組合に加盟していたところでは，改めて電機連合への加盟を迫られることになった（図表5−1参照）。

ただしこれは電機連合の場合だけでなく，全日本自動車労働組合（以下自動車総連）や日本基幹産業労働組合（以下基幹労連）のように，もともとグループ労連一括加盟方式を取っていたところもあったが，それらの産別組合ではグループ労連一括加盟が当然のこととして企業別組合に受け取られていた。

この場合，企業別組合がとる対応には，4つのことが考えられる。第1に電機連合やグループ労連親組合，加盟するグループ労連がいうように，同一のグループ労連に属する場合，他の産業別組合に入った組合はその産業別組合から脱退し，グループ労連が加入する産業別組合に加盟する。第2にグループ労連が加入している産業別労働組合への加盟を果たしつつ，何らかの形で他の産業別組合に加盟は残す。第3にグループ労連がいうことには従わず，現状のまま推移する。そして第4にグループ労連が加入する産業別組合には加盟せず，グループ労連を脱退して，非系列組合になる。この4つである。ただし，電機産

業の企業別組合が電機連合以外の産業別組合に加盟するのは，それぞれに多様な理由があるから，この4つのタイプであってもそれぞれの出自によってさらに理由は異なる。

　しかしいずれにしてもこうした事例は，企業組織再編が進んでいる企業では，けっして大半ではないものの，少数派でもない。その影響をうける側としては中小企業の産業別組合である，Japanese Association of Metal, Machinery, and Manufacturing Workers (JAM)，またかってはゼンセン同盟ではあったが，今ではそれ以外の多様な産業の企業別組合を受け入れているUAゼンセン同盟がある。他方グループ労連の側には電機連合がある。

　電機連合は基本的に単組の独立した意思を尊重している。そのため中小組合を別にすれば，電機連合が独自に単組を指導することはない。

　他方JAMの方であるが，ここでは多くの労働組合が製造業中心の中小・零細企業であり，電機連合のように企業組織再編は進んではいない。それでも3章で述べたように，地方組織が中心となって，企業が倒産の危機にあるとき，その再建の役割を果たしてきた。

　一つの例として，大阪ではJAM大阪が中心となって対策が進められている。たとえば「JAM雇用対策本部報告書」(JAM, 2004)がある。これは雇用問題が2004年ようやく「落ち着きをみせて」(同上書，1頁)来たことから，同本部が解散するにあたってそれまでの雇用問題の経過をまとめたものである。このなかで個別雇用問題の事例を取り上げ，それがどのような結末をとげ，組合はどのような活動を行ったのかを示している。

　事例は9件示されている。そのなかの2つがJAM大阪傘下の組合の事例である。興味深いのはそのなかで，JAM大阪傘下組合の取り組みを極めて高く評価している点である。たとえば「民事再生法を生かした企業再建とそれによる雇用・職場確保」の事例では，労働組合の基本方針が「労使の対等性を維持しながら，企業の再生過程に労働組合が積極的・主体的に関与，参画していくこと」(同上書，38頁)にあったことを示し，「成果と課題」としては「企業の経営状況がすべての労働組合に開示されており，企業の危機的な経営状況と窮迫

度合いを事前に把握できていた。(中略)このことが民事再生法をむしろ労働組合がリードする形で申請する上で決定的に有利な背景をなした」(同上書，39頁)としている。そして最後に「以上の(中略)諸会議のほとんどすべてに，JAM大阪の担当オルグが関与・指導した」こと，そして「企業再建に組合が積極的に関与・指導した」ことが述べている。つまりこの事例では，企業再建に単組が積極的に関与したこと，それに JAM 大阪が大きく寄与していることを高い評価とともに紹介している。

　だが問題は現実にそうした事態に立ち入った時，中小・零細中心の企業による再生プランが立案可能かという問題である。つまり中小企業の場合，企業危機に直面して，経営側は当面の対応をどのようにするか，を考えるのに精一杯であり，とても将来展望を含む再生計画を考えるところまでは力が及ばないというのが実態である。

　そしてマニュアルによれば，「会社そのものの再生が困難な場合でも，倒産処理にあたって合併，事業譲渡，会社分割，MBO（特定事業に関する経営者による経営分析や企業改善を提起できる経営チェック）のノウハウを養う」(同上書，6頁)と述べている。つまり JAM 結成当時は，単組及び地方組織においては雇用対策としての企業への発言は，もっぱら経営チェックに限定され，それを一歩進めた経営改善の提起は，中央本部の役割としているように思える。次いで方針が示されたのは，2001年である。この頃，既述したように JAM における雇用問題はピークを迎えようとしていた。この時「単組緊急雇用対策」(JAM，2001年)がまとめられている。このなかで経営危機に立ち至った場合には，当面の対応だけでなく，再生プランの作成を企業に求めることが基本であるとした上で，「会社再建計画について」として，「労働組合として，経営分析の上にたって，会社に対して再建に向けた提言・改善要求を行います」(同上書，6頁)と述べている。つまりあくまでも企業が再生計画を立てることを前提に，それに対して組合が提案・改善することを求めている。いうまでもなくここでいう組合とは単組であり，1999年の方針と比べると一歩踏み込んだ取り組みを単組に求めている。

JAMの取り組みはその後も続くが，ここではさらにJAMにおける地方組織の役割について述べる。JAMの参加組合の特徴は，電機連合と比べれば，その規模は小さく，グループ経営を行っていてもそのグループの規模は小さいという点にある。また企業の所在地も地方に分散している。これに対し電機連合では，地方傘下の組合員数でみると大都市圏に所在する組合が4割をかなりこえている。勿論両組合とも地方組織がカバーする範囲に違いがあろうから，必ずしも厳密な比較とはいえないが，傾向としてはJAMの方が地方立地企業が多めであり，それだけにいわば地域企業的色彩が強いし，企業が抱える経営問題も地方的特色を有することが少なくないと思われる。
　そこでJAMの組織機構をみると，いくつかの都道府県を束ねた地方JAMが設置され，その数は17である。
　そこで改めてJAM大阪についてみると，最初の取り組みは80年代からスタートし，それ以降今日に至るまで「企業再建プラン」の提案を行った労働組合は32組合に及び，プランの作製までに至らなかったものの，それに近い取り組みを行った事例は30-40組合程度である。詳しいことは第3章に記してあるので，そちらを見てもらうとして，その取り組みの特徴的な点をみると，企業側のリストラ策の提案を受け，その対応策としての提案か，それとも組合側からの自主的な企業再生プランの提案なのかをみると，明らかに多くが企業側からのリストラ提案を受けての企業再生プランの作成である。これらの企業再生プランに共通しているのは，単組が単独でプランを作成したのではなく，JAM大阪(ないしはその前身の産別労組の地方組織)がプラン作成に積極的に関与している点である。JAM大阪は，その前身組織の時代から組合の雇用対策の重要な取り組み指針として，組合独自の企業再生プラン作成の重要性を訴えている。しかし現実問題としてたとえ企業が経営問題に直面したとしても，企業の側からのリストラ提案などに直面しない限り，組合の側から再生プランの提案がなされることはないというのが実際である。さらに企業側から明らかに再生プランと思われる提案がなされているのは，わずかである。中小・零細企業が存亡の危機に立ち至った時，当事者として企業が，その対応者として存在す

るにしても，現実にそれに立ち向かう準備があるかどうかは厳しい。第1に経営危機に対する経緯の把握，第2に財務諸表の分析による財務上の問題点の把握，第三に全組合員を対象にしたアンケート調査の実施，それらによって個々の職場の問題点の確認と改善提案を促していること，そして第四にそれらから明らかになった経営上及び日常業務遂行上の問題点の把握と改善提案をもとにした再建プランの組合員への提示と繰り返しの修正，そして会社への提案である。

　こうしたいわば水も漏らさぬような現場からのさまざまな改善提案を盛り込んだプランを作成していることが特徴である。ただしそのような再建プランではあっても，それが必ずしも功を奏するとは限らない。大体JAMの場合で成功率は3割程度である。JAMの組合規模は先にも記したように200人以下のところが多い。JAM大阪の場合はさらに小さい。企業の再生プランとして企業総体の経営をコントロールしようとする時，企業規模があまりに大きいとコントロールは困難であるのは，きわめて理解しやすい事実であろう。またそのことと結びつくと思われるが，JAM大阪に属する企業は企業グループに組み入れられている事例が少ない。勿論取引上の元請け下請関係にあるという場合は少なくないと思われるが，より強い企業間関係があるかどうかという点で，企業グループ的結びつきがみられる企業はごくわずかである。その企業グループに属している組合は当該企業との決着がつかず，親企業との交渉を余議なくされるなど，事態が複雑化・長期化する傾向がみられる。

　終わりに，企業再生プラン作成と企業組織再編の関係についてみてみよう。既述しように電機連合にせよ，JAMにせよ，企業組織の再編がなされるのは，企業組織が大きい程多くみられる。それと比べればJAM大阪が企業再生プランの作製に取り組んだ組合の多くは，より小さな企業であり，組織再編がらみは少なめである。むしろ第3章図表3-2のように企業再生の手段として選択された6つの事例が興味深い。これらの結果をみる限り，M&Aが企業再生としての側面をしばしば有することがあり，JAM大阪の取り組みは，大きな困難を伴いながらも，それが成功する場合もあるということを実践で示した点

が注目される。

　次に今後生じる課題についてみてみよう。電機連合は，既にみたように，「自己完結」を自らの組織の基本方針としてきた。それゆえ基本的には単組の問題は単組に任されていた。それは2003年の構成組織加盟方式の変更以降も一層強められる事はあっても，弱められることはなかった。この構成組織加盟方式の変更は，グループ労連に加盟する企業別組合はグループ労連が加盟する産別組合に一括して加盟するというものであった。この方針転換によって，それまで産別組合加盟とグループ労連加盟は別個の問題である，というJAMの主張とは対立することとなる。しかしJAMからすると，この主張は，組織の根幹にかかわるものである。なぜなら数は多くはないとはいえ，こうした事によって所属産別をJAMから電機連合にかえた組合はこれまでに10単組以上に及ぶからである。逆に電機連合はこの構成組織加盟方式の変更によって組合数を大きく減らすとともに，組合員の数は減少を食い止めた。

　その意味で単組の産業別組合所属をめぐる問題は古くからあり，かつ2003年に電機連合がそうした方針転換をしたことによって，再び新たな問題として浮上してきた。

補 企業組織再編調査報告
―企業買収と投資ファンド―ドイツにおける最近の2事例―

1．シェフラー・グループによるコンチネンタル・コンツェルンの買収

　シェフラーKGの買収提案とコンチネンタルの分割について，2007年7月中旬IGメタルはシェフラーが同族経営であり，企業構造も共同決定企業ではないこと，企業分割が雇用への深刻な影響をもつことから，反対の態度をとっていた。

　コンチネンタルは15万人の従業員，シェフラーは世界中で6万6千人の従業員。

　シェフラーはLuK（クラッチ・システムなど），INA（エンジン部品など），FAG（産業用・自動車用ローリング・ベアリングなど）という3つのブランドをもつ。

　コンチネンタルは自動車タイヤをはじめとした自動車部品メーカー。労働組合はIGメタルとIG　BCE（鉱山・化学・エネルギー労組）。

独コンチネンタル，シェフラーによる買収を受け入れ
2007年8月22日10時4分配信 ロイター

　［フランクフルト　21日　ロイター］　自動車部品・タイヤ大手の独コンチネンタル〈CONG.DE〉は21日，ベアリング（軸受け）製造大手の独シェフラーの買収提案を受け入れると発表した。世界第3位の自動車部品会社が誕生する。

　シェフラーは7月末，コンチネンタル〈CONG.DE〉が同社の買収提案を拒否したことを受け，113億ユーロ（170億ドル）での敵対的買収に乗り出していた。

買収にあたりコンチネンタルは，4年間は出資比率を50％未満に抑えることに合意した。また，コンチネンタルを分割しないこと，上場廃止にしないことにも合意した。

　シェフラーの買収提案受け入れを受け，コンチネンタルは買収提示価格を1株当たり70.12ユーロから75ユーロに引き上げた。この価格に基づくコンチネンタルの時価総額は約121億ユーロ。21日はコンチネンタルの株価は74ユーロ近辺で取引されていた。

　フランクフルト・フィナンツ・パートナーのアナリスト，ヘイノ・ルランド氏は「コンチネンタルの株価は，今後数日間は75ユーロ近辺で取引されるだろう。しかしその後は，具体的な統合効果が明らかになるまでは，株価は弱含むとみている」と述べた。

　コンチネンタルとシェフラーの売り上げの合計は約500億ドル。コンチネンタルのマンフレッド・ヴェンネマー最高経営責任者(CEO)は8月末に退任する。

（最終更新：2007年8月22日10時4分）

　IGメタルとコンチネンタルの従業員代表は，次の要求を持って対応した。
① 雇用保障とすべての事業所の長期展望
② 技術革新，新製品への投資，それによる将来的に安定した職場
③ 労働協約の順守
④ 企業内における共同決定の維持拡大
⑤ コンチネンタルにおける現在の会社の構成の維持

　8月13日にコンチネンタルの臨時監査役会が開催され次の2つが決議された。
① コンチネンタルの取締役会と監査役会は，株主にシェフラーの株式買い付け提案に応じないように薦める。シェフラーの1株70.12ユーロという買い付け提案は安すぎる。

② コンチネンタルの取締役会は，シェフラーと交渉を継続し，出来るだけ早く合意を得られるように委託される。いわゆる投資協定において買い付け価格とともに，従業員の諸権利も強制力を持って決められねばならない。交渉期限は8月27日。

8月22日に投資協定で合意。同時にシェフラーと，コンチネンタル従業員代表，IGメタル，IG BCEが共同声明を公表した。
・雇用保障
・事業所協定，労働協約の承認
・監査役会における労使同数共同決定制の維持
・コンチネンタルの事業とビジネスモデルの継続
・シェフラーは，コンチネンタルの事業譲渡や事業所閉鎖，本社所在地や部門所在地の変更，IG BCEとIGメタルとの労働協約破棄，経営者団体脱退をしない

(2009年4月追記)
　その後，10月以降の急激な景気後退と金融不安によって，シェフラーは資金繰りに行き詰まり，2009年にはいると連邦政府支援を望むようになったと新聞は報じている。4月には5億ユーロの銀行融資が行われたが，シェフラーの危機は続いている。

2. 投資ファンド・OEPに買収されたVACの労働協約逃避

　VAC(VACUUMSCHMELZE社)は，ドイツに1,500人，世界(40カ国)で4,500人の従業員，年間売上高400百万ユーロ。製品は永久磁石，コアなど。
　2005年に投資ファンドOEP(One Equity Partners)に買収される。VACが黒字に転じた年である。2007年には最高益を記録した。
　しかし，VACの債務と利子負担は大きかった。OEPが買収資金の多くをVACに負わせたためである。

そしてVACは，今年6月従業員に知らせることなしに，経営者団体を脱退し，労働協約逃避を図った。賃金，労働時間など労働条件の切り下げを意図。
　IGメタルは組合未加入の従業員を含めてアンケートを実施，その結果は99.5％が労働協約適用への復帰を強いることに賛成した。また，VACではIGメタルの組織率がもともと高かったが，新たに150人が加入した。
　従業員は8月に2度の警告ストとフランクフルトのOEPへのデモを含む闘争を展開。近隣の会社の従業員もデモに参加。
　経営者団体への再加入と労働協約適用への復帰を求める交渉は進展しなかった。
　9月8日にスト権投票が実施され，組合員の92.2％が無期限ストに賛成した。この間，従業員の会社経営陣への不信感が強まる。
　会社は労働裁判所へスト禁止の訴えを起こすが，敗訴する。
　9月18日に，経営者団体への再加入の連絡。
　9月25，26日にストを終わらせるかどうかのスト権投票が行われる。組合員の77.1％がスト終了に賛成する。

　経営陣への不信感，VACの債務の問題など，依然，課題は残る。

あとがき

　本書は，文部科学省の科学研究費補助金（基盤研究C）課題番号20530194（2013～2014）がベースになってできている。事例として登場する電機連合，JAMはともに連合に加盟する産業別組合である。電機連合では企業組織再編をめぐる調査に際し，さまざまな情報を得た。またJAMでは筆者とともにアンケート調査やいくつかの企業を回り，調査の機会を与えてもらった。詳しくは第3章や第4章を参照してほしい。

　さらに私の前の勤務先である労働調査協議会では，労働経済学の基礎を教えてもらった。特に労働組合の調査活動では，調査とは何か，さらに労働組合の職員や役員との付き合いの中で，組合とは何か，さらには企業と組合の関係，つまり労使関係のあり方など，いろいろ教わった。特に当時全逓（全遞信労働組合）とよばれていた郵政関係の組合には，労使関係のあり方の基礎の基礎を教わった。

　本書の刊行にあたって，法政大学の恩師である故北川隆吉先生に心からの感謝の気持ちを表したい。先生には大学時代，そして大学院時代を通じて学問とは何であるかを教えられ，また調査活動も先生を通じて教えられた。

　さらにゼミを通じて安江孝司先生，北島滋先生，柴田弘捷先生にも，大学時代，大学院時代を通じて大変お世話になった。

　また，JAMの皆さまに感謝の気持ちを表したい。特に北方龍二さんや大谷直子さん，狩谷道生さんには，企業組織再編調査の際，大変お世話になった。なお本書の［補］にある「企業組織再編調査報告」を書いたのは故高橋友雄氏である。氏は私より1歳年下であるが，長年にわたって私の友人であり，またJAMの職員でもあった。

　本書の編集にあたり，内容の改善についてもこまごまとしたご指摘をいただいた学文社の皆さま，特に取締役の松澤益代氏や社長の田中千津子氏には大変お世話になった。

最後に，妻の美惠子に感謝の言葉を捧げたい。美惠子は子育ての後，仕事を辞め，母親の介護をするとともに，ボランティア活動に励んだ。そうした活動を通じ，私にはない，何かを感じたようである。

2015 年 3 月

著　者

索　引

あ　行

IT バブル　96
一時金　155
インサイダー取引　165
請負労働者　21
売上高営業利益率　180
営業(事業)譲渡　8, 123, 129, 134
営業譲渡許可制度　98
営業利益　180
M&A　93, 125
ME 革命　106
MEBO　189
OEP　215

か　行

会社分割制度　98
会社分割法　37
合併　93
株式移転　109
株式交換　109
株式売却　109
株式買収　129
株主　172
関連企業　7, 39
関連労組協議会　13, 43
企業合併　123, 129
企業系列　1, 93
企業城下町　33
企業籍　86, 155, 158
企業組織の合併　2
企業分割　123, 129, 160
企業別労働組合　1
吸収合併　158
共同決定企業　213
共同決定制　215
グループ労連　13, 93, 205
経営協議会　177, 180
系列　1

兼業農家　186
工場閉鎖　106
合同労働組合　54
高度経済成長　1
合理化闘争　106
個別賃金　38

さ　行

最高経営責任者　214
サブプライムローン　125
残業時間　72
産業別労働組合　30
36 協定　72
CEO　214
事業譲渡　184
事業統合　6
事業売却　6
事業買収　124
事業ユニット　37
事前協議　9
下請け公社会　33
自動車労連　80
資本参加　5, 13, 40
社内カンパニー　37
従業員持ち株会　167
出向　2, 158
守秘義務　165
準拠集団　35
純粋持ち株会社　98, 123, 174
春闘　175
職能別労働組合　30
職場委員会　194
人員整理　66, 106
成果型報酬システム　23
成果主義　23
生産工程　194
選挙　33
全国一般労働組合　54
全日本自動車産業労働組合総連合会

50-51
全日本自動車労働組合　206

た　行

大企業　31
退職金　155
退職金制度　19
多品種少量生産　194
単位組合　13
単一組合　13
単一労働組合　44
単位労働組合　44
団体交渉　75
賃金　155
TOB　193, 195
敵対的買収　213
転籍　2, 158
統一戦線論　81
倒産　106
投資ファンド　123, 139
同族経営　213

な　行

日本基幹産業労働組合　206

は　行

買収　2, 93
派遣労働者　21
反合理化闘争　106
福利厚生　19
フード連合　74
分割　3

分社　37
分社化　3
ボディ製造　66
本工社会　33

ま　行

三菱自動車工業　48
三菱自動車労協　50
三菱自動車労働組合　50
三菱自動車労働組合連合会　50
民事再生法　98, 207
持ち株会　191
持ち株会社　129

や　行

要員削減　159

ら　行

連結売上高　180
連結経営　35
連結子会社　37, 39
連結財務制度　40
労使協議会　180
労働協約　9
労働契約承継法　37, 98, 155
労働時間　96, 155, 157
労働市場　33
労働生産性　36

わ　行

ワークシェアリング　100

編著者

坂　幸夫（さか　ゆきお）
　　　　　法政大学大学院社会科学研究科博士後期課程満期退学
現　　職　富山大学経済学部教授
専　　攻　労働経済学
主要著書　「企業別労働組合における系列と非系列」（上）（下）富山大学経済学部『富大経済論集』第51巻第1号及び第2号，2005～2006年

　　　　　「現代の企業組織再編と労働組合」北川隆吉監修『企業社会への社会学的接近』（シリーズ現代の産業・労働　第2巻）学文社，2006年

　　　　　「中小企業における労使コミュニケーション」北島滋・山本篤民編著『中小企業研究入門』文化書房博文社，2010年

現代日本の企業組織再編と労働組合の課題

2015年4月30日　第1版第1刷発行

編著者　坂　幸夫

発行者　田中千津子
発行所　株式会社　学文社

〒153-0064　東京都目黒区下目黒3-6-1
電話　03(3715)1501(代)
FAX　03(3715)2012
http://www.gakubunsha.com

印刷　新灯印刷

©2015 SAKA Yukio Printed in Japan
乱丁・落丁の場合は本社でお取替えします。
定価は売上カード，表紙に表示。

ISBN978-4-7620-2546-4